21世纪高职高专精品教材·秘书专业

会议管理

HUIYI GUANLI

（第三版）

胡伟　成海涛　王凌　主编

东北财经大学出版社
Dongbei University of Finance & Economics Press
大连

图书在版编目（CIP）数据

会议管理 / 胡伟，成海涛，王凌主编．—3版．—大连：东北财经大学出版社，2018.1

（21世纪高职高专精品教材·秘书专业）

ISBN 978-7-5654-2862-3

Ⅰ.会… Ⅱ.①胡… ②成… ③王… Ⅲ. 会议-组织管理学-高等职业教育-教材 Ⅳ.C931.47

中国版本图书馆CIP数据核字（2017）第188691号

东北财经大学出版社出版

（大连市黑石礁尖山街217号 邮政编码 116025）

网 址：http://www.dufep.cn

读者信箱：dufep@dufe.edu.cn

大连雪莲彩印有限公司印刷 东北财经大学出版社发行

幅面尺寸：185mm×260mm 字数：379千字 印张：16.25

2018年1月第3版 2018年1月第7次印刷

责任编辑：张晓鹏 孔利利 责任校对：惠恩乐

封面设计：张智波 版式设计：钟福建

定价：28.00元

教学支持 售后服务 联系电话：（0411）84710309

如有印装质量问题，请联系营销部：（0411）84710711

第三版前言

秘书日常工作的重点是办文、办会、办事。据调查，高职高专文科学生毕业后80%以上要接触与会议有关的工作，因此文科学生很有必要掌握会议管理的知识与技能。

本书是针对高职高专秘书、行政管理、工商管理、人力资源、市场营销、国际商务、国际贸易等专业编写的教材，也可以供各类人士学习使用。在教学中，“会议管理”课程可实行崭新的教学模式。曾有专家提出“以项目为导向、以任务为驱动、以产品为载体，打破原来的知识系统型的课程结构，按照工作过程进行课程内容整合，形成行动体系的课程内容”。因此，本书编者根据高职文秘专业学生的实际情况，提出了具有创新性的“以成果为导向、以项目为主体、以任务为引领、以服务（作品、产品等）为载体的‘教、学、做’一体化的教学模式”，可简称为“成果导向、任务引领”教学模式，也可简称为“成果导向型教学模式”。为什么要以成果为导向呢？因为有了成果，学生能感悟求知的快乐；有了成果，学生能品尝丰收的喜悦；有了成果，学生将取得更大的成功。这样，当毕业时，学生能高兴地说：“轻轻地我走了，正如我轻轻地来，我轻轻地挥一挥手，留下了甜蜜回忆，带走了大量成果。”“成果导向型教学模式”能保护并引导学生的个性发展，能因材施教，同时也能提高学生的就业竞争力。高职文科学生与理科学生不同，如管理专业的学生，他们更多的是从事服务类工作，所以针对他们的教学模式载体可以是服务、作品或产品。他们的成果形式应是多样的，如策划书、实施方案、文书等作品；也可以是学生提供优质服务，如学生的会议服务工作得到了客方的赞赏、主方的肯定，老师可以通过写评语、打分的方式来记录学生的这些成果。他们在课堂上或实训过程中的成功经验应加以肯定并适当推广、标准化，从而形成制度或程序和步骤，以供自己长期使用（也指到未来的工作岗位上使用）。这些成果将为他们将来的工作打下良好的基础。

此外，本书编者还开发出了独具特色的TKPACD六步法来配合这种教学模式。TKPACD六步法以Task、Knowledge、Prepare、Action、Check、Display的首字母作为代表，以这六个单词作为六步法的核心。任务设计可以是以整门课为一个大任务，也可以是以两三章内容为一个大任务，知识主要作为背景使用。

1.【Task任务】包括任务引入、任务设置和任务分析。教师对各项任务如何完成做全面详细的分析，点燃学生的激情，引领学生成功地完成任务。

2.【Knowledge知识背景】学生以某章或某几章的专业知识作为背景，同时通过图书馆、互联网等搜集信息，查找资料，寻找能高效完成任务的知识或方法。学生可以分组，以6人或8人组建一个团队，共同完成以上任务。

3.【Prepare准备】包括计划方案准备和物质准备（含材料、文件等）。

4.【Action行动】学生实地完成计划中的内容，做过程记录。同时，根据环境变化情况，灵活处理现场突发事件。

5.【Check检查与评估】首先，按照计划进行检查，看是否实现了预期目标，通过检查找出问题和原因；检查、评估完成本次工作任务的效果，总结执行计划的结果。教师在活动开始前最好提供评判标准，可分A、B、C、D 4级或使用其他评判方法。在此环节可用评判标准评分，也可由学生互评或由专家组打分。其次，对检查的结果进行处理，对失败的教训加以总结，以免再出现同样的问题；对成功的经验加以肯定并适当推广。

6.【Display展示】全部工作任务完成后，选择合适的时间与场地（如校园内的大型展板）进行成果展示，激励学生。成果包括图片、会议总结（含供自己长期使用的标准化的制度等）、会议案卷、会议主办方或与会者的评语等。

通过在国家首批示范性高等职业院校试用，“成果导向、任务引领”教学模式与TKPACD教学六步法效果良好。

本书紧紧围绕培养秘书岗位第一线所需要的能够直接上岗的秘书专门人才的目标，以提高学生整体素质为基础，以增强学生实践能力为本位，兼顾知识教育、技能教育和能力教育。本书在体例和内容的设计上，继续使用“成果导向、任务引领”的教学模式，在全文开始采用TKPACD六步法设置了几个模块；每章内设有知识链接、案例分析等栏目，在每章最后设置知识掌握和知识应用（含案例分析和实践训练），形式多样，内容活泼，以提高学生的学习兴趣，增强学习效果。本次修订笔者通过认真听取本书使用者的意见和建议，对本书进行了简单修改。胡伟负责全面工作，成海涛、王凌协助修改，同时，更换、删减了部分案例。

在本书的编写过程中，我们参考和引用了国内外许多专家和学者的专著、论文与网络文章，在此谨向他们表示诚挚的谢意。此外，本书还得到了东北财经大学出版社张晓鹏编辑的大力协助和指导，在此一并致谢。

由于编者水平有限，加上时间仓促，书中错误和疏漏在所难免，敬请专家、学者和读者不吝指正。

胡　伟　成海涛　王　凌

2017年11月

目　录

第 1 章

会议概述

[学习目标]

在学习完本章之后，你应该能够：了解会议起源、会议发展等基本知识；明确会议内涵及会议功能；熟知常见的各种会议类型及其作用；掌握会议构成的各个要素及影响会议效率的主要因素。

【引例】

媒体盘点“习马会”十大关键细节：西装未佩戴徽标

习近平与马英九握手

（原标题：“政事儿”现场直击：“习马会”的十大关键细节）

2015年11月7日下午3时，新加坡香格里拉酒店东陵厅，两岸领导人习近平、马英

九分别从两侧步入会场，站在黄色巨幅背景墙前，互相握手。

为了见证上述这个历史性时刻——两岸领导人自1949年以来的首次会面，等待了66年的第一次握手，“政事儿”11月6日就来到了会场，直击了“习马会”全程。“政事儿”注意到，“习马会”有十大关键细节值得关注。

细节一

黄色背景+棕榈树+兰花

习近平、马英九首次会面的第一地点——新加坡香格里拉酒店东陵厅，“政事儿”注意到，现场布置很有讲究：一面黄色巨幅背景墙，摆设有棕榈树和兰花。

为什么如此布置？为什么采用黄色？为什么选择的是棕榈树和兰花？

据“政事儿”了解，采用黄色背景是应大陆方面的要求。习近平、马英九会面时，两人多次强调，两岸同胞都是炎黄子孙。采用黄色背景，契合这个主题——两岸同根。而且，炎黄子孙的母亲河是黄河。

至于棕榈树和兰花，棕榈树的花语是：和平、希望和胜利。兰花的花语中外略有不同，中国兰花的花语是“美好、高洁、贤德”，外国兰花的花语是“热烈、友谊、自信”，这些“花语”也非常契合自2008年以来两岸和平发展的历程，更寓意了两岸和平美好的未来。

细节二

习近平、马英九的领带颜色

2015年11月7日下午3点，习近平、马英九从新加坡香格里拉酒店东陵厅的两侧，同时走向对方。“政事儿”注意到，两人穿的都是黑色西装，不过习近平佩戴的是红色领带，马英九则佩戴蓝色领带。

“政事儿” 发现，自2005年以来国共两党领导人的13次重要会面，其中7次双方都是同时佩戴了蓝色领带。不过，双方各自佩戴红色与蓝色领带的情况也有多次。

2005年的“胡连会”和2009年的“胡吴会”，时任中共中央总书记的胡锦涛，佩戴的都是红色领带，连战和吴伯雄则佩戴蓝色领带。

此前，习近平会见台湾政界人士时也曾佩戴红色领带。2014年2月，第二次“习连会”，中共中央总书记习近平在钓鱼台国宾馆会见了中国国民党荣誉主席连战。当时习近平也佩戴着红色领带，连战佩戴黄色领带。

细节三

西装没有佩戴徽标

“政事儿”还发现，习近平、马英九的黑色西装上，都没有佩戴任何徽标。

“政事儿”注意到，2015年5月4日，习近平在人民大会堂会见朱立伦率领的中国国民党大陆访问团时，还有2014年2月18日下午，习近平在钓鱼台国宾馆会见连战时，双方的西装上也没有佩戴任何政治象征的徽标。

不过，2014年5月7日，习近平在人民大会堂会见亲民党主席宋楚瑜时，宋楚瑜的西装上衣就佩有一个醒目的黄色标记。

细节四

握手时间超一分钟

如上述，身穿黑色西装，分别佩戴红色、蓝色领带的习近平、马英九，从东陵厅两侧走向对方，距离几步远，习近平则先伸出右手，然后跟马英九的手紧紧相握。

“政事儿”统计，两岸等待了66年的上述第一次握手，足足有70多秒。也就是说，足有一分多钟，习近平、马英九的手一直握在一起。

不少现场记者都注意到了马英九在握手时解开外套纽扣这个动作。在记者会上，马英九回应说，挥手前解纽扣主要是因为握手时衣服会扯得很紧，所以先将扣子解开，没有特别的意义，他强调，当时觉得心情很好，他和习先生“都握得很大力”。

细节五

握手环场

“政事儿”发现，这次足有一分多钟的历史性握手时，两人不约而同地微转身，握手环场，让酒店大堂的各个方向的媒体记者，都能拍摄到两人握手的正面照片，共同记录这个历史性时刻。

细节六

互称“先生”

习近平、马英九走入会场落座后、致辞前，习近平微笑询问：“马先生，我们可以（开始）了吧。”

正式致辞时，习近平以“尊敬的马英九先生”开场。约4分半钟后，他说：“我先讲这些，谢谢马先生，谢谢大家！”

马英九随后致辞，也以“习先生”开头，5分钟的开场白，他共5次提到“习先生”。

习近平、马英九以先生互称对方，这是双方之前商定的。国台办主任张志军曾介绍说：此次会面双方以两岸领导人身份和名义举行、见面时互称“先生”，是经双方商定的。这是在两岸政治分歧尚未彻底解决的情况下根据一个中国原则作出的务实安排，体现了搁置争议、相互尊重的精神。

“政事儿”注意到，2005年时任总书记的胡锦涛会见时任国民党主席的连战时，互称的是对方职务，胡锦涛称连战“主席”，连战则称胡锦涛“总书记”。

细节七

桌牌使用繁体、简体两种字体

在中华文化的语境中，“先生”是一种表示尊敬的称呼。因此，“习马会”上两岸领导人互称“先生”，这个细节被视为有朋友相交的意味。

“政事儿”注意到，“习马会”现场还有不少细节。

比如会谈时，两岸人员分别坐在长条会议桌的两侧，每个人的面前都摆有一个桌牌。值得注意的是，大陆方面的桌牌，使用的是简体字，而台湾方面的桌牌，则使用的是繁体字。会谈后共进晚餐时，餐厅的桌牌也采用了繁体字、简体字两种字体。

细节八

“闭门会”请马英九先说

“习马会”分为两个阶段，第一个阶段是会面前10分钟，对部分媒体开放，相当于“开门会”；随后，转入闭门阶段，两岸领导人将集中精力就一些重要问题交换看法。

“开门会”上，习近平首先致辞。“闭门会”上，则是习近平邀请马英九先发表看法。

“闭门会”后，马英九出席记者会，介绍了其与习近平会谈的有关情况，称讨论了巩固“九二共识”、维持台海和平现状、和平处理争端、扩大两岸交流增进互利双赢等。他表示：与习先生会谈的气氛很融洽、非常正面，习先生讨论问题非常务实、坦率。

细节九

晚餐吃担担面

“政事儿”了解到，习近平与马英九在香格里拉酒店的stateroom共进晚餐。凉菜是两道，分别是金箔片皮猪、风味酱鲍片脆瓜。热菜有4道，分别是湘式青蒜爆龙虾、竹叶东星斑XO糯米饭、杭式东坡肉和百合炒芦笋。主食则是四川担担面。还有甜品两道，分别是桂花糖雪蛤汤圆和水果拼盘。

晚宴于晚上7点结束，习近平与马英九先后离开酒店。

“政事儿”梳理发现，当年的“汪辜会”，九道菜几乎每道菜都有意味深长的名字：“情同手足”（乳猪与膳片）、“龙族一脉”（乳酪龙虾）、“琵琶琴瑟”（琵琶雪蛤膏）、“喜庆团圆”（董宫鲍翅）、“万寿无疆”（宫燕炖双皮奶）、“三元及第”（海鲜鱼圆汤）、“兄弟之谊”（木瓜素菜）、“燕语华堂”（荷叶饭）、“前程似锦”（水果拼盘）。

细节十

马英九送习近平“台湾蓝鹊”手工瓷器

“习马会”之前，台湾方面陆续曝光了马英九计划送给习近平的礼物：一件“台湾蓝鹊”的手工瓷器，以及携带到晚宴现场的8坛台湾产马祖老酒。

“政事儿”梳理发现，2005年“胡连会”后，胡锦涛送给连战一艘象征和平开放的“郑和七宝宝船”模型，而连战回赠的是连横所著的《台湾通史》、连战自己的新著《改变才有希望》、著名雕刻家朱铭的木雕——象征两岸交流的《拱门》和大批台湾水果。

2008年的“胡吴会”，胡锦涛送给吴伯雄的礼品上，刻有诗作《登鹳雀楼》，寓意两岸关系将“更上一层楼”。吴伯雄则准备了陶艺家孙超的结晶釉画，画面主题是“雨过天晴”。

资料来源 王姝，颜颖颛．“政事儿”现场直击：“习马会”的十大关键细节［N/OL］．新京报，2014-11-07．

这一案例表明：每一次会议（或活动）策划和举行，都有着相当明确的目的性，必须紧紧围绕着这些既定目标去组织会议内容、策划活动项目，并为此做好充分的准备，才能取得整体的圆满成功。

● 1.1 会议的起源与发展

会议，是人类社会古已有之的社会行为。据史料记载，早在人类原始社会阶段，部落首领召集氏族议事、选举酋长等就已经采用了会议的方式。在我国的史籍中就记载着尧召集部落酋长用会议形式决定继承人和治水人选的事情。在中外社会发展的历史长河中，有不少关于重要会议的记载，例如，我国春秋时期，齐桓公于公元前651年在葵丘召开各诸侯会盟，提出“尊王攘夷”的政治主张，从而确立了自己的春秋霸主地位；又如18世纪末期，在美国大陆会议上，与会各洲的代表宣布美国独立，同时发表了《独立宣言》，从而拉开了美国独立自由战争的序幕。

在现代社会里，会议不仅没有消失，反而被人们更高频率使用，甚至成为许多人职场工作的主要内容。据调查，经理级和专业人员每周约有1/4的时间花费在会议上；而在企业里，有80%的员工获得重视或提升是源于他们在会议上的表现引起了上司的注意和赏识。由此可见，会议已经高度渗透到了现代人的职业生涯中，而每个人的会议表现，则成了领导对员工职场表现的重要评价依据。所以可以毫不夸张地说，现代社会里，只要你在工作，你就一定离不开会议！

● 1.2　会议的内涵及要素

1.2.1　“会议”的内涵

《韦氏新大学词典》关于“会议”的解释是：会议乃一种会晤的行为或过程，是为了一个共同目的的集会。我们从字义上理解，“会”包含有聚合、会合、碰头、会面等意思；“议”是指商讨、商议，就具体事情（或问题）展开讨论和研究。因此，从本质上看，“会议”其实就是把人们召集在一起讨论事情、解决问题的一种社会活动方式。在飞速发展的现代社会中，会议是人们开展政务、经济、文化以及其他社会活动的一种重要方式。

1.2.2　“会议”的外延

广义的“会议”包含了一般性的集会和活动，而狭义的“会议”比较强调“议”的内容和“议”的过程，也就是说，一定要有可“议”之事才召集会面，会面后大家一定要有所“议”、有所“言”，这才叫“会议”。如果既没有需要商议的事情，也没有商议的过程，如舞会、新闻发布会、颁奖大会等，在狭义的“会议”概念里就不能称之为“会议”，而只能称之为“会”或者“集会”。

针对职场工作的实际需要，本书主要介绍和探讨的是广义的“会议”。

1.2.3　会议的基本要素

在外国人们习惯将会议的要素概括为5W1H（英文缩写），其代表的意思是：Why，为什么开？此要素也就是要明确会议的目的，不开糊里糊涂的会议。What，开什么会？此要素也就是要明确开会的议题，不开没内容的会议。Who：谁去开？此要素也就是要清楚给出参加者的名单。When：什么时间开？此要素也就是要明确开始时间及会期长短。Where：在哪开？此要素要明确会议地点。How：怎么开？此要素也就是明确会议安排、会议分工、会议纪律等。

具体而言，一个完整的会议一般需要具备以下几个基本要素：

（1）会议名称。任何会议都应有一个名称。会议名称一般由会议举办单位和会议的主题构成。例如，“中国共产党第十七次全国代表大会”“××有限公司2017年人事调动会议”“××院校关于整顿校风、提高教学质量的研讨会”。

（2）会议时间。它应该包含两方面内容：①到会时间：即要求与会者到达会场、出席会议的具体时间。内容要求明确到具体的年、月、日、小时和分钟，如“于×年×月×日上午8：00整召开××会议”。②会期：即会议全过程预期持续的时间。这必须向与会者明确，以便于参会人提前做好相关的用品准备和工作安排。例如“×年×月×日—×日，共×天会议”。

（3）会议地点。它是与会者召集议事的地方，可根据会议的实际需要进行选择。会场选择可参见“第3章　会前准备工作”。

值得关注的是，随着科技的进步，会议形式不断改良创新，可选择的会议地点也越来越多。以前的会议基本都要落实到具体的会场中进行，而今天，利用先进的科技和通信设备，可实现跨越空间限制的高科技会议，如电话会议、视频会议、国际卫星会议等。

这些新型的会议形式，不仅突破了固定会议场所的苑囿，节约了布置会场的人力和物力，同时也减少了与会者长途跋涉赴会所耗费的时间和精力。新型的会议形式现在虽未普及，但它是未来会议的发展趋势。

（4）会议组织者。其通常是指发起会议、召集会议、提供会议服务的人，既可以是一个单位，又可以是个人。

（5）与会人员。参加会议的人员大致可分为：出席人员、主持人员、秘书人员、服务人员四类。较大规模的正规会议，一般都有正式出席人员、列席人员、会议主席团及会议执行主席、会议秘书处及秘书长、会议服务人员等。

（6）会议议题和内容。会议议题是会议要集中讨论、解决的问题。它是构成会议的一个很重要的因素。每个会议都必须有明确的指导思想、具体的任务和要达到的目的。所以，不论开什么会议，都要先确定议题，否则，会议内容、会议文件、与会人员等都无从确定和落实。

（7）会议成果。其包括会议最终形成的决议或决定、与会者达成的共识、会议的选举结果等等。会议的成果能反映出会议的效率、会议主持人的水平、与会者的参与程度等多方面的情况。那些“会而不议”“议而不决”的会议，客观而言并没有实现会议的目的，更没有发挥会议的功能，自然也不会有什么会议的成果。

1.3 会议的目的与作用

会议的组织者必须明确召开会议的目的，这样才能更好地操作会议的流程，从而能够更好地解决问题，使会议富于效率，取得预期成果。

1.3.1 会议的目的

会议可能因特殊原因而召集。例如，2008年5月12日发生在中国四川的大地震，这一场始料不及的天灾造成了难以估算的生命和财产损失，中央政府和各地区领导部门为此就召集召开了一系列紧急的会议，这些会议原不在计划之内，但会议目的却相当清晰，那就是要协同各省市、各地区、各部门共同研讨抗震救灾的办法和对策，部署、协调各地区、各部门迅速开展救援工作。由于会议开得及时且高效，因此整个抗震救灾工作开展得有条不紊，在国际上也赢得了许多的赞许和帮助。但一般而言，会议的目的可概括为以下几个方面：

（1）开展有效的沟通。通过会议进行充分交流，集思广益。实现有效沟通是会议的一个主要目的。例如，某市的科研交流会、跨企业的技术交流会等。

（2）传达资讯、资源共享。通过会议通报一些新决定、新决策，使更多的人了解来自上级或其他部门的相关资讯，也可以利用开会汇集资源，以期相互帮助，相互促进，共同进步，如学术报告会。

（3）监督员工、实施管理。许多公司和部门召开的常规会议、工作例会等，其实是其实施管理的手段之一。通过这类会议，领导层可以及时了解、跟进工作的进度，可以及时掌握、了解员工的工作状况，可以及时调整、部署下一阶段的工作任务等。

（4）协调矛盾、达成协议。人们经常会借助会议这种“集合”的、“面对面”的形式，来协调上下级的紧张关系或员工之间的矛盾冲突，最终使大家统一思想，达成共识。例如，商务谈判会议、班级组织的班会、部门工作会议等。

（5）集思广益、开发创意。许多新点子、新方案、新产品的诞生，最初往往源于人们在一起的谈论交流。在现今的广告业、IT行业中，人们习惯通过举行这类专题研讨会或研发会去启迪思维、开拓视野，从而去开发新的产品、开拓新的市场、捕捉新的商机。例如某些大公司下设的研发部，其经常召开的工作会议主要就是让大家畅所欲言、集思广益，探讨和论证许多灵感与构思的可行性的会议。

（6）激励士气，团结一致。这种会议是为了使公司上下团结一心，朝着一个方向共同努力而召开的。一些单位的年初员工大会或年底总结会议通常都具有这一目的性。例如，××公司关于2016年度先进集体及个人的表彰大会、××院校关于开展迎评促建工作的动员大会等。

（7）联络感情，塑造形象。一些部门或团体为了和社会各界保持良好的关系和沟通，又或者为了塑造良好的公众形象，赢得社会对企业的信赖和支持，它们会定期召开会议或举办活动，以此向外界传播自己的企业文化，塑造良好的公众形象。例如，××××等五校联谊会、××企业的新闻发布会。

以上几个方面，是人们通常召集会议的目的所在，但必须看到，会议的目的不能等同于会议的作用。会议的目的是在会前就已经确定的，而会议的作用能否发挥体现出来则要看会议的过程和会议的效果。例如，某企业召集的新产品开发讨论会，目的是为了通过会议确定企业将要开发的新产品，在会议过程中参会人员也能积极发言、给出建议，可是由于几个发言者都固执己见，大家各执一端而拒绝采纳别人的方案，最终到会议结束也未能定出所要开发的产品，会议无果而终。这就是一个典型的会议目的明确，但是没能发挥其预期作用、取得预期效果的会议。

1.3.2　会议的作用

（1）会议是集思广益的渠道之一。图1-1是集思广益图。

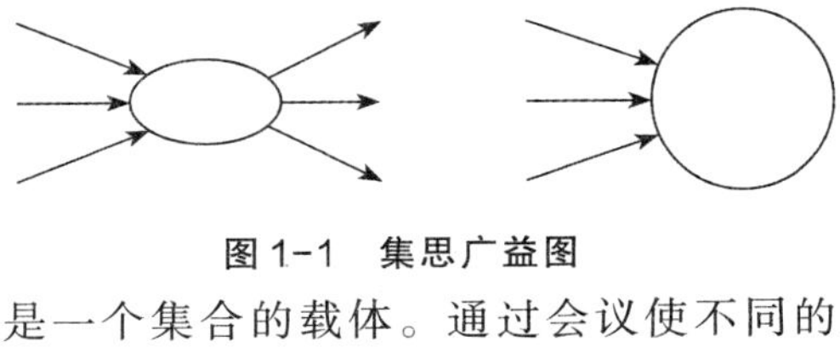

图1-1　集思广益图

如图1-1所示，会议是一个集合的载体。通过会议使不同的人、不同的想法汇聚一堂，相互碰撞，擦出智慧的火花，从而产生一些富有创意、切实可行的“金点子”。所谓“三个臭皮匠，赛过一个诸葛亮”说的其实就是这个意思，因为“一人计短，众人计长”，再聪明的个人，总还是有许多关注不到、考虑不周的地方，所以，不能忽视团队的力量，不能低估“会”“议”的作用。

（2）会议能显示一个组织或一个部门的存在价值。会议总是在大于一人的情况下发生的。有些会议即使是只有两个人参加，但这“两个”其实不代表人数多少的意义，而是代表了一个组织和另一个组织。一个组织或部门如果不召开会议，它的存在价值就容易受到质疑。因为每一个组织或部门的存在都肩负了一定的职能和职责，而会议是它们开展相关工作、履行相关职能的手段或途径。因此，会议能够充分显示出一个组织或部门的存在价值，如图1-2所示。

图1-2 组织或部门与会议

（3）会议是一种群体沟通的方式。开会很少是一对一的沟通，在绝大多数情况下都是一种群体沟通。随着科技的迅猛发展，人们的沟通方式越来越多，现在人们可以通过固定电话、移动电话、E-mail、多媒体等多种形式进行沟通，但是，群体沟通（即会议）这种方式，仍然是任何其他沟通方式无法替代的。因为，这种方式最直接、最直观、最符合人类原本的沟通习惯。

需要说明的是，会议可以作为一种工作的手段和方法，但它不是唯一的工作手段和方法。我们承认会议的重要性，但绝不能把它的作用无限夸大，更不能用它去代替其他工作方法，以至于造成让人厌倦的“文山会海”现象。

1.4 会议的分类

按不同的标准，会议可以被分为不同的种类。以下是几种常见的会议分类方法：

（1）按会议的规模划分。

小型会议：出席的人数少则几人，多则几十人，但是一般不超过100人，如各单位内部召开的日常工作会议就属于这种类型。

中型会议：出席人数为100～1 000人，如中央委员会全体代表会议、全国人大常务委员会会议等。

大型会议：出席人数为1 000～10 000人，如全国人大的全体代表大会、党的全国代表大会等。

特大型会议：出席人数在10 000人以上，如重大节日庆典、大型表彰、庆祝大会等。当然，以上标准也是相对而言的，如果对一个只有300人的小型社会组织来说，开一个全体员工的会议也可算是大型会议了。

（2）按会议的内容和性质划分。

决策性会议：属于组织研究战略发展问题以及经营管理中决策重大事项的会议。这种会议一般在领导集团内部举行，如部门经理例会、公司董事会等。

纪念性会议：是指为纪念重要历史人物、重大事件或节日而召开的会议，如纪念中国人民抗日战争暨世界反法西斯战争胜利71周年大会。

动员性会议：是对群众进行思想动员，号召人们为了某个目标而共同努力的会议，如某系统召开的“支援边疆”誓师动员大会，某高校师生开展“三下乡”活动的动员大会。

研讨性会议：是指围绕自然科学和社会科学的理论发展以及社会政治、经济、生活中出现的各种问题进行研究讨论的会议，如各种专题的学术报告会、各专业（行业）年会等。

（3）按会议召开的时间划分。

定期会议：是指按照相关法律或制度规定必须定期召开的会议，如各级党代会、人民代表大会和各级政协会议、公司年会、股东大会等。

不定期会议：是指根据实际工作需要随时召开的各种会议，如紧急电话会议、股东临时大会等。

（4）按会议的举办单位划分。

公司类会议：主题通常是管理决策、协调分工和技术（产品）研发等。其具体可分为：销售会议、经销商会议、技术（产品）研发会议、各部门管理者会议、董事会会议、股东会议、全体员工大会等。公司类会议规模大小不一，小到几个人，大到上千人。公司类会议的数量极其庞大，但是由于很多公司并不愿意对外宣传内部会议，所以公司类会议的数量很难准确统计。

社团协会类会议：社团协会类会议因人数和性质的不同而互不相同，规模也从小型地区性组织、省市级协会到全国性协会乃至国际性协会不等。社团协会大致可以分为：行业协会、专业和科学协会、教育协会、技术协会等。其中行业协会是会展业最重要的市场之一，因为协会的成员多为业内成功管理人员。社团协会类会议通常伴有展览会。

其他组织会议：这类会议的典型代表是政府机构会议，其中，省市县级的中小规模的政府机构会议数量不计其数，是一个非常可观的会议市场。在西方国家，工会会议则是比较重要的会议市场。

（5）根据会议的技术手段划分。

传统型会议：是指与会者本人必须在约定时间内聚集到约定地点来举行的传统的开会方式。

现代化会议：是指充分利用现代化通信网络和高科技技术来召开的电子会议。例如，电话会议、视频会议、卫星会议等。新型的会议形式，突破了空间距离给各与会者带来的奔波和麻烦，使身处异地的人们也能照常举行会议，大大地节省了会议花费的时间和场地租用成本。但是，现代化会议的配套设备成本不低，同时还需要与会者有较高的文化素质才能操控会议设备，所以暂时未能得到推广和普及。

1.5　影响会议效率的因素

要举行成功的会议，从会议开始前到会议结束后都应注意各种因素的影响。因为会议是在具体的时空里举行，各种因素对其效果的影响是一个持续的过程。为了更好地保护积极因素，排除消极因素，我们有必要对影响会议效果的各种因素加以关注和分析，从而使会议的组织者能够抓住关键所在，有意识地避免将时间、精力、金钱浪费在不重要或不必要之处。

1.5.1　会前影响会议效果的因素

在会前，以下一些因素会直接影响会议效果：

（1）没有既定的会议目标或目标不准确。会议目标不明确的会议，无论在准备过程中还是在会议进程中必然会组织得较为散漫，严重的甚至还会天南地北、离题万里，让与会者会感觉到不知所云，最终结果只能是浪费大家的时间。

（2）没有具体议程。会议议程是对会议需解决的问题的概略性的安排。在议程的提示下，会议可以按部就班、有条不紊地进行，不会出现颠倒顺序、重复内容、随意插接等不良现象，所以，会议议程是否明确、是否适度，会直接影响会议的质量的好坏。实例可参见“第3章 会前准备工作——会议议程”。

（3）会议日程安排不当或不详。未定明确的会议起止时间，或未能对每一项议题进行合理的时间分配，也会影响会议效率。试想你即将参加的某个会议，它既没明确告诉你几点开会，又没告诉你会期有多长，那样的会议，你能准时出席吗？当你感觉到会议遥遥无期看不到尽头时，你能专心、安心、从容地把这个会议开下去吗？

所以，具体而明确的日程表、长短适中的会期、合理的会议时间分配，这一切不仅能保证会议按部就班地进行，而且有效避免了与会者的猜测、担忧和倦怠。

（4）与会者人选不当或者人数不当。从会议效果上看，若会议人选落实不当，会影响会议的进程和表决结果，以及会议规模和会议表决结果的有效程度。比如，会议人数过多，那么，不仅会增加会务接待的压力，同时还会增加会议组织过程的难度，不利于达成较为一致的会议结果，容易影响会议的效率；若会议人数太少，又会导致会议无效，需择日另开。

（5）会议时间、地点选择不当。开会的时间、集会的地点在确定之前一定要慎重考虑，尽量不要在法定节假日开会，也不要在休息时间（如午休）开会，这都容易让与会者产生抵触情绪，从而影响会议的效果。

在场地的选择上，则应避免那些令人产生烦躁、不安因素的会场，如果周围环境喧闹嘈杂的会场，干扰的因素太多，让与会者难以集中精神聆听会议内容，彼此的发言也不容易听清，这同样会影响会议的成效。

（6）会议设备准备不足。会议设备的准备包括会场设备准备和会议文件材料准备两方面。会场设备应当配齐该次会议过程中所需的全部视听器材，如灯光、音响、屏幕、录音、电子资料等，并且要提前检测，以保证所有设备都能正常使用。

会议文件材料主要包括会议议程、会议日程以及会议过程中供与会者参看、传阅、查考的基本文件资料等，把这些资料备齐并发放到与会代表手中，大家到会时才能按部就班开会，有的放矢发言，从而提高会议的效率。

如果这些设备和材料没有准备充分，那么会场就容易出现这样或那样的意外状况，让组织者措手不及。

（7）发送会议通知时间不当。作为聪明的会议组织者，一定会考虑到发送会议通知的时间，既不能太早，又不能太晚。太早，与会者难以答复未来的时间能否到会；太迟，则让人没有足够的时间安排到会，勉强到会也难以全心全意把会开好。还有更重要的一点，如果有很多的代表不能到会（人数超过原定到会人数的1/3），那会议就得改期举行了！这样对会议造成的影响和损失是相当大的。

（8）会议通知内容欠周详。有些会议通知，只管叫人来开会，却不告知会议主题和内容，与会者到会前一无所知，到会后当然只能临时应付了，这样的会议很难取得好成果。就比如你邀请别人到会发言、到会讨论等，如果事先告知对方一二，让对方有备而来，那开会时才不至于冷场。所以，周详完备的会议通知，可以让与会者对会议的议题有所准备，开会时就可以节省会议时间，从而提高会议效率。

那么，如何才能写出合格的会议通知呢？具体内容请参看会前准备部分——会议通知的拟写及发送。

（9）会议召开不准时。不能准时召开的会议，会给每一个与会者造成坏印象，例如，某电子公司的促销会议，由于资料准备不足，导致了会议延迟30分钟才开始，与会者抱怨声不断。这样的会议从一开始就破坏了会议质量。如果接下来在会议过程中能注意改正，严格遵守会议时间，那么还可以改善大家的印象和会议效果。

1.5.2　会议中影响会议效果的因素

在会议进行中，通常有如下一些因素会影响会议效果：

（1）会场干扰因素多。在会场中，噪音接连不断、空气不流通、茶水供应不足、来访寻人不断等诸多细节，都会直接影响与会人员的情绪，从而降低了大家对会议的参与热情和专注程度。

（2）会议主持人不力、与会者发言离题。会议期间，主持人如若不能牢牢把握会议的中心和重点问题，不能很好地组织、引导大家围绕议题展开讨论和发言，就会造成会议离题，导致浪费时间，达不到会议目的。

（3）会场纪律不明、秩序缺乏保障。现在许多会议都存在着这方面的问题，那就是会议现场缺乏管理，与会者不明确或不遵守会场纪律，而组织者本身也没有制定相应的措施或制度，对会场无法实施有效的管理。于是我们常常看到这样的情景：领导在会上作重要严肃的讲话，台下却在交头接耳、窃窃私语；参会人员不停接打手机，随意出入会场；又或者参会人员打瞌睡、吃零食、看报纸、争抢发言、各执己见……整个会场嘈杂不堪，会议主持人都没有对上述行为及时予以调节、制止，也没有其他会场管理人员或保安主动来维持秩序。这样开会，其最终结果会怎样可想而知。

（4）与会者之间分歧较大。在议题讨论的时候，如果与会者观点或立场分歧较大，双方又各执己见，那往往会带来长时间的、激烈的争论，这都会严重影响会议进程、会议氛围以及与会人员的情绪，如果主持人再不善于引导大家从大局出发、求同存异的话，那么矛盾还可能会升级，最后导致会议不得不强行终止。

（5）会议器材发生故障。会议的视听设备、扩音设备出故障，这在众多不同的会议活动中都曾出现过。所以，作为会议的承办人应当做好充分的思想准备和技术准备。会前要认真检测调试；当发生意外情况时，组织者应当机立断采取积极有效措施，迅速抢修或者利用后备器材予以更换。此外还可以通过调整场地或者调整会议日程等方式来灵活解决问题，总之应确保会议的全部内容得以如期完成。

（6）会间接待及服务差。有些会议会期较长，一天半天开不完，这就需要会务组向与会者提供周到细致的会间服务，比如安排茶水供应、安排工作餐、安排休息和住宿等。会务组若不提供这些服务，意味着与会者不得不自己去奔波往返，不得不自己去解决吃喝问题，这容易影响会场秩序不说，还浪费与会者许多的时间和精力，最终必然会影响会议效果。

1.5.3　会后影响会议效果的因素

当会议圆满成功结束后，千万不要掉以轻心，还有以下一些工作是我们切不可疏忽的，否则也会影响会议的最终效果：

（1）整理会议记录，并立卷存档，以备日后工作指导之用及查考之需。

（2）宣传会议精神。必须及时就大会精神进行宣传，使大家对会议精神有充分的认识和正确的理解。有必要的还可以在会后向新闻媒体发布会议成果，让更多的人可以了解它并配合落实相关工作。

（3）落实会议决议。很多会议的决议定出来了，但是落实情况却不理想。会务组有责任协助开展会议决议的落实工作，要进行必要的检查、监督、催办等工作，以确保会议决议得到真正的实施。

（4）及时回收会议文件。许多重要的机关或部门会议，其会议文件多属于草稿性或参考性的，并未最后定稿成文，且带有一定的保密性。因此，会后应该及时回收这些文件，以免流传出去，造成误会、矛盾或不良影响。

（5）进行会议工作总结。这是不断提高办会水平和办会质量的重要环节，只有认真总结经验、发现不足，才会真正提高。而且，会议工作总结，还有利于我们查漏补缺，把遗漏疏忽的工作及时补上，使会议结果趋于完满。

总之，在整个会议组织工作的前前后后，影响会议效率的因素是很多的。作为会务组织人员，应该尽量在会前充分预料各种可能出现的意外情况，尽可能防患于未然，避免意外的发生；而当意外情况真的出现时，则要保持镇定的心态和清醒的头脑，要尽快控制场面，避免情况扩大或恶化，同时要积极协助领导及相关部门，及时研究对策，作出正确决定，有效解决问题，保证会议能尽快重新回到正轨，并继续顺利进行下去。

【案例分析1-1】

一天，天骏公司召开部门经理会议，针对公司的主打产品Y讨论下一季该产品的销售策略。总经理很希望能借此会议商议出有效的Y产品营销策略，争取在竞争对手林立的市场中抢占先机。

会议开了很久，进行得也很顺利。会上大家发言踊跃、献计献策，最终集思广益商议并制定了不少可行的好策略。会后，大家都为此感到很兴奋，对下一季的产品销量充满了信心。

但当下一季的销售结果出来，大家都很纳闷：公司Y产品的销量并没有太显著的上升，倒是自己的竞争对手K公司居然采用了和自己公司差不多的营销策略，产品销量跟自己公司几乎打了个平手！大家对这样的巧合感到很不解。

后来，有心人多方查找原因，终于知道了竞争对手是如何窃取了他们公司的商业秘密。原来，问题就出在那天的会议上。当会议结束后，大家高兴地离开了会场，负责会务工作的秘书看到时间已晚，就没有及时清理会场，只匆匆收拾了会议记录和几份重要的文件资料，然后也下班走了。

第二天一早，打扫卫生的清洁工来到现场，很认真负责地把桌上、地上的全部废纸、垃圾清理出去……竞争对手就是这样捡了个大便宜，毫不费力就获取了对手的商业秘密。

资料来源　王萍，张卫东．现代文秘工作实务［M］．北京：机械工业出版社，2007．

分析：在此案例中，由于秘书部门工作人员的疏忽大意，让竞争对手如此轻易就“窃取”了公司高层研讨的销售策略，不费吹灰之力就赢取了胜利果实。由此可见，会议内容要保密，不仅要对会场进行必要的管理，而且及时回收、处理会议文件也是一项必要、重要的工作！

【知识链接1-1】

高效会议的八大特征

高效会议的特征表现为：①是在必要时才召开的会议；②是事先已经好好筹划过的会议；③是拟定、分发了议程表的会议；④是守时的会议；⑤是一切按部就班的会议；⑥是最有相关经验或才干的人参加的会议；⑦是有决策或有结果的会议；⑧是有记录所有决定、建议及负责人的会议。

【知识链接1-2】

低效率会议的诊断及治疗处方

项次	原因	具体表现	预防性的管理措施
1	时间	会议安排在接近午餐或临近下班的时间，与会者饥肠辘辘、无心开会	会议最好安排在周二至周四上午，避免安排在周一、周五及节假日，因为这些时间里人们通常工作的状态都不佳
2	地点	会议安排在人声鼎沸的闹市，会议内容无法听清；会议安排在经理办公室，办公电话接二连三，会议频繁被打断	会议地点尽量设在安静的、封闭的环境中进行，且以室内为宜
3	参会人员的选择	出席会议的人对研讨的问题缺乏认识和了解，而了解这些问题的人又没有收到会议通知	事先了解人员情况，将出席会议的人分出必须邀请参加者、可以旁听者和可供选择参加者几类
4	主持人	主持人缺乏影响力、说服力，被与会者牵着鼻子走，无法实现会议目标	选择具有亲和力、影响力的人担任会议主持人一职
5	与会者的素质	与会者发言逻辑混乱，观点模糊，词不达意，不善聆听	挑选善于沟通、善于表达、善于聆听的人员参会议事
6	会议准备工作	迟发通知，与会者无暇准备就仓促到会；没有印发相关的会议文件及参考材料，会议难于开展	按照会议组织的相关程序，按要求提前做好各项会务准备工作
7	会议目的及议程	与会者不清楚为什么要开会，开什么会，会后结果及决策如何	在会议通知中明确告知与会者开会的目的、会议的议题

资料来源　张晓彤. 高效会议管理技巧［M］. 北京：北京大学出版社，2004.

1.5.4　会议管理

早在1972年，美国著名的企业管理专家麦克肯斯（MacKenzie）博士在他的一份研究报告中就曾这样指出：“要世界上任何一个企业经理人列出3项最花时间的企业活动，‘开会’一定名列其中。在受调查的200多个企业中，有超过1/3的受访者认为，他们花在会议上的时间有一半是浪费掉的。而令人心惊的是，很少的人能确切说出到底时间浪费在哪里了。”是什么使得会议如此浪费时间、浪费金钱、浪费人们的精力？如何开会，如何开好会，如何使会议富有效率并产生效益，这对于现代企业及企业的管理人来说，越来越具有重要的意义。

提高会议效率，发挥会议功能，避免人力、物力、财力浪费，降低企业经营成本，达成人力资源效率化，这是任何领导者在推动企业发展的进程中必然要面对的问题，同时也是他们必须研讨的重要课题。

会议管理为企业的各项决策提供了“孵化”的平台。从这个意义上说，企业需要实施有效的“会议管理”，才能实施有效的企业管理。因为有效的会议管理是有用的管理工具：它能促成高效的意见沟通，集思广益做出好的决议，使执行者认同并行动，共同努力去达成企业的战略目标。它的重要性，呈现在行动管理、技术管理及目标管理之上。所以，做好会议管理工作，关系到企业决策的效率与效益。同时，会议管理也关系企业内外的沟通协调、形象塑造及战略规划。

1）会议管理的要素

根据会议组织的有序性进行会议管理，以下几个要素是会议管理中不可疏漏的。

（1）主办者。主办者是指出资举办会议的组织或个人，是任何一次会议不可缺少的要素。会议的主办者一般有4种：

一是领导机关主办。当会议为领导机关主办时，主办者同与会者之间具有上下级（或领导与从属）关系，这样的会议一般适合安排宣布决定、传达指示、通报情况、布置工作等会议内容。

二是发起人主办。会议的发起人可以是一个组织，也可以是几个组织联合发起并共同主办，此时，会议发起人同与会者之间没有领导和隶属关系而是合作关系。此类会议较适合安排一些协作性、交流性的会议内容，如中国当代小说创作及作品研讨会一类的会议和活动，通常就会由中国作家协会来发起并主办。

三是成员轮流主办。有些组织有定期召开会议（例会或年会）的制度，此时，组织内的成员都有主办会议的权利和义务，这种由组织内各成员轮流主办会议的做法，最大的优点就是体现出彼此平等、公平处事的原则，不搞歧视，如亚太地区经济合作组织会议（APEC）就是由亚太地区经济合作组织的成员国轮流主办的。

四是申请人主办。一些国际性的或大型的重要会议，如果一些有实力、有影响力的国家或组织均提出了主办会议的申请，则根据申办竞争程序，经有关机构审查并通过表决，才能最后决定会议的主办者是谁，如中国北京已经成功申办的2008年奥运会，就是经国际奥委会多次慎重的审查，最后由国际奥委会各成员国投票选举胜出的结果。

（2）承办者。承办者是指具体操办会议、落实各项会议任务的组织或个人。主办者和承办者可以是同一个组织或个人，也可以分开；如果分开，则承办者必须对主办者负责。比如2010年的世界经济博览会，主办者是中国，而具体承办者是上海市。

正确选择会议的承办方是把会议组织好的大前提。会议的承办者可以有很多选择，以下几类可作为重点参考对象：

一是会议（活动）承包商。专门有这样一类会议（活动）策划公司，他们为有需要的客户提供专业的会议（活动）策划方案，还有自己的办事处和团队，能替客户操办整个会议（活动）的全部（或局部）流程，提供优质的会务组织服务。这类公司现在已逐渐被社会广泛接受并为一部分人所追捧。

二是协会管理公司。所谓“物以类聚，人以群分”，许多职业都设有自己的职业团体，许多行业也设有自己的行业协会。因此如果是组织行业内的会议，对应的协会管理公司无疑是会议承办者的首选。他们对行业情况及业内人士都较为了解，操办起来会更熟悉、更方便、更快速。

三是目的地管理公司。这是指在会议举办的当地，为会议提供接站、订房、订餐、订票、租场、导游等服务项目的公司。

四是旅行社。随着现代社会的不断发展，旅行社的业务内容也在不断拓展。如今的旅行社不仅提供传统的包价旅游服务，同时还可以为有需要的客户提供专门的个性化服务，如设计专游活动线路，承办会议与活动并提供交通、住宿、会场布置、活动组织等服务。

（3）与会者。所有参加会议的人都可称之为会议成员，但根据会议管理的需要，会议成员可以分为四类，对四类不同人员，各有其不同的职责和权利：①正式成员。其拥有会议的表决权和选举权。②列席成员。其在会议上有发言权，但无表决权和选举权，且在一般情况下，会议列席成员的人数不能超过正式成员。③工作人员。其承担会议组织和会议筹备，以及在会议过程中从事会间事务性工作及做会议记录等的有关人员。④嘉宾。其是指因会议的需要而专门邀请的出席会议的人员。通常被邀请作为会议嘉宾的都是些社会名流或政要，所以接待会议嘉宾尤其要注重接待的礼仪。一般的做法是要安排专人联络和接送嘉宾，还要确保嘉宾的安全。

【知识链接1-3】

与会者责任考察表

时段	与会者责任	履行情况
会前	针对会议议题开展个人研究、思考和探讨	A.是　　B.否
	根据会议主题搜集、整理素材，准备会议发言材料	A.是　　B.否
	清楚记下会议日期、具体开始时间及开会地点	A.是　　B.否
	做好开会发言、与人沟通交流的心理准备	A.是　　B.否
会中	能倾听他人的意见	A.是　　B.否
	能积极发表自己的见解	A.是　　B.否
	能关注并参与讨论的问题	A.是　　B.否
	能与主持人密切配合，推进会议进程	A.是　　B.否
会后	知道会议达成了什么决议或共识	A.是　　B.否
	清楚会议还有哪些事情未完成	A.是　　B.否
	清楚分配给自己的任务是什么，也知道如何完成	A.是　　B.否
被考察人：	考察时间：	
考察综合评价：		

资料来源　张晓彤．高效会议管理技巧［M］．北京：北京大学出版社，2004.

（4）会场。会场是与会代表碰头会面议事的地方。在一般情况下，企事业单位的会议和行业系统内部的会议，会场都选在本单位或本系统内部的会议厅（室）举行，如公司日常工作例会、系统内部职工代表大会、单位员工座谈会等会议，其会场通常就设在办公大楼的会议室，有些甚至直接就在办公室开会，方便大家能及时、迅速地前来参加会议，从而有效节约了会议的时间成本。有些跨地区、跨行业、跨部门的大型或超大型的会议，为解决主会场容量不足的问题，可以设置主会场和分会场。作为会务组织人员，既要直接对主会场实施管理，又要对分会场的管理负责。

在一般情况下，会议的主要环节如开幕典礼、闭幕式等都应安排在主会场进行。

（5）议题。对会议议题的管理主要体现在：①会前严格审核议题，把没有讨论价值、没有讨论必要的议题剔除；②会前把议题传达至各与会代表，便于他们提前就相关问题做好准备，以提高会议效率；③会议期间注意紧紧围绕议题引导讨论及发言，以确保各项议题都能得到充分的探讨和论证。

2）会议成本的管理

会议管理还有一个专项的内容就是会议成本管理。以一个年度为单位计算，会议成本是一笔非常可观的数目，它影响到公司整体利润的得与失。

会议的成本分为时间成本、直接成本和效率损失成本3种。其具体的内容及计算方法如下：

（1）会议的时间成本（如图1-3所示）。

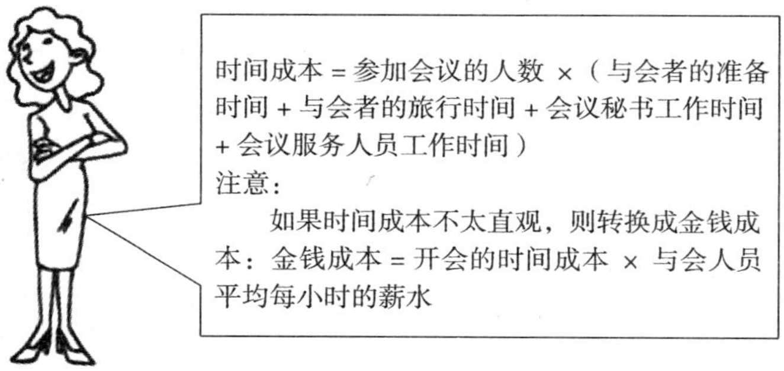

图1-3　会议的时间成本

（2）会议的直接成本（如图1-4所示）。

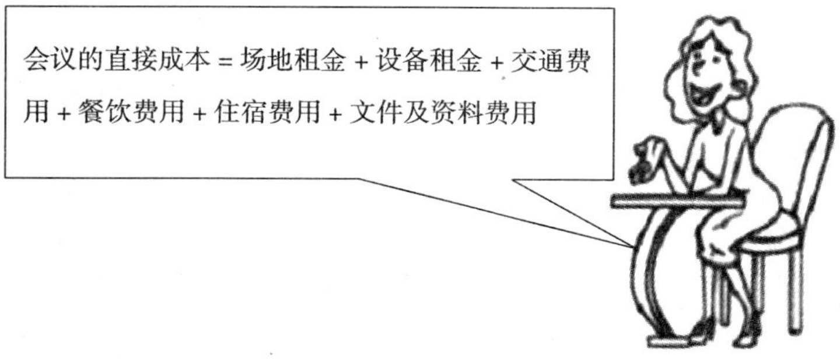

图1-4　会议的直接成本

（3）会议的效率损失成本。在会议期间，由于参加会议的主管人员必须在短期内离开自己的工作岗位，这就有可能造成公司整体管理效率的下降。由于管理效率下降而造成的损失，就是效率损失成本。效率损失成本包括如图1-5所示3种情况：

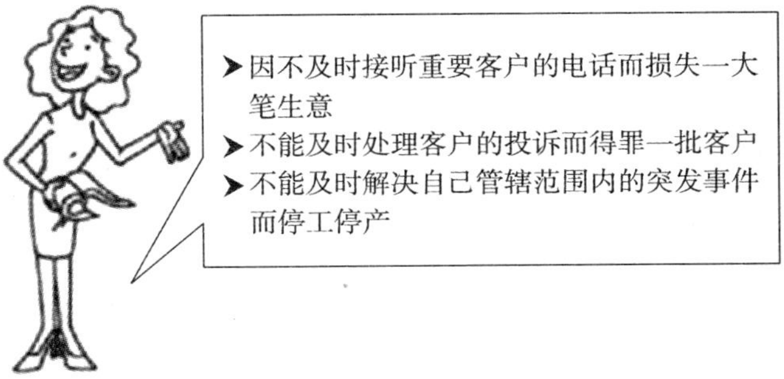

图1-5 效率损失成本的3种情况

作为会议的组织者，必须在会前对会议成本进行细致预算，在会中对会议成本进行及时有效管理。切记一个原则：在保证会议质量的前提下，要尽量控制并降低会议成本。

【案例分析1-2】

国内某服装公司在过去的一年中，公司各部门合作很不协调，销售额直线下降。该公司老总张某针对这种情况向其他企业请教，了解到问题应该是出在自身的管理还不够完善。于是，张某高薪聘请了某著名企业管理培训师，针对管理这一环节对公司各部门经理等人员进行重点培训。

几个月后，该公司各部门之间的协调合作逐步好转，销售业绩也有了一定的提高。最明显的变化是部门经理会议和每周的员工例会，大家在会上都显得热情高涨，充满干劲，还不断提出了很多创新性的意见，为公司开拓市场提供了很多好的信息及建议。

到年底，在公司的年度工作总结会上，主持人高兴地宣布：公司全年实际利润比年初的计划提高了40%！老总张某对此不无感慨地说："看来有效的管理真的很重要！"

分析：在此案例中，由于公司领导层起初没有认识到会议的管理功能，没能很好利用会议这个管理工具，所以导致各部门之间沟通协调不好、公司整体上传下达渠道不畅通。后来找到问题所在，及时予以调整，如定期召开例会，疏通渠道让员工畅所欲言，调动大家的积极性和创造力；又及时进行员工培训，提高企业管理者自身的素质，从而有效提高了他们的会议决策水平。这一系列工作的铺开，其实都是借助会议（与活动）管理的平台去实施企业管理的目标和计划的。

[知识掌握]

1.1 什么是会议？为什么要开会？你清楚会议应有的作用吗？

1.2 会议的基本要素有哪些？

1.3 会议按照不同的标准来划分，可以分为哪些类型？

1.4 你参加过哪些会议和活动？请以专业眼光评价一下你参加过的那些会议或活动。

[知识应用]

案例分析

李小姐是某外资公司新上任总经理的秘书。在即将召开的跨公司技术交流大会前，由于时间紧迫，李小姐来不及核实与会者的人数，于是就按照自己的估计先把人数确定下来。结果，在会议签到的时候，与会者人数大大超出了李小姐原来的估算，于是不得不临时更换会议室，因此影响了会议的准时召开。

在开会期间，需要用到一些重要资料，李小姐又是临时匆匆去拿来的，这使会议进程又耽误了约20分钟。最后，会议结束时严重超过了预定时间，与会者显出了不满情绪。更糟糕的是，由于应付上面出现的各种情况，李小姐没能安心做好会议记录。会后，由于会议记录不全，遭到了上司的批评。李小姐为此苦恼透顶！

问题：(1) 你协助李小姐一起把还未处理的工作做完，你们准备做些什么？

(2) 休息时，请你告诉李小姐，她的会议准备工作出了什么问题？

(3) 告诉她影响会议效率的多个要素，尤其是要提醒她在组织会议时应注意避免哪些误区。

实践训练

1) 如果你是天骏公司的秘书，现在天骏公司新来了一个秘书小李，张总经理把小李安排给你带，张总经理尤其提到公司日常的大会、小会很多，要求你尽快让小李掌握会议组织工作。根据这一工作任务，请你给小李讲解各类会议的作用、功能，让她知道会议的重要性和必要性。

要求：(1) 带小李去观摩各种形式的会议，增强她对会议的感性认识（可以通过搜集资料或图片展示）。

(2) 给小李讲解各类会议的作用、功能，让她知道会议的重要性和必要性。

2) 如果你是某工厂的厂长，厂里失火了，还好发现及时，造成的经济损失不算严重，也没有人员伤亡。事后经调查，原来是一名工人违反操作条例，在车间内吸烟丢下烟头所致。

请你说出准备采取下列哪种方式处理此事？(　　)

A.一对一批评　　　　B.开大会，当众批评处分

C.写检查处罚　　　　D.责令其主管领导给出处罚意见

要求：说说你为什么这样做。

第2章

会议策划

[学习目标]

在学习完本章之后，你应该能够：了解会议策划的概念、作用；明确会议策划的内容；熟知会议策划的工作程序；掌握根据会议性质和目的编写策划方案和会议预算的技巧。

【引例】

群英会蒋干中计

——《三国演义》中完美的会议策划

曹操率兵东指。东吴都督周瑜在接到曹操的挑战信后，即毁书斩使，以表明抵抗的决心。于是引发了曹操与东吴在三江口的一番交战。周瑜打了胜仗，但他仍能谨慎从事，进行调查研究，连夜暗窥曹营。周瑜发现曹操水军的指挥官是从刘表手下归降曹操的蔡瑁、张允，这两人“深得水军之妙”，是东吴破曹的主要障碍，于是周瑜就产生了“必设计先除此二人”的打算。曹操正在为破东吴无策发愁时，忽有曹营中的幕僚蒋干出来自荐，说愿意去东吴说服周瑜前来归降，而且表示保证能完成任务。

周瑜听说老同学蒋干来访，就决定利用其施行反间之计。周瑜先在大会群英的宴席上定下了“但叙朋友交情”，不提“军旅之事”的规矩，封住蒋干的口。进而周瑜又向蒋干显示江东英杰云集“兵精粮足”的实力，炫耀自己“遇知己之主”受到信任重用的地位，断绝蒋干说降的念头。在夜间，周瑜与蒋干“抵足而眠”，佯装酒醉酣睡，诱使蒋干偷走一封伪造蔡瑁、张允投降东吴的书信，还安排了“江北有人到此”来暗联络的情节给蒋干看，让蒋干对书信确信无疑。蒋干原为没有完成说降周瑜的使命发愁，幸亏得了这份重要“情报”，就连夜溜回曹营去报功。曹操看了这封信大怒，喝令杀了蔡、张二将。周瑜的反间计终于获得成功。

这一案例表明：凡事预则立，不预则废。周瑜为了除掉曹操的水军头领，成功策划了一次群英会。诱使蒋干中计，并利用曹操的多疑使用反间计杀了对破曹障碍最大的蔡瑁、张允，为大破曹军奠定重要基础。从群英会上的各个细节都可以看出周瑜的巧妙布置和细密心思。

2.1 会议策划概述

2.1.1 会议策划的含义

（1）策划。策划一词最早出现在《后汉书·隗嚣传》中“是以功名终申，策画复得”之句。策最主要的意思是指计谋，划指设计，意思为处置、安排。策划在《辞源》中解释作“策书、筹谋、计划、谋略”。

一般来说，人们把策划定义为“为了达成某种特定的目标，根据现实的各种情况及所掌握的信息，借助一定的科学方法和艺术，为决策、计划而构思、设计、制作可行的行动方法的过程”。

由此可见，策划是一种程序。本质上是一种运用脑力的理性行为。基本上所有的策划都是关于未来的事物，也就是说，策划是针对未来要发生的事物作当前的决策。也就是说，策划是预先决定做什么，何时做，如何做，谁来做。策划如同一座桥，它连接着我们出发点与未来的目的。

（2）会议策划。它就是为了使会议取得预期的目标，从而进行构思、设计，拟订出合理可行的方案的过程。

【案例分析2-1】

《隆中对》

——诸葛亮的策略规划

“自董卓已来，豪杰并起，跨州连郡者不可胜数。曹操比于袁绍，则名微而众寡。然操遂能克绍，以弱为强者，非惟天时，抑亦人谋也。今操已拥百万之众，挟天子而令诸侯，此诚不可与争锋。孙权据有江东，已历三世，国险而民附，贤能为之用，此可以为援而不可图也。荆州北据汉、沔，利尽南海，东连吴会，西通巴蜀，此用武之国，而其主不能守，此殆天所以资将军，将军岂有意乎？益州险塞，沃野千里，天府之土，高祖因之以成帝业。刘璋暗弱，张鲁在北，民殷国富而不知存恤，智能之士思得明君。将军既帝室之胄，信义著于四海，总揽英雄，思贤如渴，若跨有荆、益，保其岩阻，西和诸戎，南抚夷越，外结好孙权，内修政理；天下有变，则命一上将将荆州之军以向宛、洛，将军身率益州之众出于秦川，百姓孰敢不箪食壶浆，以迎将军者乎？诚如是，则霸业可成，汉室可兴矣。”

分析：诸葛亮的《隆中对》，是历史上少见的策略规划，以宏观的视野，拟定前瞻的战略。进行策略规划之前，要考虑三件事：环境、条件和目标。

环境大致可分为总体环境和竞争条件。总体环境大家心知肚明，刘备和诸葛亮也清楚。刘备谈话之初说：“汉室倾颓，奸臣窃持国柄，皇上蒙受欺凌。”诸葛亮对答之初说：“董卓入京以来，豪杰并起，掠州夺郡者不可胜数。”已明确描绘出当时的局势。

所有竞争者都面临同样的总体环境，因此，更重要的环境是竞争环境。诸葛亮首先分析曹操和孙权两名最强劲的对手：“曹操拥兵百万，挟天子以令诸侯，不可与他争锋。而孙权据有江东，已经三代（孙坚、孙策、孙权），地势险要，人民归附，贤才为他尽力。只可与他结盟，不可谋取他。”曹操、孙权稳稳地雄踞北方和江东，剩下来的荆州和益州，也是好地方。诸葛亮分析道：荆州地区，北面以汉水、沔水为屏障，南方直达南海郡，东南连接吴郡、会稽郡，西边通巴郡、蜀郡，是用武要地。“而其主不能守，此殆天所以资将军。”再说到益州。诸葛亮说：“益州险塞，沃野千里，天府之土，高祖因之以成帝业。刘璋暗弱，张鲁在北，民殷国富而不知存恤，智能之士思得明君。”

经由以上分析，很清楚地，竞争对手分为可击与不可击两组。曹操、孙权属于兵法“避实击虚”的实，应当回避，不可攻击；荆州的刘表和益州的刘璋则属于“避实击虚”的虚，应当进取击灭。

评估条件，确立目标。诸葛亮眼中，刘备虽然一无所有，没有一席之地，身边只有关羽、张飞、赵云等猛将，以及徐庶等少数策士，不像曹操、孙权、刘表、刘璋各有地盘，各有部众，各有人才，但是刘备的个人特质是竞争的一大本钱。诸葛亮说刘备“既是皇室后裔，信义又早已显扬四海，广交英雄，求贤若渴”。短短几句话，便把刘备在身世、形象、领袖特质、企图心等方面形成的优势点了出来。最后一项考虑是目标。刘备和诸葛亮对目标的共识，无非“霸业可成，汉室可兴”八个字。

环境、条件和目标考虑清楚了，便要提出策略构想。孔明建议刘备：“占据荆州和益州，固守险要，西边和好戎族，南边安抚夷越，对外结交孙权，对内修明政治。一旦局势有变，有利时机出现，便派一名将军统领荆州大军向宛城、洛阳前进，将军（刘备）您亲自率领益州军队席卷关中。”

这就是历史上著名的《隆中对》（又称为《草庐对》）。诸葛亮参考各集团势力消长，提出这项大战略，正所谓运筹帷幄之中，决胜千里之外。

2.1.2 会议策划的特点

1）策划与计划

策划与计划是两个不同范畴的概念：

（1）策划近似英文的strategy加plan；而计划是英文的plan。

（2）策划更多表现为战略性，包括分析情况、发现问题、确定目标、设计和优化方案，最后形成具体工作计划等一整套环节；而计划只是策划的最终结果，比较多地体现为在目标、条件、战略和任务等都已经明确化的情况下，为即将进行的工作提供具体操作的方案。

（3）策划掌握原则和方向，是宏观的；计划处理程序和细节，是微观的。

（4）策划通常是一种具有超前性的、挑战性的、创新性的创意工程；而计划则通常表现为常规的工作流程，是现实可行的、是按部就班进行的。

2）会议策划的特点

（1）目的性。不论什么策划方案，都有一定的目的，都是针对一个目标而进行的筹划活动。

（2）预测性。策划是人们在一定思考以及调查的基础之上进行的科学的预测，因此具有一定的前瞻性和预测性。同时，策划既然是一种预测或者筹划就一定具有不确定性或者风险。

（3）科学性。策划是人们在调查的基础之上，进行总结和科学的预测，策划不是一种突发奇想的方法，它是建立在科学的基础之上的预测、筹划。

（4）可操作性。会议策划的可操作性应该包含以下内容：①在实际环境中，此项策划具有现实条件的可操作性，如经费、场地等；②在具体的实施上有可操作的方法；③构思方案要易于操作、容易实施，不能只是空洞的“纸上谈兵”。

3）会议策划的功能

（1）竞争功能。它是策划者以智谋及其策划方案协助策划主体赢得政治竞争、军事竞争、经济竞争、技术竞争和形象竞争等方面的主动地位，使其稳操胜券或有所作为。这是人们进行有效的策划方案的目的之一。

（2）决策保证功能。它是策划者为策划主体的决策谋划、探索、设计多种备选方案。决策者以策划方案为基础，进行选择和决断，从而保证决策的理智化、程序化和科学化。策划是一种理性思维，以确保未来即将进行的活动有序、有条不紊地按预定的目标进行，这一特性保障了其策划的成功。

（3）计划策定功能。其表现在策定计划的规定程序上，即策划机构在进行计划或规划之前，运用科学的策划运作程序对计划进行构思和设计，为计划生成提供智谋母体，使计划切实可行，使预算投向可靠。

（4）预测未来功能。它是策划者注意策划主体发展的长远问题或本质问题，针对环境未来的变化发展，进行超前研究，预测发展趋势，思考未来发展问题，提高策划主体适应未来和创造未来的主动性。

（5）策划的管理创新功能。它是策划者遵循科学的策划程序，从寻求策划主体的问题或缺陷入手，探索解决管理问题的有效途径。这实质上是一个管理创新的过程，一个好的策划方案本身就是一个管理创新方案。

优良的会议策划是完满举办会议的前提。完整的会议策划是一个节奏分明、条理清楚、面面俱到的计划。只有通过专业策划和充分准备的会议才能取得预期效果。所以，会议策划一定要尽量考虑周全。

【案例分析2-2】

临时动议，节外生枝

一次，上级领导到某滨海城市考察。在当地党政负责人汇报工作之前，有关同志先安排30分钟时间，到海滩旅游景点考察旅游资源，然后回住地开会。就在上级领导一行按预定计划即将乘车离开海滩之际，一位秘书说：“前面还有一处旅游景点，领导们是否顺便游览一下？”上级领导人说，如果路程不远，看看也行。于是，急忙开来了两辆中巴，急急忙忙沿着海滩往前开。由于刚刚退潮的海滩不能行车，车开出不一会，就陷入松软的沙滩前进不了。折腾了10多分钟后，其中一辆车勉强开动，另外一辆却任凭众人如何推，都进退不得，无法行驶，弄得当地负责人很狼狈。不仅多看的目的没达到，就连回程都困难。无奈，原来分乘两辆车的人，只好往一车挤，挤不上的，只能深一脚浅一脚的在满是水渍的沙滩上步行返回。此次海滩考察着实令人扫兴，而原定的汇报会也因此不能如期进行了。

资料来源　王守福. 文秘工作案例与分析［M］. 北京：高等教育出版社，2010.

分析提示：接待上级领导前来考察，是下属单位一件很严肃的政治任务，像上述这种临时随便改动原定计划显然是不可取的：①不做可行性调查，盲目行事，使考察活动受客观条件限制无法进行，白白浪费时间、人力、物力。②不做合理安排，临时增加考察内容，没有及时通知有关人员，造成随同上级主要领导前来的人员不能参加，不该去的却挤去凑热闹，直接影响考察效果。③不做应急准备，临时动议的事可能随时发生预料不到的问题，但却不协调各方，待车陷沙滩时，无从联络救急，只落得个乘兴而去、败兴而归的结果。前车之鉴，后事之师。对领导同志活动的组织服务工作，应慎之又慎。已经领导同志同意的活动计划，不是十分必要，不要随意更改变动。确需变动的，务必及时通知有关人员，慎重考虑，周密组织，稳妥行事，确保万无一失。否则，打无准备之仗，必遭败北。

2.2 会议策划的内容

会议策划的内容，包括主题择定、模式定位、议程安排、组织协调、公共关系、媒体报道等。

2.2.1 确定合适的主题

1）确定会议主题的意义

人们在从事文学创作时，总是喜欢把主题看成是作品的灵魂、统帅，把标题当成点睛。写文章是这样，开会也是这样。确定会议主题，使之有号召力、有时代感、引人注目，这是会议策划的一项重要任务。

例如，我们要举办2008年北京奥运会，主题是“绿色奥运、科技奥运、人文奥运”，这就突出体现了中国人民建设和谐社会、实现和谐发展的梦想和追求。“天人合一”“和为贵”是中国人民自古以来对人与自然、人与人和谐关系的理想与追求。我们相信，和平进步、和谐发展、和睦相处、合作共赢、和美生活是全世界的共同理想。

但是确定主题之后，一般来说，会议还将策划出响亮的口号，以利于扩大宣传，提高知名度。2005年1月1日，北京奥组委面向社会，公开征集第29届奥运会主题口号，此次征集活动历时31天，共收到应征作品21万余件，经工作人员逐一审阅，在英文和中文应征作品中，未选出满意的作品。北京奥组委邀请国内的著名专家和在华的外国友人代表举行多次研讨会，广泛听取意见和建议。国际上许多奥林匹克专家也向北京奥组委贡献自己的创意。在认真研究和反复论证的基础上，最终形成了“One World One Dream”（“同一个世界、同一个梦想”）的主题口号。可见确定一个会议主题有时很费周折，需要集思广益。

有时，在主题外还另加副题。副题用以进一步补充和说明主题。例如，第十一次中韩日三国佛教交流会议确定这次友好交流会的主题是：佛教徒为环境保护所承担的责任；而副题则由各国围绕主题自行确定。

2）确定主题的方法技巧

（1）围绕会议目标确定会议主题，能够引起与会者的注意和共鸣。

（2）切合公关，提炼主题，如某公司的商业推广会，经过集体讨论，确定该次会议的性质为综合性，集年终答谢和促销推广于一体，避免单一性质的商业推广会所带来的不利因素。在会议主题上，根据会议性质确立“浓情×× 冬日送暖”的会议主题。

（3）根据会议类型明确会议名称。会议名称要拟得妥当，名实相符。会议名称一般由“单位+内容+会议种类”构成，如“中国共产党第十五次全国代表大会”，其中“中国共产党”即组织名称，也可称单位；“第十五次全国”即会议内容，“代表大会”即会议种类。

有的会议名称由单位、年度、内容构成，如广东××省人民政府办公厅+2012年+总结表彰+大会”。有的会议名称由时间、会议内容和会议类型构成，如“2012年浙江省公路春运票价听证会”。会议名称要用确切、规范的文字表达。

有些会议的名称是固定的，如董事会等；有些会议名称是不固定的，应根据会议的议题或主题来确定，会议主题可确定为主题加副题的方式。

【案例分析2-3】

A公司是一家区域性的医药公司，年营业规模达5亿元人民币，在当地具有一定的影响力。该企业每年都要召开数次商业推广会，进行促销等活动，但会议的效果却越来越差。年底，同样的命题又一次摆在A公司的面前。

为了保证会议的整体效果，公司进行了详细的分析与研究后，决定从细节和创意两个方面入手。

（1）成立专门的会务组，全权指挥和运作。经过与领导沟通，专门成立由营销总监牵头的会务组，保证高效的会议执行团队。

（2）确定会议主题和性质。经过大家集体讨论，确定本次会议的性质为综合性，集年终答谢和促销推广于一体。在会议主题上，根据会议性质确立“浓情×× 冬日送暖”的会议主题。

（3）确定会议答谢和促销的形式。围绕会议性质和会议主题，确定了“五连环环环惊喜 答谢情情深意长”的答谢和促销形式，共设计了五大促销主题连环进行，尤其是神秘大奖的设计，充分调动了参与者的积极性。

（4）确定会议推广方式。根据参会人员的特点，制定了立体式的推广手段。手机短信、电话沟通、宣传单派发、当地无线一套的游动字幕等四种推广手段相结合。

（5）制定会议沟通策略。围绕会议性质、会议主题、促销形式和推广方式，制定了一套核心的沟通策略内容，同时根据推广方式的不同制定了四种沟通策略和诉求语言，并且形成标准用语，让相关人员掌握和使用。

（6）现场布置营造氛围。为了营造突出醒目让人记忆深刻的现场氛围，从礼品的摆放，现场条幅的悬挂，彩拱门的布置，到产品的展示，主席台的布置等都精心安排，制定布置标准和要求。尤其值得一提的是，神秘现金大奖的布置，很费了一番脑筋，最后通过精心构思，使之成为全场最为集中和瞩目的焦点所在，充分调动现场的氛围。

（7）制定整体的会议流程和执行标准。为了更为有效的保证会议效果，会务组专门从内部选拔了两名员工作为主持人，并为此制定了整体的会议流程和各个流程的相关主持要求。

（8）确定整体工作推进表和详细到位的人员安排。根据整体工作内容，进行细节分工，几乎每一个细节都分配到人，责任到人，并与每一个相关人员进行详细讨论，使之明白工作内容和工作执行标准等相关要求。

（9）创意体现在每一个环节。创意作为体现会议效果的最为主要的保证，A公司令每一项工作都最大限度地体现创意内容，如前面所提到的神秘大奖的布置摆放，还包括会议主题的确定，促销形式的制定等等很多的方面，甚至宣传单的制作，都尽可能体现创意的内涵所在。

（10）会议工作的检查落实。在会议的准备过程中，随时对各个工作环节进行检查，发现问题及时纠正与处理。在会议的前一天，会务组全体人员进行集中检查，认真核对，以保证会议准备的充分执行。

经过以上各项工作的一一落实与执行，整体上本次会议成为A公司组建以来所有会议之中效果最好的一次，客户也纷纷反映会议组织得好且很有新意。

分析：细节无价，创意为大。在本案例中，体会最大的就是细节和创意。作为会议策划人每天的主要工作就应该是研究细节、研究创意，那种粗放式、传统式思维必须退居二线，才能保证会议活动的实施成功。

2.2.2　会议模式定位

传统的会议模式通常会出现“材料一发、领导一念、全体听命”的方式，这种高消耗，低效益，死板被动的会议模式造成会议人、财、物极大的浪费。想要精心策划会议，提高会议效率，会议模式的策划必不可少。

1）传统会议模式

会议模式本身无所谓好与不好，关键在使用是否恰当。

（1）报告式。这是较为传统的一人讲、大家听模式，适用于严肃会议（各类法定会议、全体会议，如人大会议等）。

（2）研讨式。研讨会具有较强的科研性质。与会者通常都已经或正在研究一个项目、实验一个产品或制造某件东西，大家就共同的专业兴趣进行交流探讨。研讨式适用于专业性较强的会议人群。

（3）座谈式。它是每位发言人轮流就中心议题发表自己的见解，发言者之间可以交流，与听众之间也可以交流，是一种较为灵活，便于互动的会议。座谈式适用于上下级或部门间的沟通交流。

（4）现场式。现场办公，现场处理。现场式适用于高层领导下基层或突发事件的处理。

（5）联谊式。联谊式特点为互动互补，多部门、多人群联合召开，形式活泼。一般机关、企事业合作单位常用。召开联谊会的单位或人群通常有互补性，如城乡联谊，军民联谊等。

（6）庆典式。庆祝性或商务性活动会。庆典式适用于特殊时间（节日等）或具有商务、公关目的的会议。

（7）远程式。顾名思义，远程会议的与会者相隔一定距离，不在一起。早期远程会议只能听声音，不能见人，即电话会议；随着科技日益进步，远程会议的模式有所改变，由普通电话会议进步为卫星电话，而后又有视频会议。这种会议方式正在逐步兴起。

（8）讲座式。常由一位或几位专家进行个别讲演，讲座的规模可大可小。观众在讲座后可以提问，有时主办方也可以不安排观众提问。

（9）论坛式。论坛式也可以称为沙龙，模式较为灵活，通常由有共同兴趣爱好的人聚集在一起进行，也可以有许多的听众参与，并可由专门小组成员与听众就问题的各方面发表意见和看法。听众和发言人之间、发言人与发言人之间都可以自由交流。主持人主持讨论会并总结双方观点，允许听众提问。

2）现代新型会议模式

（1）头脑风暴（brain storming）。由美国创造学家A.F.奥斯本于1939年首次提出，

1953年正式发表的一种激发性思维的方法。

组织形式。参加人数一般为5～10人，最好由不同专业或不同岗位者组成；会议时间控制在1小时左右；设主持人一名，主持人只主持会议，对设想不作评论。设记录员1～2人，要求认真将与会者每一设想不论好坏都完整地记录下来。

会议类型。①设想开发型：要求参与者要善于想象，语言表达能力要强。②设想论证型：要求与会者善于归纳、善于分析判断。

会前准备工作。①会议要明确主题。会议主题提前通报给与会人员，让与会者有一定的准备。②选好主持人。主持人要熟悉并掌握该技法的要点和操作要素，摸清主题现状和发展趋势。③参与者要有一定的训练基础，懂得该会议提倡的原则和方法。④会前可进行柔化训练，即对缺乏创新思维者进行打破常规思考、转变思维角度的训练活动，以减少思维惯性，从单调紧张的工作环境中解放出来，以饱满的创造热情投入激励设想活动。

会议原则。①禁止批评和评论他人，也不要自谦。②目标集中，追求设想数量，越多越好。③鼓励巧妙地利用和改善他人的设想。④与会人员一律平等，各种设想全部记录下来。⑤主张独立思考，不允许私下交谈，以免干扰别人的思维。⑥提倡自由发言，畅所欲言，任意思考。⑦不强调个人的成绩，应以小组的整体利益为重。

会议实施步骤。①会前准备：参与人、主持人和课题任务三落实，必要时可进行柔性训练。②设想开发：由主持人公布会议主题并介绍与主题相关的参考情况；突破思维惯性，大胆进行联想；主持人控制好时间，力争在有限的时间内获得尽可能多的创意性设想。③设想的分类与整理：一般分为实用型和幻想型两类。前者是指目前技术工艺可以实现的设想，后者是指目前的技术工艺还不能完成的设想。④完善实用型设想：对实用型设想，再用脑力激荡法去进行论证、进行二次开发，进一步扩大设想的实现范围。⑤幻想型设想再开发：对幻想型设想，再用脑力激荡法进行开发，通过进一步开发，就有可能将创意的萌芽转化为成熟的实用型设想。这是脑力激荡法的一个关键步骤，也是该方法质量高低的明显标志。

主持人技巧。①主持人应懂得各种创造思维和技法，会前要向与会者重申会议应严守的原则和纪律，善于激发成员思考，使场面轻松活跃而又不失脑力激荡的规则。②可轮流发言，每轮每人简明扼要地说清楚创意设想一个，避免形成辩论会和发言不均。③要以赏识激励的词句语气和微笑点头的行为语言，鼓励与会者多出设想。④禁止使用下面的话语："这点别人已说过了""实际情况会怎样呢""请解释一下你的意思""就这一点有用""我不赞赏那种观点"等。⑤经常强调设想的数量，比如平均3分钟内要发表10个设想。⑥遇到人人皆才穷计短出现暂时停滞时，可采取一些措施，如休息几分钟，自选休息方法，散步、听音乐、喝水等，再进行几轮脑力激荡。或发给每人一张与问题无关的图画，要求讲出从图画中所获得的灵感。⑦根据课题和实际情况需要，引导大家掀起一次又一次脑力激荡的"激波"，如课题是某产品的进一步开发，可以从产品改进配方思考作为第一激波、从降低成本思考作为第二激波、从扩大销售思考作为第三激波等。又如，对某一问题解决方案的讨论，引导大家掀起"设想开发"的激波，及时抓住"拐点"，适时引导进入"设想论证"的激波。⑧要掌握好时间，会议持续1小时左右，形成的设想应不少于100种，但最好的设想往往是在会议要结束时提出的，因此，预定结束的时间到了可以根据情况再延长5分钟，这时是人们容易提出好设想的时候。在1分钟时间里再没有新主意、新观点出现时，智力激励会议可宣布结束或告一段落。

【案例分析2-4】

让核桃自动裂开

——头脑风暴的应用案例

某蛋糕厂为了提高核桃裂开的完整率，对“如何使核桃裂开而不破碎”进行了一次小型的头脑风暴会议，会上大家提出了近100个奇思妙想，但似乎都没有实用价值。其中有一个人提出：“培育一个新品种，这种新品种在成熟时会自动裂开。”当时认为这是天方夜谭，但有人利用这个设想的思路继续思考，想出了一个核桃被完好无损取出而简单有效的好方法：在外壳上钻一个小孔，灌入压缩空气，靠核桃内部压力使核桃裂开。

分析：头脑风暴是一种极为有效的开启创新思维的方法。头脑风暴通过集思广益、发挥集体智慧，迅速地获得大量的新设想与创意。对于创造性活动具有非常大的实用意义。

（2）玻璃鱼缸式会议。它是一种非常独特的讨论会议类型。通常由6～8名与会者在台上或房间中心围成一圈，圈子中间留有一个空座。其他与会者只能作为观众坐在周围旁听，不能发言，只有那些坐在圈子里的人才可以发言。如果有观众想发言，他必须走到圈子里，坐在中间的那个空座上，发言完毕再回到原座位。玻璃鱼缸式会议通常有主持人参加，他可以参加“玻璃鱼缸”的讨论，也可以只负责维持会议按正常程序进行。由于在会议进行中大部分观众只是在外围观看那些位于圈子中的与会者演讲或讨论，就像在观看鱼缸或鱼箱里的鱼活动一样，所以人们给其取名为“玻璃鱼缸”会议。

（3）休闲式会议。会议通常令人疲倦，为使现代人在忙碌紧张的工作中释放更多热情，现在流行一种边休闲边开会的模式。这种会议模式允许与会者不看文件，不听令人昏昏欲睡的报告，不必应酬饭局酒宴；而是亲近自然，放松情绪，然后在轻松自然的情形下商议工作。

（4）网络会议。随着现代科技的发展和广泛运用，网络会议逐渐成为一种新的会议形式。网络会议就是预先用录像带把某个事件或活动现场录制下来，然后转换成数字化的视频信号通过电脑接收后送入网络服务器。进入服务器后，人们就可以直接观看或下载下来供以后观看。由于是通过网络传递，所以不存在什么时间上的障碍。网络会议对公司召开培训会议非常有利，它不必再让有关人员乘坐飞机去往目的地，可以节省飞行、住宿、伙食、地面交通等许多费用。

2.2.3　会议议程安排的技巧要求

安排会议议程有以下几点技巧要求：

（1）保证会议目的。围绕会议目的安排议程，确保议程符合会议中心议题。

（2）重点优先。保证关键人物的时间，保证重要人物能够出席会议。

（3）原则上每个单元时间的会议都要有议程，每个议题时间不宜过长，应控制在1.5小时左右，避免出现会议给人们带来的疲劳。

（4）如遇几个议题，应按其重要程度排序，最重要的排列在最前面。

（5）科学合理，保证最佳开会时间。上午8：00—11：30，下午3：00—5：30是人们精力最旺盛、思维能力及记忆力最佳的时机。所以，安排会议议程和日程要注意将全体会议安排在上午，分组讨论可安排在下午，晚上则安排一些文娱活动。

【知识链接2-1】

会议一般要为与会者及其随行家属安排一次或几次特别活动。特别活动可以是在会议正在召开时组织与会者家属进行的项目，也可以是会议期间专门安排的与会者及其家属共同参加的活动。

首先，要了解与会者的身份。为与会者安排活动之前要了解他们的身份背景。他们是否与去年的与会者一样？今年的新与会者，可以为他们安排以前成功的活动吗？如果与会者还是去年那一群人，那么活动不必比去年的更大或更好，但却必须与去年的活动有所不同。

其次，由于不同会议的与会者有不同的性格特点，所以在此主要的责任就是你所计划的活动要适合与会者的口味。会议期间可以安排的特别活动一般有：观光旅游、宴会、乘船游览、看地方戏曲、欣赏芭蕾舞演出、垂钓、水上活动、海边晚会、聚餐、化装舞会、主题晚会、参加地方传统节日活动。

2.2.4 会议策划中组织协调

1）组织协调概述

组织协调是指组织者根据工作任务，对资源进行分配，同时控制、激励和协调群体活动过程，使之相互融合，从而实现组织目标。

对会议策划来说，组织协调是必需的，而且是能否顺利开展工作的前提条件。只有具备了较强的组织协调能力，才能有效地安排各项工作，使每个岗位都有人承担相应的工作。

2）会议策划中的组织协调

组织能力是指组织人们去完成组织目标的能力，它是领导者成功有效地完成工作的必备能力。协调，是一种行为状态，字面上的解释就是同心协力、配合适当的意思。这里可以指通过组织工作达到和谐的状态。

会议策划的组织协调，主要指以下方面：

（1）充分运用各种资源，使之合理搭配，达到最佳效果，如资金的运用，人员的统筹安排，场地的选择等。

（2）区别轻重缓急，保证会议工作有序进行。

（3）激励下属。优秀的领导及管理者都善于将团体目标和个人目标统一起来，将团体目标的实现与满足员工的需要统一起来，提高部下对团体目标的感受性，让部下充分体验到团体目标中包含着的个人利益。只有将这两者有机地统一起来，部下才能产生积极性，各项工作才能落实到位。

（4）处理冲突。在会议策划及实施过程中，各种冲突必然出现，如果没有策划好解决冲突的办法，那么必定影响会议的进行。

【案例分析2-5】

一个多变的通知

有一次，某地准备以党委、人民政府名义召开一次全区性会议。为了给有关单位以充分时间准备会议材料和安排好工作，决定由领导机关办公室先用电话通知各地和有关部门，然后再发书面通知。电话通知发出不久，某领导即指示：这次会议很重要，应该让参会单位负责某项工作的领导人也来参加，以便更好地完成这次会议贯彻落实的任务。于是，发出补充通知。过后不久，另一领导同志又指示：要增加另一项工作的负责人参加会议。如此再三，在三天内，一个会议的电话通知，通知了补充，补充了再补充，前后共发了三次，搞得下边无所适从，怨声载道。

分析：冲突无处不在。我们做会议策划时要充分领会领导意图，考虑各方因素，协调好各方要求，从而使工作顺利进行。

2.2.5　会议公共关系策划

（1）会议公共关系策划的含义。会议公共关系策划就是公关人员根据组织形象的现状和目标要求，分析现有条件，谋划、设计公关战略、专题活动和具体公关活动最佳行动方案的过程，为会议构想、设计、制订传播沟通方案的智力活动。

（2）会议公共关系策划的内容。会议公共关系策划要围绕会议主题进行，内容包括：活动名称、标语和宣传品、会议形象设计、危机处理预案、媒介策略。

公共关系活动过程也就是组织向公众传播信息、双向沟通的过程，因此正确选择传播媒介是使活动取得成功的重要一环。

（3）会议公共关系策划的要求。创意、新颖、富有独特性和个性，有意境感和吸引力。

【案例分析 2-6】

北京董先生自己开办了一家展览有限公司，专业从事会议、展览、公关活动等的策划组织，由于市场竞争激烈，又没有与官方机构的合作关系，公司一直处于亏损。董先生在公司的发展运营进退两难时，了解到在香港可以很方便地申请协会社团注册登记后，马上在香港申请注册了 3 家协会（香港政府登记处可以允许申请的社团冠名如：中国××行业协会）。随后，以协会的名义邀请并组织企业从事展览会议活动，获得了参展企业的信任。

分析：企业的知名度和诚信度是非常重要的，会议公共关系策划正是要充分提高企业知名度，树立企业正面形象。

2.3　会议策划的工作流程

按会议策划的工作进程来分，会议策划工作可分为四个阶段：确定目标，进行调研；分析材料，设计方案；比较论证，选择方案；实施反馈。

2.3.1　确定目标，进行调研

（1）明确会议目标。会议目标是会议所要完成的具体任务。自从会议出现以来，人类就是为了达成目标或完成工作任务才举行会议。正确的会议目标至少应该具备以下条件：①目标内容明确不含糊，可以解决实际工作中的问题；不能图形式，走过场。②确定实现目标的责任者。任何会议要想完成目标，都必须落实到确定的个人或组织，并且该个人或组织必须具备相应的能力和条件。③有完成目标所需的条件，不好高骛远。

（2）调查研究，收集信息。其包括：①收集与会议有关的政策、法规、规章制度，使会议符合法律要求；②收集组织内外相关信息资料，使会议策划尽量利用资源，达到最大效益；③收集组织内外相关方面的参谋建议，集思广益，使策划民主科学。

2.3.2　分析材料，设计方案

（1）分析材料。利用各种可靠渠道收集会议策划所需要的材料和信息，并根据主客观的实际情况整理和分析所收集到的信息。具体可参见以下步骤：①分析可利用的资源、有利的条件，找出优势；②分析欠缺的条件，看清劣势，找出风险系数；③预测可能出现的情况。

（2）设计方案。策划方案至少要有2种以上，以便进行综合比较，择优选用。一份合格的策划方案至少应该包括以下内容：①制订方案的依据；②要达到的目标；③现有的主客观条件；④实现目标的途径、方法；⑤可能出现的问题及解决方法。

2.3.3 比较论证，选择方案

运用合理的标准和科学的方法选择方案。

（1）合理标准三原则。其包括：①全局性。这是选择方案的根本原则，也是首要标准。②可行性。运用这项原则进行方案选优，能够处理好整体与具体的关系，既不耽于不切实际的幻想，又能突破创新。③效益性。离开了效益，策划就毫无价值。所以这一点也是不可忽视的重要标准。

（2）科学的方法。在策划方案的优化选择过程中，比较法和推演法是较为科学的方法。为了保证选择方案的正确与合理，需要注意几点：一是要对所拟订的方案进行客观的、科学的评估；二是要认真对待评估意见；三是要有明确的选择标准，一般用决策目标为标准；四是要走民主决策之路。

2.3.4 实施反馈

（1）编制实施计划。针对策划方案的各个部分编制的实施计划，应包含方案具体的实施步骤、实施时间和期限、人员与经费安排、实施的监督措施等。

（2）根据反馈，追踪决策。其包括：①修正方案。任何方案在正式实施前，不可避免带有一定的主观性和局限性，这种特性使策划方案有可能出现偏离目标或失误，为了保证方案的实施，应随时追踪反馈信息。当出现负面的反馈信息时，可对策划方案进行一定的修正。②局部调整。根据反馈信息，及时调整方案，以便达成目标。

【知识链接2-2】

撰写会议方案的10种方法

1．主题要以传递“为什么”为基础。

2．设计一个令人耳目一新的宣传册，包括新颖的封面和封底（收件人往往先看邮件的标签）。

3．标题和副标题要写得与参会者的利益密切相关，而且还要有创造性。

4．写一个简要版本，以备必要时使用。记住：少就是多。

5．方案的设计要充满张力，引导读者把它读完。

6．有效地使用颜色。强烈的三原色会给人留下深刻的印象，但颜色的数量要少。

7．使用一些能够让潜在参会者有所联想的图片，并增加它们的可信性和视觉冲击力。

8．使你的方案设计在外形上看起来与众不同，或者尺寸很特别。

9．要有呼之欲出的行动内容。要创造紧迫感，要有激励措施字样（例如，省钱！免费！获胜！）。

10．整个推广活动中要有连贯性，并通过连贯性来让人们了解并获得认可。

资料来源 根据http：//www.meetingschina.com有关资料整理。

● 2.4　拟写会议策划方案

2.4.1　会议策划方案内容

会议策划方案的内容包括：①确定会议的主题与议题；②确定会议的名称；③确定会议的时间、会期；④确定会议所需的设备和工具；⑤确定会议所需的文件范围，并安排印制工作；⑥确定与会代表的组成；⑦确定宣传机构和模式；⑧确定会议经费预算；⑨确定会议食宿安排；⑩确定筹备机构与人员分工（大型会议）。

2.4.2　会议策划方案写作程序

会议策划方案写作的具体步骤是：①根据要求，收集信息；②分析材料，写出提纲；③集思广益，写成初稿；④收集反馈，写出定稿。

2.4.3　策划方案示例

××企业团队训练活动方案

一、方案总览

医药行业因行业环境与国际经济环境的影响，拥有较大的优势机遇，同时面临更多的挑战与冲击。行业从业人员必须依赖更密切的团队合作和个人发挥，以创造更多的核心价值。

××企业团队训练将结合员工培训和自助旅游的企业集体活动形式，在整合企业内部人力资源，协调团队成员关系，培养良好的企业文化，开发员工工作潜能，以及提高成员综合素质等方面具有确定的价值。通过团队训练，让团队成员验证人与人之间的互动行为对团队效率所造成的冲击、掌握建立高效团队的技能、提升团队的创造力、增强团队凝聚力、培养团队协作能力，形成共同的目标，统一共识，将个人的目标与组织的目标结合。

本活动计划即为贵公司提供此项方案，并以达到上述目的为目标。

二、训练基地选择

张家界桑植县贺龙故乡具有悠久的革命历史意义和良好的地理人文景观。

历史特征：民国时期，湖南形成了一块特殊的红色革命行政区域，即湘鄂川黔革命根据地。始自1933年冬，迄于1936年春，革命活动区域达31个县市。根据地军民，在省委、省革命委员会和省军区领导下，开展了轰轰烈烈的革命斗争，予国民党反动派和地方封建势力以沉重打击，为中华民族的解放事业做出了杰出贡献。因此本基地具有良好的历史意义。

地理特征：来张家界旅游观光的人，无不对武陵源奇特的砂岩峰林地貌和九天洞、黄龙洞神奇的地下喀斯特景观感到惊奇，并为它惊人的魅力所倾倒。惊叹之余，不少人会研究它，更深入地去认识它。追根索源，探索其奇特的自然景观所形成的奥秘机理，以增添无穷的游兴。

设施情况：度假村（包含多种休闲设施项目）、漂流、登山、野营营地。

三、训练行程安排

第一日：早上8：00由专业自助导游员及企业团队活动负责教官共同组织集中及行前说明。标准旅游车经桑植、洪家关、贺龙故居、九天洞，进行参观、休息。统一午餐后分组茅岩河平湖游，至下午6：00。下午6：00以后休息，自助晚餐，团队培训，建野营设施，晚间休息。

第二日：早上6：30统一早餐，7：00集中，进入国家级自然生态保护区的原始森林中组织攀爬比赛，4个小时后结束活动，休息，自助午餐，集中后于下午2：00返回基地，自由活动，或者选择基地其他活动项目，或者进行企业团队培训。晚6：00统一晚餐，7：00集中，标准旅游车送回张家界原出发地。

全程专业自助导游陪同，如有需要，可请专业管理培训师随行。

四、可行性分析

（1）选址可行：针对企业团队培训选址，目标基地具有良好的历史意义与现实意义，以及良好的生态环境。

（2）行程可行：耐力训练与氛围培训交叉进行，包价服务与自助活动结合。第一天下午气温较高适宜平湖游；第二天上午气温由低至高，适于登山。

（3）价值可行：健康的休闲方式，前卫的训练机会，确定的活动价值。全市唯本公司一家提供专业自助向导和商务培训咨询师。

（4）经济可行：平均每人415元，两天活动安排，全程专业向导陪同服务。

五、详细的预算

标准旅游车：80元/人；

九天洞门票：62元/人；

漂流设施：98元/人；

露营设施：80元/人；

统一餐饮：45元/人；

综合服务费：50元/人/天；

合　计：415元/人。

资料来源　http：//www.33519.com/gb/meeting/list.html.

[知识掌握]

2.1　什么是会议策划？会议策划和会议计划有何异同？

2.2　我国常用的会议模式有哪些？

2.3　会议使用头脑风暴法时应注意什么问题？

2.4　会议策划方案包含哪些内容？

[知识应用]

案例分析

天宏公司召开中层干部扩大会议，参加人员为总经理、副总经理、各职能部门的正副经理、办公室正副主任和职工代表等共46人，会议文秘人员和其他服务人员4人，会议时间为5小时。参加会议人员月平均工资为2 400元，其他收入800元，假设一个月工作26天、一天工作8小时。会议后勤费用开支有：文件材料费200元，饮料费100元，因会议时间紧张安排午餐，餐费每人30元。办公室罗主任要求秘书小赖计算会议的成本。

下面是小赖计算的结果：

餐饮费：30×50+100=1 600（元）

时间费用：（2 400+800）÷（26×8）=15.38（元/小时）

5小时人员的费用：15.38×50×5=3 845（元）

总费用：3 845+1 600+200=5 645（元）

秘书小李看见了，认为小赖算错了，于是她也算了一遍，结果如下：

餐饮：30×50+200+100=1 800（元）

会议成本：2×［（2 400+800）÷（26×8）］×3×50×5=23 076.92（元）

总费用：1 800+23 076.92=24 876.92（元）

问题：他俩谁算对了，为什么？

分析提示：主要考查会议成本计算方法是否熟悉。

实践训练

根据六步法中为本章设置的工作任务，如果你是李铭，请你做出该会议的初步预算明细表。

要求：（1）15万元经费使用必须合理；

（2）费用名称规范，合乎市场价格。

第3章

会前准备工作

[学习目标]

在学习完本章之后，你应该能够：了解会前准备工作的内容及重要性；明确会务工作的流程及操作方法；熟知会议议程、日程、会议通知等会议文件的内容要求、制定要求、发送要求；掌握会场选择、会场布置的方法及技巧。

【引例】

请柬发出之后

某机关定于某月某日在单位礼堂召开总结表彰大会，发了请柬邀请有关部门的领导光临，并在请柬上把开会的时间、地点写得一清二楚。

接到请柬的几位部门领导很积极，提前就来到了礼堂开会，可到后一看，会场布置不像是开表彰会的样子，于是询问礼堂负责人，才知道原来今天上午礼堂开的是另一个报告会，而某机关原定的总结表彰会改换地点了。

几位领导同志因此感到莫名其妙，改换了地点为什么也不重新发通知？大家一气之下，都回家去了。

事后，会议主办机关的领导才解释说，由于秘书人员工作粗心，在发请柬之前还没有与礼堂负责人取得联系，一厢情愿地认为场地不会有问题，便把会议地点写在请柬上了。等开会的前一天下午去联系，才知得礼堂早已租给别的单位用了，只好临时改换会议地点。但由于邀请单位和人员较多，来不及一一通知，结果造成了上述失误。此事后来尽管有关领导登门道歉，但造成的不良影响还是没有消除。

这一案例表明："凡事预则立，不预则废。"这句古语明确地表达出凡事应做好准备的重要性。

3.1 商定会议时间、地点

会议的召开需要做好充分的准备，这关系到会议是否能顺利举行、是否能达到预期目的、是否能取得满意的效果。为此，我们在会前应该做好确定会议时间地点、制订会议计划、准备会议资料、拟写和发送通知、预算和申请会议经费等准备工作。

3.1.1　商定会议时间

1）会议时间

选择在恰当的时间集会，安排长短适宜的会议时间，不仅可以体现出一个组织的会议意图，而且能够提高整个会议的效率。因此，会议召开时间的选择、开会时间的长短是会议策划必须考虑的重要因素。会议召开时间的选择，需要考虑以下几方面：

（1）必须考虑是否适合会议组织人员完成全部准备工作。因为会议的组织者是整个会议的关键人物，所以确定会议时间时，必须保证会议的组织者有充分的时间做好开会前的各项准备工作。

（2）要考虑是否方便与会人员（尤其是会议的核心人物）参加出席。每一个会议的召开都有其要求必须到会的核心人物，他们能否到会对会议成功与否起着举足轻重的决定作用；而其他与会者的积极参加则是会议目标能够最终得以顺利实现的必要条件。一个会议，如果该出席的领导不能前来出席，该参与的与会人员又因种种事由缺席率很高，那么这样的会议恐怕只有改期再开了！否则人数不足，开了也只能达成一些无效的共识和决议。所以，会议的召开时间应尽量和与会人员进行协调，以确保更多的人能前来参加。

（3）要考虑会议召开期间的自然因素。例如一些在公共场所举办的露天活动和集会，就要充分考虑到当地季节气候的变化和具体当天的天气变化等因素，组织者应尽量避免在气候多变的季节和地区举行集会，这不仅增加了组织会议的难度，同时也会影响与会者的出席情况和参加会议的情绪。

2）会期

（1）会期的含义。会期是指整个会议所需的时间的长短，主要根据会议议程的多少而定，分半天、一天、三天、五天不等。“会期适中”是指会期安排能够满足完成所有议程的要求，不拖沓也不紧张；其次还指每次集会应有时间限制，最佳的时间范围是在2个小时内，若超过这个时限，则应安排会间休息。

（2）确定会期的长短要考虑以下要素：①议题的多少。当议题较多时，会期安排长些；当议题较少时，会期安排短些。特殊会议除外。②议程的简繁。不同性质的会议有不同的会议程序，议程的繁简也会影响会期的长短，必须纳入考虑范围。③松紧要适度。会议议程和日程不宜安排得过密过紧，但也不要拖沓散漫，必须灵活安排，同时还要注意预留一点时间以应对临时状况或特殊情况。

准确预计出整个会议的时间后，应在会议通知中写明，便于与会人员有计划地安排好会议期间的工作。

3.1.2　考察、选定会议地点

1）考察和选择会场的作用

考察会议地点的各方面条件，这对整个会议组织起着极为关键的作用。好的会场能营造出恰当的氛围，有利于推进会议进程，从而帮助实现会议效果；反之，则可能阻碍会议的进程，给会议的组织者带来许多意想不到的麻烦，也给与会者造成诸多的不便或不适。

因此选择会场时，我们要认真仔细对会议地点进行逐项考察，然后再综合考虑决定会议最终的举办地点。

2）考察会场

会场考察时，应具体考察的项目主要包括以下几项：

（1）考察会场大小是否适中。①会议人数：这是首要考虑的因素。我们必须先大致确定与会者的数量，然后再去考察会场。切忌选择的会场不够容纳所有的与会人员，造成拥挤、混乱的场面。②会议室的间数：这是为了方便一些既需要集中大会又要分开（讨论）小会的情况。会期长的会议往往都是大会、小会交错着开的，只有一间会议室无法满足实际需要。

（2）考察会场规格是否合适。选择会场主要由会议的规格、会议的规模以及会议经费开支这些主要因素来决定。一般来说，接待规格高的会议、影响重大的会议都十分注重考察会场本身的规格，如全国人民代表大会，其会场一定会选在首都北京的人民大会堂，这是由会议的规格与会场的规格相匹配决定的；反之，如果某大型连锁企业召开各地区职工代表大会，那就不可能选在人民大会堂召开，因为尽管该大会可能也人数众多，但其会议的规格却远远达不到使用该场地的要求。超规格使用会场只能造成浪费和误会，而低规格使用会场则容易影响会议的效果，引起与会者的不满。

考察会场规格主要看会场的装潢设计水平、设施设备档次以及提供的服务等要素，具体可考察以下各要素：

一是考察装潢设计水平。装潢设计包括主席台、天花板、大厅、偏厅、休息室、卫生间、门窗等具体考察要素。这方方面面综合在一起就决定了整个会场的格调，体现出会场规格的高低。

二是考察设施设备档次。设施设备包括会场内部的和会场外部的。场外基本设施设备如停车场、电梯、房间、餐厅等，这些场外配套设施如果较多，那么对会务组提供其他会务服务无疑会有很大帮助；场内设施设备如电力设备、照明设备、音响设备、通信设备、放映设备、计算机、打印设备、空调设备、桌椅设备、卫生设施及安全设施等，这些设备的品牌和质量很重要。

三是考察会场服务水平。这主要看会务人员及会场其他服务人员的服务态度和服务水平，如会场安全保卫、入场票证检查、会场导引等工作人员的服务态度是否热情主动，各人是否明确其责，能否各就各位、各司其职。这些是决定会议能否顺利进行的重要条件之一。

（3）考察会场环境。环境能影响人的情绪这已是不争的事实。所以，我们要根据会议（活动）的不同需要去选择合适的会场。一般而言，会场内光线是否充足，空气是否流通，室内温度是否令人舒适，有没有使人分心的东西，这些都会直接影响与会人员的情绪。

会务组织人员要营造好会场环境其实并不难，只要从以下方面着手：

一是要保持温度适宜。会务人员可通过空调设备掌控室内温度，并且尽量照顾特殊人群的要求，比如年老体弱者或身体欠佳的人，这些人对低温较敏感，会务人员应把温度适当调高。

二是要保持空气洁净。会场内应有足够的通风排气装置，打开这些设备使室内空气流通，保持清新的感觉。

三是要保持干净和安静。尽量避免把会议地点安排在闹市中。虽然闹市可能交通便利，但其嘈杂的环境无法保证会场周围的安静氛围，空气也较为浑浊，这些将对会议造成很大干扰。

（4）考察会场交通条件。选择会址时，应考虑会议主办方和各与会者到会的交通是否便利，尽量避免选择偏僻山区、高寒地区和酷热地区，这会增加与会者到会的困难。我们应多考虑那些使与会人员能在较快、较短的时间内到达的会场。当然，确保交通安全是重要前提。

如果选用一些专业的会场，那会省去许多麻烦，但要提醒注意的是：在付会场订金前一定要明确落实会议的场数，确定租用时间的长短，以确保该会场能提供给足够的时间，让整个会议顺利完成。当然，也不要故意拖延会期，因为专业会场租金昂贵！

【知识链接3－1】

星级酒店内的专业会场如图3-1、图3-2、图3-3所示。

图3-1　星级酒店专业会场（a）

图3-2　星级酒店专业会场（b）

资料来源　http://www.chinavenue.cn/changchun/ShowArticle.asp? ArticleID=410.

图 3-3　星级酒店专业会场（c）

资料来源　http://www.800155.cn/hotel/disp_image.asp? hotelid=345&imageid=57091.

【知识链接 3-2】

会场考察情况记录表

会场名称：　　　　　　会场地址：

联系人及联系电话：

序号	考察项目	情况记录			其他情况说明
1	会场的大小	较大：	适中：	偏小：	
2	会场设备	齐全：	不足：	无：	
3	会场环境	好：	中：	差：	
4	会场交通	便利：	一般：	不便：	
5	会场租金	昂贵：	适中：	便宜：	
6	会场服务	提供：	不提供：		
7	会场服务水平	好：	中：	差：	
8	会场残疾人通道、残疾人视听等设备	有：	无：		
考察人		考察时间			

注：此表格可提供给会务组进行会场考察时记录考察情况用。尤其是当进行多个会场的考察和比较时，此表格能将各会场的基本情况一目了然地呈现在决策者面前，使用起来很方便。

3.2　制订会议计划

1）会议计划的作用

预先制订会议计划，可以保障整个会议有章可循，能按计划循序渐进，目的明确并一步一步地进行，有利于一个一个地解决问题。

2）会议计划的内容

会议计划主要包括：会议名称、会议议题、会议日程、议程、程序。

（1）会议名称。会议名称一般由以下几个部分构成：①会议主办机构的名称；②会议的主题（或内容）；③会议的类型；④会议的时间或范围。

例如，“某某电子有限公司2017年新春产品发布会”，其中“某某电子有限公司”是会议的主办机构，“新产品”是会议的内容，“2017年新春”表明会议主题的时间和范围，“发布会”则表明会议的性质或类型。

又如，“某某职业技术学院2016年全院学生代表大会”，其中“某某职业技术学院”是会议的主办机构，“2016年”是会议内容针对的时间，“全院学生代表”是参加会议的人员范围，“代表大会”则表明会议的类型。

（2）会议议题。会议议题是指会议集中要讨论的问题。通常，会议的议题必须体现出会议目的和会议的主题。一次会议的议题应当安排适宜，确保与会人员能够充分讨论和发表意见，从而能够高效率的利用时间。

会务人员安排每次会议的议题有以下技巧：①一个主要议题和一两个小议题搭配安排。②将同类性质的议题同时提交一次会议讨论。③适当准备一些后备议题，以便在会议进展顺利、时间充裕的情况下提供会议进一步讨论。

（3）会议议程。会议议程是指根据会议议题对会议内容所作出的具体安排。一般由主办单位的领导机构来确定。其主要内容及拟写要求如下：①标题。在会议名称后加上“议程”。②题注。在标题下方注明会议的起止时间或会议议程的通过时间等，其内容应用括弧。③正文。应用序号，简明扼要分行列出每项议题（或活动）的先后顺序。

【案例分析3-1】

司达尔公司将举行销售会议，研究销售工作下一季度的目标以及人员招聘、选拔等事宜。企业行政主管张明先请总经理、销售总监等有关上司提出议题，再询问各位主管是否有可供会上讨论的事情，并提请上司定夺，然后将要讨论的问题排出顺序，草拟出如下会议议程表：

司达尔公司销售会议议程表：

公司会议将于2月13日星期三下午2点在公司总部第三会议室举行。

1.销售二部的人选（经理）。

2.销售一部关于内部沟通问题的发言。

3.上次会议记录。

4.下季度销售目标。

5.公司销售人员的招聘和重组。

6.东部地区销售工作总结。

此议程表经上司过目后，上司认为议程表有问题，需要重新修改。

资料来源 张金英.办公事务实训［M］.上海：上海财经大学出版社，2006.

分析：主管拟写的这份议程表，主要存在的问题有这几方面：一是没有交代清楚整个会议各项议题进行的先后顺序，二是没有突出会议重点和要集中讨论的议题，三是此会议文书的格式不规范。因此才会被上司要求重新拟写。

(4) 会议日程。它是指以“天”为单位，对会议议程的各项内容作出具体的时间安排。会议日程一般采用表格形式，故我们常称之为“会议日程表”。会议日程表的基本内容必须包括具体时间、具体内容和会议地点，以及当次会议（活动）的主持人（或负责人），具体写作格式见表3-1：

表3-1　××公司关于提高企业核心竞争力的研讨会日程表

日期	时间		内容安排	地点	参加人	负责人	备注
6月18日	上午	8：30	报到	会议大厅	全体	黄秘书	
		9：30—10：00	总经理讲话	小会议厅	全体		由副经理主持
		10：20—11：50	公司顾问讲座	小会议厅	全体	刘秘书	使用投影仪
		12：00	午餐	宾馆餐厅	全体	钟秘书	
	下午	1：30—4：00	李副总经理专题报告	小会议室	全体		由副经理主持
		4：20—5：30	人力总监发言	小会议室	全体		由副经理主持
	晚上	6：00	晚餐	宾馆餐厅	全体	钟秘书	
		7：30	联欢	娱乐中心	全体	钟秘书	
6月19日	上午	7：30	早餐	宾馆餐厅	全体	钟秘书	
		9：00—10：30	分组讨论	小会议厅	全体	组长	
		10：40—11：40	分组讨论	小会议厅	全体	组长	
		12：00	午餐	宾馆餐厅	全体	钟秘书	
	下午	1：30—30：30	分组讨论	小会议厅	全体	组长	
		3：20—5：00	各组代表发言	小会议厅	全体	组长	
		5：20—7：20	聚餐	宾馆餐厅	全体	钟秘书	
		8：00	离会			黄秘书	

(5) 会议程序。会议程序是指一次会议（或活动）的内容按照先后顺序依次安排下来的操作流程。一般会议的主持人员应持有一份程序表，以便据此来主持操作整个会议或活动。例文如下：

正大公司2016年度工作总结大会

会议程序如下：

1．主持人宣布正大公司年度总结大会正式开始。

2．公司总经理彭程先生做2016年度公司工作总结报告。

3．会议分组讨论总结报告。

4．各小组代表大会发言。

5．公司副总经理刘青小姐做大会总结发言。

6．宣布散会，会议结束。

3.3　准备会议资料

1）准备会议资料的作用

通常，会议资料可以提前准备好，然后在会前摆放在每个与会者的座位上，与会者依次就座后即可读取材料；也可以包装成袋，在会场入口处由工作人员统一逐个发放到每位与会者手中。这些做法，都可以避免资料漏领或重复领取的现象发生，有利于节约会议经费支出，也便于会议管理。

2）会议资料的内容

需要准备的会议资料主要包括以下五类：

（1）开幕词（闭幕词）。开幕词是指会议开幕时，上级领导或单位主管领导就会议议程、会议意义、会议宗旨等所做的致辞发言；闭幕词则是在会议结束时，相关领导或会议主持人就会议所做的总结性讲话。这类材料较多用于大型的、对外部公众的会议或活动。

（2）讲话稿。包括主持人讲稿和领导讲话稿，这些都需要会务组的专门人员与相关的发言人做好沟通和落实，以免出错，造成不良影响，破坏公司或个人形象。这类材料可用于公司内部或外部会议。

（3）工作报告。这类材料往往更多用于公司内部大会。其内容包括例行工作、成绩经验、问题教训、今后打算等。

（4）议程表、日程表、程序表。这三表缺一不可，是每次会议的基本文件资料，可以使每位与会者清楚了解会议的内容和进程等。

（5）与会人员通讯录。准备与会人员名单是为了便于落实各项会务工作和后勤服务工作。

样表：

中国秘书学研究高峰论坛（暨南峰会）通讯录

序号	姓名	性别	工作单位	邮箱	备注
高校教师代表（按汉语拼音字母排序）					

3.4　拟写和发送会议通知

1）拟写会议通知

发送会议通知的主要目的是为了让与会人员能清楚会议内容及安排，能在到会前做好充分准备（包括公、私两方面准备）。所以会议通知的拟写，既要求内容清楚完备，又要求文字简明扼要。

（1）会议通知的基本内容。其具体包括：被通知者、会议名称、会议日期和时间、会议地点、出席对象或议事日程、通知者或授权者、注意事项、企业名称、通知日期。其具体拟写格式、要求等内容可参考例文及本书第7章　会议文书处理。

（2）会议通知的形式。常见的会议通知有以下五种形式：

一是文件式会议通知，常被作为召集大型、重要会议或活动的通知使用。这种通知的内容详尽，项目清楚，格式规范，有利于与会者做好相关的会前准备工作。

二是备忘录式会议通知，常被单位或部门作为召开事务性会议、例行性会议的通知来使用，如下示例：

会议通知

××：

兹定于×月×日上午8：30—9：00在公司三楼会议室召开各部门经理每周工作例会，请准时出席。

××公司办公室

××年×月×日

三是签字仪式等仪式类活动。其发送对象一般为上级领导、兄弟单位、社会名流等。请柬可选购市面上出售的各种正式请柬，也可以自行设计、打印请柬，但无论采用何种形式，填写请柬内容时都要注意措辞儒雅、语气谦恭、格式规范。

四是海报式会议通知，即采用公开张贴、广而告之的通知方式，常被一些学会、团体和组织使用，作为自由参加的会议或活动的通知，如下示例：

第八届校园文化艺术节文学鉴赏座谈会

海　报

在学院第八届校园文化艺术节来临之际，文学社特邀嘉宾×××大学的×××教授和××大学的××教授前来我校，与我校的文学爱好者进行座谈交流。

本次座谈会主题：××××

座谈时间：×××

座谈地点：×××

座谈会主办：学院文学社

欢迎本社成员及校内广大的文学爱好者踊跃参加座谈交流！

五是公告式会议通知，常在一些股份制公司召开股东大会时使用，通知往往会刊登在相关报刊或网站上。

在实际工作中，针对各式各样不同的会议，在拟写会议通知的时候，应灵活采用不同的通知拟写形式和发送方式。比较以下两个会议通知，例文1就比较适合作为大型的、重要会议的通知，以采用邮件专递方式发送为宜；例文2则比较适合作为中小型的、短期会议的通知，采用邮寄方式或公开张贴方式均可。例文如下：

例文1

××××会议通知

_______先生（同志）：

兹定于2016年12月下旬在广东省××市召开××××会议，特请您出席会议。

一、会议内容

（略）

二、会期与时间

4天，自2016年12月21日至12月24日。

三、会议地点

广东省××市

四、与会人员

（略）

五、报到时间、地点

报到时间：2016年12月21日上午8：00—10：00

报到地点：××市××路××号××宾馆一楼大堂会务接待处

六、其他事项

1．与会人员每人缴纳会务费××元。

2．食宿由大会统一安排，费用自理，餐饮标准××元/人/天，住宿费××元/人/天。

3．与会人员请事先将抵达本市的航班、车次及具体时间通知会务秘书处，以便接站。

4．会务组秘书处联系人：

李××，电话：139××××××××

张××，电话：133××××××××

办公室电话：××××××××

接到本通知后，请填妥回执，并于2016年11月30日前寄回大会会务组；也可直接来电告知参会与否，以便安排会议食宿、接站等工作。

会务组通信地址：××省××市××路××号

邮编：5×××××

办公室电话：××××××××

特此通知

××单位（盖章）

2016年11月5日

附回执

姓名	性别	年龄	职务或职称	所在单位	联系电话	拟采用的交通工具及到达时间	备注

例文2

会议通知

一、会议主题：电子商务创新与发展研讨

二、会议时间：20××年11月27日（星期三）下午2：00—4：00

三、会议地点：东方电讯公司第二会议室（上海南京西路145号）

四、会议对象：

张××（××××××学院教授）

罗××（××××××单位工程师）

胡××（××××××公司总经理）

李××（××××××集团董事长）

王××（××××××协会会长）

五、会议联系人：傅利小姐

联系电话：5624××××　136××××××××

东方电讯公司办公室
2016年11月12日

回 执

______我将参加此次会议。

______我将届时赴会，并带____位宾客。

______抱歉，我不能参加此次会议。

署名：

单位：

（请于2016年11月20日前将回执寄回或电联，邮寄地址：××××××××××）

2）会议通知的发送方式

会议通知一般采用书面形式，以邮寄方式送达，临时的或紧急的会议则较多采用电话通知。随着现代社会办公自动化的普及，越来越多的单位和部门逐渐采用电子邮件、传真等形式发送会议通知。

正式会议的通知，应在会前一周至两周时间内发出为宜，以便与会人员有充分的时间安排好手头工作并做好与会的各项准备。有时，一些小型的或临时性的会议无法提前发送通知，则往往采用专人口头通知或专门电话通知的形式，与会者基本要随叫随到。

通知附上回执，其好处是便于确认具体到会的人数，以便于安排落实诸如接站、食宿、交通工具等方面的会务接待工作。

【案例分析3-2】

公司经理在星期一早上告诉秘书小刘，星期四上午9点到11点召开销售员会议，要求小刘通知有关人员。小刘刚到公司不久，不太清楚公司有多少销售员，她到几个业务部门转了转，大多数人外出了，也没有遇到销售员。接下来小刘忙于其他工作，竟把会议通知给忘了！

直到星期三下午，经理问起她会议通知了没有，她才匆忙在公司的布告栏里写下如下通知：

“兹定于星期四上午在会议室召开销售员会议。会议重要，请务必出席。”

星期四上午8点半左右，有2个销售员到了会议室，但会议室里没有人招呼，他们坐了一会儿以为会议不开了，就走了。9点左右有6个销售员来了，两手空空什么资料也没带，其中2位还说，会议通知得太迟，他们已经约好客户10点钟见面。到了10点，他们就走了，剩下4位销售员，也谈不出什么东西，会议草草结束。

公司一共有12位销售员，事后了解到另外4位根本没有看到通知，所以没来开会。经理因此对小刘的工作非常不满意。

资料来源 陆瑜芳.秘书实务［M］.上海：上海社会科学院出版社，2010.

分析：秘书的工作，不仅在上班时间内，更在上班时间外。小刘参加工作后没有抓紧时间了解公司的基本情况，导致会议通知落实不到位，这是她此次会议工作的主要失误原因。其次是她发送会议通知的方式和时间没处理好，由此导致部分人员没有看到通知，因此未能按时参加会议，或未能把会议开完。再一方面，开会前也没有做好会场安排、会议接待等工作，让到会的人产生误会而离开。这几点最终就使得这次会议以失败告终。

3.5　预算和申请会议经费

编制会议经费预算，其实就是对会议收入和会议支出作理性的预测，也就是估算会议未来的收入额，并将这些收入合理分配到各项会议活动的开支中去。

会议的经费预算包括会议支出预算和会议收入预算两大部分，预算方案须经领导机构审核，报请财政主管部门批准方可算通过。

1）预算会议经费开支

会议经费支出一般要把下列各项目考虑进去（计算方法可参考前面“会议成本计算”的内容）：①会议费：包括场地租金、设备租金、茶水饮料费等。②资料费：包括购买会议办公文具和印制资料等费用。③食宿费：包括会议期间与会人员的餐饮费用和住宿费用（此项一般为与会者自费，但需会务组统筹组织）。④交通运输费：包括会议期间多次接、送与会代表所使用的租车费、油费、停车费、过桥费、司机劳务费等多项费用。⑤宣传联络费：用于会议宣传、新闻发布、联络通信等方面的费用。⑥其他杂费：诸如安排会议合照、会间活动、雇用会场翻译、会场保安、礼仪小姐、购买大会礼品赠品等所需的费用。

2）预算会议经费收入

会议经费的来源主要包括以下几个渠道：

（1）会议主办单位或主管领导部门拨发的会议专款：惯例的做法是会议专款专批、专款专用。

（2）与会者提交的会务费：会议的组织者可按相关规定和比例收取与会人员的会务费，所收费用应在发送的会议通知里明确说明。同时，当与会者提交会务费后，要及时开出发票凭证，以便于与会者会后报销之用。

（3）商业赞助或捐赠。商业赞助的内容很广，金额也不限，如直接提供大会赞助费，又或者提供免费（或打折）使用的会议场所，提供免费（或打折）的食宿，提供会议所需器材和使用的设备，提供会议赠品奖品等。商家的热情参与，能使我们节约不少会议开支，因此，这也是一个不容忽视的会议经费来源。

除了以上几个会议经费的主要来源外，还有一些会议经费来源，如联合主办单位的交费、会议陪同人员的交费、会议活动的收费、某些有偿服务的收费等。所有各项的会议经费，不论金额的多少，都必须如实列报，现金收支也必须严格执行现金管理制度和会计出纳制度，这有利于加强对会议经费使用的监控，减少会议浪费和会议贪污现象的发生。

【案例分析3-3】

A旅行社从2015年年初拓展了业务范围，从原本只经营旅行接待服务，扩展到承办各种规模的商务会议。在开拓市场之时，旅行社接了几个小型会议的承办工作，凭着旅行社得天独厚的条件，以相对较低的价格获得了客户的认可。2016年6月，旅行社接到了一个大型跨国商务会议的订单，根据主办方的要求，旅行社制作并提交了预算方案给对方。

可是，组织会议期间，旅行社遇到了许多以前没有遇到过的新问题。比如有的与会者要求卧室里每天都要摆上一束鲜花；有的与会者又提出：希望能在会间活动的时候，组织游览一下城市周边的名胜古迹；还有的与会者则希望旅行社能提供多一些资料册，让各国来客可以各取所需……与会者要求不一而足，旅行社领导决定，为实现“创出品牌，打开大型商务会议市场”的目的，对与会者的各种要求都尽可能予以满足。在这一决策下，会议组织的效果自然更好了，可是也忙坏了工作人员，人手紧缺且不说，更糟糕的是会议出现明显超支，但由于旅行社没有建立系统的成本控制体系和监督体系，超支的问题没有引起大家足够的重视，上级领导百忙之中也没太在意，工作就这样继续进行着。

会议的第四天，一名外籍与会者突然病倒了，由于之前合同约定由旅行社全权承担会务服务和会务费用，于是就由旅行社负责出人、出钱送该病人去医院急诊救治。这场医疗费一结算下来竟一下花掉了四五千元！大会组委会这才开始意识到当初的经费预算有许多未顾及的问题！只是，与客户的合同已签，想再协商修订吧，即使对方同意，这时间也赶不及了……这一个大单做下来，旅行社上上下下都觉得感触良多，各部门负责人纷纷召开工作评估会议，对工作中的经验、教训进行总结和反思。

分析：此案例让每一个人都深刻认识到了一个残酷的事实：如果没有经费预算或经费预算不足，那么再好的出发点都没有用，工作到最后可能是白干，甚至还得倒贴钱去干。这是有违商家运营的原则的。A旅行社此次操作的这个大订单，主要问题就出在缺乏系统的成本控制体系和财务监督管理。具体地说就是在会前准备时，对会议经费使用和支出情况考虑不周，条目没列全；在会议进行中，对新增开支又缺乏管理和控制。如果A旅行社能认真总结这次的教训，注意通过经费预算和使用监控来平衡会议的收支，相信他们的业务会越做越好，效益会随着业绩不断增长。

【知识链接3-3】

会议预算总表

项　目	金额（元）	项　目	金额（元）
收入		费用支出	
与会者交费		承办方的报酬及开销	
联合主办者交费		会务组办公开销	
公司分配专款		购置设备费：	
外单位赞助		1.	
广告交费		2.	
其他：		租用设备租金	
		租用设备押金	
		租用会场费	
		餐饮费	
		住宿费	
		交通运输成本	
		嘉宾（发言人）报酬	
		1.	
		2.	
		会议资料印刷费	
		会议用品（卡片等）制作费	
		会间娱乐活动费	
		其他费用项目：	
		1.	
		2.	
		3.	
收入合计		支出合计	

注：此表特别适合会务组筹备会议时作会议经费预算之用，既简明又比较直观，容易反应会议收支情况，让人一目了然。

资料来源　范立荣，张丽琍.商务会议组织与管理［M］. 北京：中国人民大学出版社，2005.

3.6　会场布置

1）会场布置的作用

会场布置是一项有明确意图的会务工作，其根本目的在于创设与会议主题、性质相适应的会场氛围，从而有利于会议目标的实现。会场布置的重要作用可以概括为以下四点：①充分利用场地，在会场面积有限的情况下合理安排座位格局，最大限度地利用会场。②提供完备的会议设施，确保实现会议的各项需要。③安排好座位、座次、导引、保卫等，充分体现出会议的严肃性和有序性。④可以运用座位格局和会场装饰的特殊效果，营造适当的会议气氛，帮助实现会议效果。

正因如此，我们应根据会议的性质与主题、规模与规格、会期与要求、会议类型和会场条件等综合考虑会场布置事宜。

2）会场设计的不同原则及形式

不同性质的会议，要求有不同的会场设计形式，我们在设计会场时应该注意：会场色调要协调，与会议的类型和主题相适应；会场的座位排列要合理，与参加人员的基本情况相适应。通用的原则概括如下：①党的代表会议要求朴素大方；②人民代表大会要求庄严隆重；③庆祝大会、表彰大会要求喜庆热烈；④追悼会要求庄重肃穆；⑤座谈会要求和谐融洽；⑥纪念性会议要求隆重典雅；⑦日常工作会议要求简单实用等。

一些简单实用的日常工作会议会场的设计图片如图3-4、图3-5、图3-6所示。

图3-4　会场设计图（a）

图3-5 会场设计图（b）

图3-6 会场设计图（c）

3）会场布置的方式

会场布置的主要方式有（如图3-7所示）：①相对式：弦月式、礼堂式；②全围式：圆桌式、椭圆式、方形中空式、多边形式等；③半围式：T字形、方拱形两种；④分散式：将会场分成若干个中心，每个中心设一个圆桌。

4）营造会场气氛的技巧

（1）悬挂会标。会标即会议标语，体现会议主要信息。会标应悬挂于主席台前幕的上端或天幕上，色调要与主题一致，并且要有视觉冲击力。

（2）悬挂会徽。会徽是体现和象征会议精神的图案性标志，应悬挂于主席台的天幕中央。

（3）安插旗帜。可选择能体现会议主题的旗帜，也可以根据需要插彩旗等。

（4）张贴标语。其包括宣传、烘托会议主题的主体性标语，以及以表达欢迎和热烈祝贺之意的礼仪性标语。

（5）摆放花卉。会场摆放花卉很能烘托会议主题并营造出气氛，同时还能减轻与会者长时间开会的疲劳。

（6）调设灯光。灯光的明亮度要适应会议的需要，应该根据会议不同的阶段有所变化。比如与会人员做笔记时应调亮，否则难以记笔记；而当与会者观看屏幕时，则又该调暗，否则屏幕显示会模糊。

（7）调节音响。组织者可选取一些常用于会议的会前进行曲、会中休息曲、会后结束曲等调节会场的气氛。音响应该保证让在场的每一个角落都能听清。

5）主席台的布置

会议主席台是领导人就座之处，也是与会者瞩目的焦点，一定要根据会议的主题精心布置。大型会议的会场大多设主席台，和与会人员成面对面的形式。主席台一般设在舞台上。中型会议的主席台，设在舞台上下均可，如设在舞台下，要离与会者近一点，并且稍微垫高一点。小型会议一般不设主席台。主席台前幕，可在上方悬挂会标；主席台后幕可悬挂会徽；主席台中央设座位并排座次；主席台下或周围可适当摆放绿色植物或鲜花作装饰。主席台的布置应注意以下几个方面：

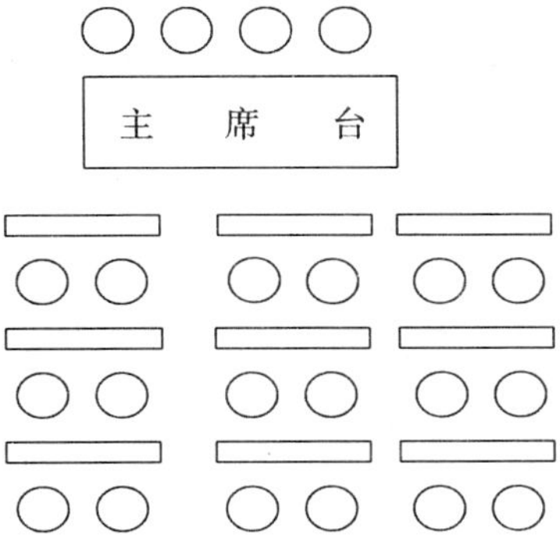

A. 相对式：礼堂式

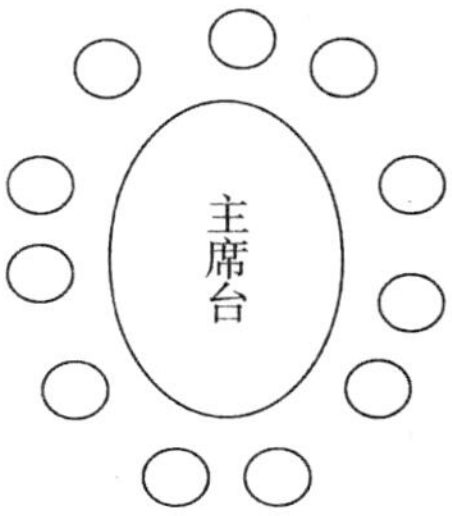

B. 全围式：圆桌式

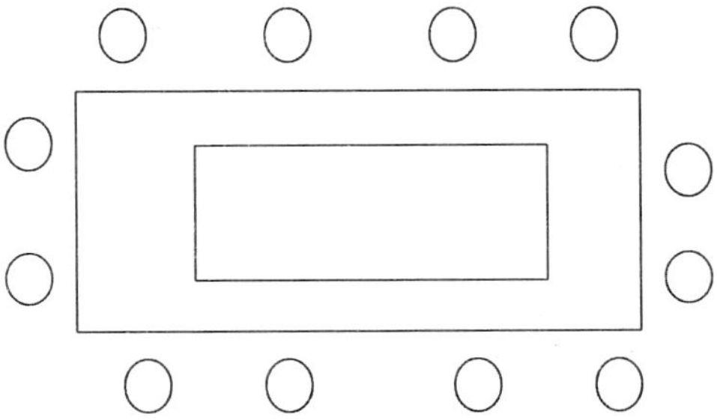

C. 回字形

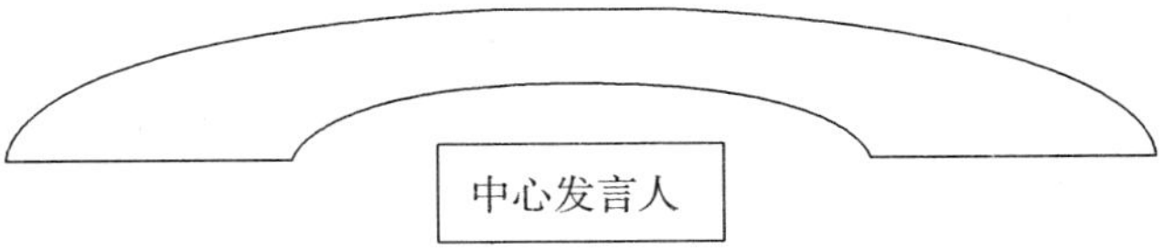

D. 半圆形

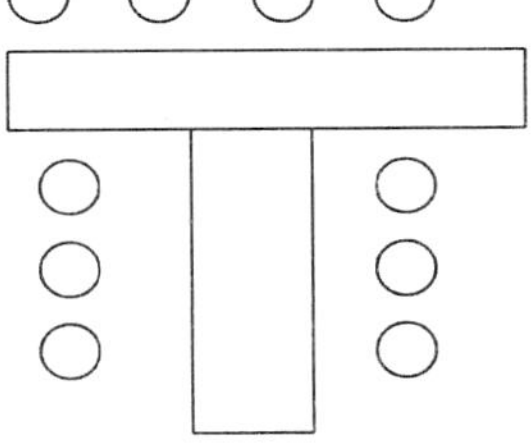

E. 半围式：T 字形

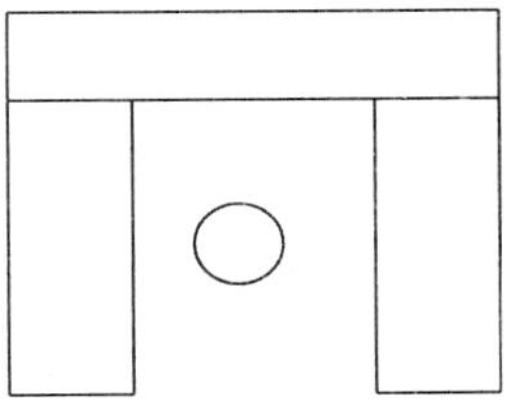

F. 半围式：方拱形

图 3-7 会场布置的方式示意图

（1）主席台上与会者的座位座次的安排（如图 3-8、图 3-9 所示）。为保证会议和活动能够有条不紊地进行，主席台上排列座次是必不可少的。大型会议尤其强调依靠排列座次来保证开会的秩序。主席台座次的安排，实际上是按照参加会议的领导人的职务大小来安排落实的，这既是一项技术性工作，又是一个严肃的政治问题，秘书人员必须极其认真地对待。要做好这项工作，会务组织人员首先要确定主席台就座领导的名单，然后严格按照名单人员的职务安排各人的座位和座次。

图 3-8　主席台布置（a）

资料来源　人民网。

图 3-9　主席台布置（b）

资料来源　新华网。

国内会议主席台座次安排的通常做法是：身份最高的领导人（有时是最有声望的来宾）就座前排正中央位置，其他领导人则按先左后右（以主席台的朝向为基准）、一左一右的顺序逐一安排座位，即名单上第二位领导人坐在第一位领导人（居中）的左侧，第三位领导人则坐在右侧，以此类推，具体如图 3-10 所示。

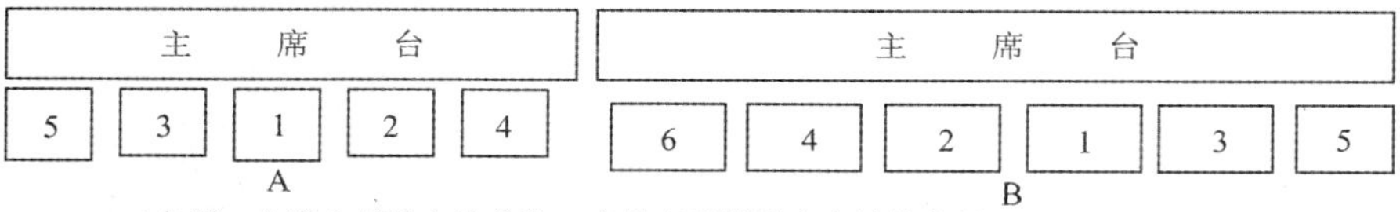

（左图：主席台领导人为单数，序号表示领导人身份的高低）
（右图：主席台领导人为双数，序号表示领导人身份的高低）

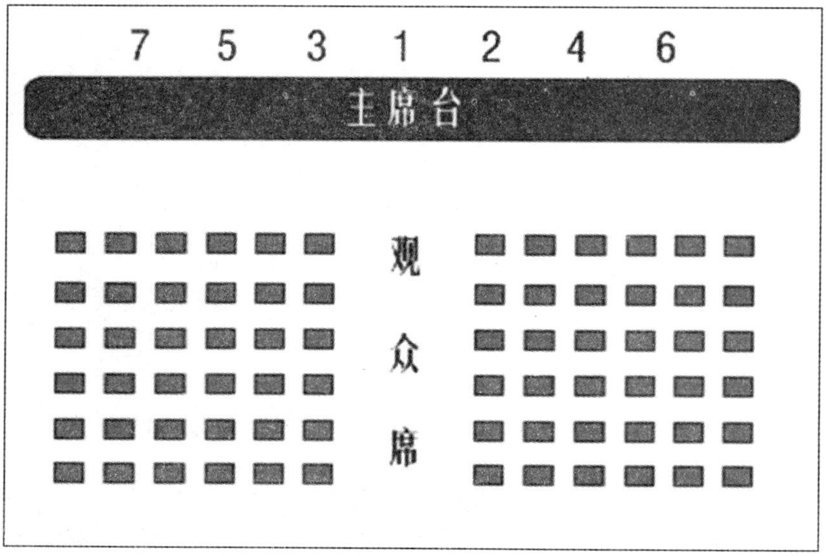

C

图 3-10　主席台上与会者的座位、座次的安排示意图

（2）代表席的安排方法。代表席的座位（面对主席台来说），有前后和左中右之分，要合理安排。可将与会的代表名单按姓氏笔画排列后再排座，也可按不同领域的代表团名称来安排大块座位区域，还可以按与会代表所属的地区来安排就座区域，或者直接按人名摆放座签落实各人座位。总之，代表席的座位安排方法可灵活多样，组织者应根据会议的实际情况来正确选择安排座位的方法，使每一位与会者都能较快地找到自己的座位，把会开好。

需要提醒的是，凡已固定的座位和座次，应在出席证和签到证上注明座号，并在会议桌上摆置座签，同时还应印制"座次表"发给与会人员（如图3-11所示）。当与会人员入场时，会议工作人员应做适当的引导。当然，并非所有的会议都要安排座位及座次，多数会议可以自由入座。

图3-11　与会人员座签示意图

资料来源　人民网。

3.7　与会人员的名单及分组

1）确定与会人员名单

确定与会人员名单应注意以下几个问题：

（1）参会对象的范围。要明确必须参加会议的单位，可参加可不参加会议的单位不应列入参加的范围。

（2）参会对象的职务或级别，即要明确参加会议的人员的职务和级别。有的会议要求必须正职干部才能出席，而有的会议只需分管的业务人员参加即可，这就需要秘书人员在确定参会人员时要加以区别对待。

（3）参会对象的身份，即要明确每一个参会对象参加会议的身份，参会身份有正式成员、列席成员、旁听成员、特邀成员四种。

（4）参会对象的代表性。这是会议能否真正发扬民主、集思广益的关键因素。

（5）参会总人数。这直接关系到会议的规模，并影响会议的成本，所以参加会议的人数应当从会议的切实需要出发加以落实和确定。

2）与会人员的分组方法

规模较大而且需要讨论、审议有关议案的会议，需要对与会人员进行分组，分组的目的是为了方便会议讨论、审议等活动。常用的分组方法有：①按与会人员所在的单位分；②按与会人员所在的行业或系统分；③按与会人员所在的地区分；④按提出的不同议题分。

3）与会人员的名单编印

会务组在落实了参会对象后，应及时编印与会人员名单，尽可能在开会签到时把与会人员名单一并分发到各个与会者手中。

【案例分析3-4】

庆康公司正在召开职工代表大会，主要研究本公司产品“庆康传真机”的销售问题，有数百人参加本次会议。

听完总经理的报告后，大会进入小组讨论阶段。这时，不少代表，特别是特邀代表和列席代表都不知道该到哪里去，因为打印的分组名单上没有他们的名字，还有一些特邀代表和列席代表认为这是对他们的不尊重，纷纷离会而去。最终，有些组的讨论没有正常展开，影响了大会的总体效果。

资料来源　李金英.办公事务实训［M］.上海：上海财经大学出版社，2006.

分析：在编制与会人员名单及分组名单时，应做到一丝不苟，不要遗漏；考虑问题要细致入微，不能忽略任何一名与会人员和任何一个细节。

3.8 会务工作机构的成立与分工

大型的重要会议应成立会务工作机构，应挑选有组织经验、有接待经验的成员组成，按负责分工成立以下几个工作小组，各个会务工作小组具体分工如下：

（1）秘书组。其负责拟定会议日程，协调人员安排调度，做好会议记录，印发会议文件、简报，管理会议文件、档案等工作。

（2）总务组。其负责会场布置、会议接待、食宿安排、交通工具、卫生保健、文娱活动等，同时还要担负起设备保障、用品发放与管理、经费预算及筹备等工作。

（3）宣传组。其负责制订会议公关计划，组织落实会议宣传工作，提供会议新闻稿，承办记者招待会，录制会议音像资料等。

（4）保卫组。其负责维护会场秩序，保障与会者人身安全和财务安全，负责大会的秩序和安全保卫工作。

由于秘书参与的会务工作较多，需要掌握的会务工作技巧也不少，以下提供了一些颇为实用的工作工具和工作经验。

【知识链接3-4】

秘书的会议准备工作核对清单

会议准备工作条目		核对标记	
		是	否
1	已决定是否一定要开会		
2	已明确并了解会议目的		
3	已确定会议形式		
4	已安排会议议程		
5	已决定会议时间		
6	已决定会议地点		
7	已确定会议的主持人		
8	已落实会场布置方案并布置会场		
9	已确定出席会议人数		
10	已安排出席人的座位及座次		
11	已准备会议标语、桌签、座签等		
12	已安排落实交通工具		
13	已安排与会者食宿		
14	已发出会议通知		
15	已准备好会议视听材料		
16	已准备好会议辅助设备		
17	已绘制好会场周边位置图		
18	已告知与会者参会要求（提交会议资料、会务费等）		
19	已落实会议交通工具		
20	已落实会间、会后娱乐项目并发出通知		
核对人签名			
核对时间			

[知识掌握]

3.1 会务工作的流程及操作方法有哪些？

3.2 会议议程、日程、会议通知等会议文件的内容要求、制定要求、发送要求是什么？

3.3 会场如何选择，会场布置的方法及技巧有哪些？

3.4 把下列命题归类，分别放入所属的圈内。

主持人责任圈	与会者责任圈

（1）会前充分准备参加大会发言。

（2）主动营造会场气氛。

（3）尊重他人，努力避免会中意见一边倒。

（4）依据会议提供的资料准备自己的论证材料。

（5）保持客观的中立态度。

（6）主动探讨问题并发表看法。

（7）倾听他人意见，获取更多信息。

（8）提醒、引导他人解释发言没讲清楚的地方。

（9）减少无谓的争辩和讨论。

（10）不因利益之争而言语冲撞他人，不做人身攻击。

3.5 很多人在会议期间都只听而不记，这种做法有哪些不足之处，你能指出来吗？

[知识应用]

案例分析

天骏公司的销售部门准备就目前销售业绩不佳的问题召开一次会议，参会人员拟定为各团队的领导和员工代表，部门领导李经理准备亲自主持这次会议。

李经理让公司秘书小吴把会议时间、地点提前通知参会人员，并要求把会上要讨论的问题也提前告诉大家，他想让大家能提前准备一下自己的发言稿或相关材料，以便提出、论证自己的观点和看法。

但是，会议实际召开得并不那么顺利。首先，开会时间到了，但是参会人员到得参差不齐，有些团队来的员工代表有4～5人之多，而有些部门则只来了团队领导自己一个。李经理看了会议现场的情景，心中已经清楚问题大概出在哪里。会议大概开始了10分钟以后，陆续又有个别团队成员到场，但他们都是两手空空进来，看样子并没有准备发言。当会议进入到讨论阶段的时候，有与会代表表示对今天要讨论的问题事先不清楚，没有充分准备，他将自己近期遇到的工作难题提了出来，有些人表示有同感，于是大家就顺着这个话题转而议论起来，大家越说越激动。李经理想把他们的注意力拉回到今天会议的主题上来，于是就让一个平时反应较快的员工李某发言，让他对目前公司的销售情况分析原因、提出建议。李某本来就擅长演讲，被领导问及，于是就滔滔不绝讲起来，大有一发不可收拾之势……于是，有的人在台下对他的建议反驳起来，而有些人则在下面交头接耳、说说笑笑……

问题：（1）如果你就是李经理，在这种情况下，你准备怎么办？

（2）你觉得这次会议的会前准备充分吗？还有哪些方面被李经理忽略了？

（3）你知道会议中经常会出现的问题有哪些吗？你掌握了几种解决困境和难题的方法？

分析提示：会前方方面面的准备工作，将直接通过会议的现场效果反映出来。

实践训练

如果你所在的班级近期要组织一次专题班会，请你做以下工作：

（1）议定主题班会名称。

（2）议定本次班会的主要议程。

（3）推选一至两名主持人，并说出推荐理由。

（4）推荐班会特邀的嘉宾名单，并说出理由。

（5）拟写一个班会通知，注意格式要规范。

第 4 章

会间服务工作

[学习目标]

在学习完本章之后，你应该能够：了解会间服务的工作内容及重要性；明确多种会间服务的方法、多种会议记录的方法以及安排会间文化活动的方法；熟知会间服务的多种技巧及常用的会议记录方法，能完成基本的会议记录；掌握基本的会议主持方法及技巧，能根据议程独立主持会议。

【引例】

今天华丰集团公司将要举行“HF 新产品新闻发布会”，公司的总经理秘书莫莉穿着得体的职业套装正站在会议大厅的门口，微笑地迎接着各处的来宾。

在大厅一侧设有一张签到桌，上面摆着签到表和笔。发布会虽然时间未到，但已陆续有不少来宾到会，负责签到工作并发放纪念品的秘书有点应接不暇。看到此情景，莫秘书皱皱眉头，正要打电话去多调度一个人手来签到处帮忙，手机铃却响起来了。

来电的是今天大会特邀的重要嘉宾、主管本市经济工作的副市长的秘书小王。小王告诉莫秘书，副市长和他已在来的路上，可是市长的专车在半路突然出了故障，司机现正在检修，也许会因此迟到。莫秘书看看时间，按计划半小时之后仪式就要正式开始了，莫秘书立刻决定，让公司正前往接电台记者的商务车立刻改道前去接副市长一行，原定接电台记者的秘书则立刻转打出租车前去电台接人。

刚刚调整好用车接人的问题，会场的工作人员又跑来反映出现了新情况，由于原来对来宾人数估算不足，会议准备的礼品和宣传品发完了，有些已到的来宾未拿到礼品和宣传资料，而还有一些受邀的来宾还在来的路上，怎么办？莫秘书迅速指派其中一人到签到处落实已到会人数，并统计出尚未到会的来宾数。落实人数后，又调度后勤组派人兵分两路，一路立刻前去订购新礼品，一路则去加印宣传材料，确保来宾在离会前能拿到礼品和宣传资料。工作快速处理完毕，抬头一望，接副市长的商务车已经开到公司大门口了。莫秘书赶紧致电总经理，告知市长专车已到，请下来迎接。同时，自己面带着微笑迎出大门口去……

这一案例表明：会议接待真不是一件轻松、风光的工作。它需要秘书有良好的接待形象，掌握接待的礼仪，以组织会议的专业知识与相关的理论为指导，同时还需要秘书在实际的工作中发挥统筹全局的调度能力、良好的沟通协调能力以及高度灵活的应变能力，只有这样，才能把充满了变数的会间组织服务工作做好。

以下我们就会间服务工作的流程来介绍怎样做好会间服务工作。

4.1 接站技巧

接站是会议活动接待工作的第一个环节。对于奔赴异地开会的与会者而言，由于人生地不熟，要找到会议地点往往很不容易。因此，会议工作人员应尽可能安排专人、专车接站，让与会者能轻松、顺利到达会场参加会议，这也利于保证会议的按时召开。

1）接站工作要素

会议组织者可以按照以下几个要素来开展接站工作：

（1）掌握需接站人员的人数、身份、职务、级别、年龄、性别等情况。

（2）确定需接待人员所乘的交通工具，是飞机、火车、汽车，还是轮船？弄清楚航班号、抵达日期和具体时间，提早安排接待人员和车辆，以保证准确无误、安全及时地做好接站工作。另外，问清楚需接待人员的具体情况，也有助于做好各项相关的后勤服务准备工作，更好地迎接与会者的到来。

（3）在接站现场树起醒目的标志，以便让与会者辨识。如果有重要的上级领导光临，则要在接站现场作适当的布置，以示隆重迎接。

（4）当与会者抵达后，接站人员要主动上前询问，握手致意，并介绍其他接站人员的姓名、身份、职位等。

（5）出站时主动帮助对方提行李，并为对方引路。

（6）乘车返回时，须有主人陪车。工作人员要引导客人上车，为其打开车门，准确安排主客的座位。一般原则是：让与会者坐在车的后排右侧，主人坐在后排左侧，秘书陪同坐在副驾驶的座位。

2）接站工作要求及服务技巧

（1）提前到达，做好迎接准备工作，这能让对方感觉到自己被重视和受尊敬。

（2）对来宾礼貌热情，细致周到，凡事替对方考虑，可帮助减少对方对陌生环境的不适感。

（3）一般采用对等接待或高规格接待，即根据对方来人的职务（级别），安排我方同等职务或级别的人员前往接站，以示尊重；如因特殊原因不得以采取了低规格接待，则应向对方解释说明情况，赢得对方的谅解，避免造成误会。

（4）用语礼貌恭敬，态度亲切自然，如初次见面使用尊称问候“您好”“您一路辛苦了”；也可以使用对方的职务称谓，如“张总经理，欢迎您”“黄部长，欢迎您的到来”等。

（5）接站现场要对双方人员作简单的相互介绍。介绍的顺序是：先把己方人员介绍给来宾，且要按职务从高到低介绍。千万不要颠倒顺序，这会使领导感到尴尬，让来宾产生误会。

【案例分析4-1】

外地某厂下个星期将派王副厂长和部门主管到红星厂进行业务洽谈会议，红星厂主任派钟秘书到机场迎接来宾，并告诉了她接站的具体时间、地点以及所要接待的人物。钟秘书按照接站的时间提前到达机场，在机场出口手举一块不太醒目的小标志牌。等候多时，才见到王副厂长等人的到来。因为与王副厂长不熟，钟秘书不好说什么，因此显得有些不够热情。而王副厂长这边见只有钟秘书一人接站，又没什么解释和交代，感觉很受冷遇，因此有点不高兴，一路上一言不发。

分析：在上述案例中，钟秘书接站前，没有了解询问清楚所要接待的人物，也没有了解领导不去接站的原因和意图，这使得自己在接站时工作很被动。王副厂长不悦的原因有两个：一是出站后没有看到醒目的接站标志牌，拖延了时间；二是接待方没有安排级别相当的领导前来接待，也没有给予必要的解释。

4.2 报到与签到

4.2.1 报到

报到是指与会者在到达会议所在地时办理的登记注册手续。

报到工作的内容主要包括以下六项：

（1）设置报到处和路标。在与会者报到之前，会议接待人员要设置报到处，还要设置一些会场指引路标，目的是方便与会者清楚了解会场的布局，更快找到目的地。

（2）查验有效证件。有效证件包括查验会议通知、单位介绍信、身份证等。查验证件是为了确认与会者的身份与开会资格，以保证会议安全和会场秩序。

（3）登记与会人员的个人信息。会议接待人要准备好会议报到登记表，把与会者的相关资料登记到表上。需登记的信息有姓名、性别、年龄、单位、职务、通信方式等。

做好会议报到登记工作，不仅可以根据此表统计与会者人数，还便于做好各项会间服务工作，如餐饮食宿安排等，此外还可以根据登记的信息编制与会者的通讯录，以便于与会者的相互联系。表4-1是签到表参考样式。

表4-1 **××××会议报到登记表**

（20××年×月×日）

序号	姓名	性别	年龄	单位及地址	职务	联系地址	电话	房间号	备注
1									
2									
3									
⋮									

（4）接收和发放材料。由会议接待人接收并审查与会人员携带的、需要在会议上分发（或传阅）的材料，需经审查后再统一分发材料，以免出现与会者自行分发的情况，影响会场秩序。这样做同时也有利于做好会议文件的保密工作，防止自行分发材料带来的信息外泄的不良后果。对于保密文件和需要清退的文件，接待人员要做好登记工作，以便会后退回或归档保管。

（5）预收费用。有些会议需要向与会者收取一定的会务费、食宿费、材料费等，所有这些费用，应该在会议报到时就提交给会务组的专管人员，并由大会会务组统一开出发票或收据。

（6）安排住宿。会期在一天以上的会议要考虑安排与会者的住宿问题。住宿安排可根据与会人员的身份和具体住宿要求去落实，尽可能满足与会者的要求。会务服务人员应在会议登记表上标出与会者所住的房间号码，以便于落实一些临时的会间工作。

【案例分析4-2】

某公司为庆祝开业五周年，举行为期两天的系列活动。庆典活动报到当天，会务组突然发现来的人比当初预料的多得多，且不说活动场所变得拥挤不堪，更麻烦的是原来预订安排住宿的房间不够，根本容纳不了那么多来宾。

会务组派人匆忙到附近各处酒店去补订房间，但由于附近酒店少，而且酒店所剩的房间不多，最后不仅没有拿到订房折扣，而且还有一些与会者没能安排好住宿的房间。因此给庆典活动的主、客双方都带来了一些不快和尴尬。

分析：出现这样的问题，原因可能有这几方面：一是不注意发送和回收会议回执；二是会前不注意统计落实到会人数；三是会务组组织应变能力不强。其实摆脱困境的办法还是很多的，聪明的秘书，你想到什么好办法没有？

4.2.2 签到

与会人员正式进入会场要做的第一件事就是签到，会议签到是会场工作的重要项目。按照不断完善的会议制度的要求，正式的会议要求实际到会人数达到应到会人数的2/3才能召开，否则会议产生的一切结论和决策都无效。会场签到就是为了能及时、准确掌握到会人数，如实反映会议实际缺席情况，以便确定会议能否按时召开。

1）会议签到工作的要求

（1）认真准备。在会前要准备好有关的签到工具和设备。比如：用簿式签到就要先准备签到簿；用卡片签到则要先印好卡片；如用电子签到要准备好机器，并先进行测试，以免到时出现故障。

（2）有序组织。会前事先设好签到处，安排好会务签到人员提前等候，有条不紊地组织签到。如果签到的同时要分发文件，应把相关的材料装好袋，以免到时候手忙脚乱、顾此失彼。

（3）及时统计。会议签到后，要以最快的速度统计出到会人数和缺席人数，并迅速报告大会主席或会议主持人，以便组织开展相应工作和活动。

2）常见的签到的方法

（1）簿式签到，即与会人员在预先准备好的签到簿上按规定签上自己的姓名，以示到会。签到簿上的内容包括姓名、职务、单位地址、联系地址等，内容与报到登记表的内容基本一致。簿式签到的优点是便于保存，利于查找；缺点是适用的范围仅局限于小型会议，大型会议由于与会者人数较多，用这种签到方法效率低，会影响会议的按时召开。

（2）卡片签到，即会议工作人员将事先印好的卡片发给每一位与会人员，卡片上一般印有会议的名称、日期、座次号等，与会人员在卡片上填好自己的姓名，每次到会时交给会议工作人员，以示到会，散会时领回以便下次到会签到时再用。这种签到方法适用于大中型会议，优点是方便简洁，不容易造成入场的拥挤和混乱，缺点是不利于会务组保存和查找。

（3）会议工作人员代为签到，即会议工作人员在会前准备好参加本次会议的全体与会者名单，开会入场时，来一个就在相应的名单上做上记号，以示到会，对于缺席和请假的与会者也要做相应的记号。比如："√"表示到会，"×"表示缺席，"○"表示请假等。这种签到方法虽然简单，但它要求会议工作人员要能辨认每一位与会人员。这对于与会人员较多的情况也是难以实施的，因为会议的工作人员不可能认识每一位与会者，所以此法同样不适用于大型会议，而只适用于一些小型会议和常规性会议。

（4）电子签到，即为每一个与会人员办好磁卡出席证并发放到各自手中，在每次进入会场时插入专用读卡机签到，读卡机将每位签到者的个人信息传送到信息中心，会议工作人员可以据此统计出到会的人数和缺席人数了。电子签到的优点多，它快速、准确、简便，为广大与会者和承办方所乐用，许多大型会议都采用这种签到方法。当然，电子签到受设备的限制比其他签到形式多，没有相应的技术、设备就难以实施和操作，而要配置相应的设备则需要投资安装，使用成本较其他签到形式高，所以目前还未能普及使用。

4.3 会场服务工作

会间服务工作中的重要一环是会场的服务。会场服务质量的好坏会直接作用到每一位与会代表的身上，会直接影响到会议的每一个具体流程，最终影响到整个会议的进程和会议的质量。因此，会务组要高度重视会场服务工作，要协同主持人、会场服务员、保安等工作人员共同搞好会场服务。

会场服务具体的工作内容一般包括：

（1）引导座位、维持会场秩序。一般机关或部门的工作会议的与会对象、会议时间、会议场所都相对固定，与会者可按照既定的就座习惯入座；而那些大型的、重要的会议，通常都要求与会者按照安排好的区域和座位就座。

为了能让与会者尽快入场就座，保持井然有序、安静祥和的会场氛围，会场工作人员应该提供必要的引路、引座服务。这些引导服务在主观上给与会者营造了受尊重、受照顾的良好心理感觉；其客观效果是：能较快地把与会者带到相应的座位上去，同时还可以协助会场签到，协助保安等工作人员制止无关人员进入会场，防止其扰乱会场的秩序，破坏会议的进程。

（2）保持会场内外的联络。在会议进行过程中，与会者在会场里虽与外界隔开，但却不是与外界隔绝，失去联系。会场工作人员有义务帮助他们进行一些必要的、紧急的会场内外的联系，为他们提供传递信息、交接物品、保管物品、交换文件资料等会间服务。而对那些一般性的来访、寻人等情况，会场管理人员应予挡驾，避免与会者和会场受到干扰。

（3）保持会议上下的沟通。在会议进行过程中，会务工作人员不但应及时收集、掌握会议的最新动态，随时把会议的进展情况、与会者的建议和要求向会议主持人汇报；同时还应该及时将主持人的安排意见及有关领导人的意图传达贯彻下去，保证上下沟通渠道畅通、信息传递交流及时，这也是会务工作人员应该注意做好的会间服务工作。

（4）做好会议值班、电话接听工作。在进行会议过程中，会务工作人员应妥善做好会间来电接听、记录、转达等工作。对于普通来电，可做好相关记录，待会间休息或适当的时候报告给领导或当事人。对于紧急电话，为保持会场安静不受干扰，可以写纸条或屏幕通知等方式迅速告知当事人，请当事人尽快离会处理问题。切不可采用广播通知或大声呼叫的方式打断别人的发言和聆听，从而影响整个会议的进程和气氛。休会期间应安排会场值班，避免闲杂人员进入会场，引发意外。

（5）操作与维护会议设备。会议期间的灯光照明、音响、录音、录像、通风等设备，均需安排专人负责开关、维护、保养。要确保会议进行中所有设备都能正常运作，还要全力配合会议进程的需要去控制、调节、管理好各个设备，为与会代表提供一个良好的会议环境，这样才能真正把会开好。会议休息期间，注意让设备也“休息”一下，否则长时间过度的使用，既容易使设备受损，同时也会造成巨大的浪费。

（6）会场保卫工作。依据会议的不同密级和级别，会场相应采取不同的保卫措施。一般的工作会议，会场保卫工作主要是保障会场秩序不受干扰，保护与会代表的人身安全和财物安全；而重大、重要会议的会场保卫工作，除了要确保与会代表的人身安全、财物安全外，还要严格监控会场及周围环境，保障会议的安全进行和会议内容不泄漏。

（7）会场的清洁卫生工作。良好的会议环境能提供一个良好的会议氛围，让大家心情愉悦地把会开好，并给与会者留下美好而深刻的印象。会场的清洁工作一般由会议服务人员负责。每阶段会议散会后，会场服务人员应及时做好清洗消毒茶杯、整理桌面、打扫地面、通风换气等工作。

（8）会间茶水点心等的供应工作。有些会议会给与会者提供茶水、饮料、水果、点心等服务。提供这些服务，形式可以灵活多样，既可以安排会场服务人员逐一分送到代表房间或座位上去，又可以把东西统一放置在某处，设置指示牌，以自助形式让与会者自行按需拿取。会间茶水供应的内容不必追求品种的繁多，数量也应控制好，避免造成会务浪费。通常，简单、方便、卫生的瓶装水，比较能够迎合广大与会者的需要和习惯。

4.4　会议记录

4.4.1　会议记录及其作用

1）会议记录的定义

会议记录是在会议过程中，由记录人员把会议的基本情况、大会报告、代表发言、决议等内容记录下来形成的重要会议材料，是反映会议客观进程的原始而真实的信息记载。

会议记录不但能在会后更好地传达会议精神，使会议的各项决议能在今后的工作中得到充分贯彻和执行，而且能给以后检查执行情况提供根据，所以做好会议记录是一项非常重要和必要的会间工作。

2）会议记录的作用

会议记录作为一项非常重要和必要的会间工作，有以下几项重要作用：

（1）会议记录是研究和总结会议的重要依据。会议期间形成的各项会议决议、意见等，后期都要进行会议总结，会上的“工作报告”和“讲话”等也要根据各组讨论的意见进行修改。进行这一切工作的重要依据，就是会议上的原始“记录”。会议记录还可以作为日后分析、研究、处理有关问题的参照依据。

（2）会议记录经整理可作为向下级传达的文件，也可以作为向上级汇报的原始材料。

（3）会议记录可作为编写会议纪要和会议简报的基础材料和重要的参考佐证资料。

（4）会议记录是重要的档案资料，在编史修志、查证组织沿革、考核使用干部以及落实政策、核实历史事实等方面，可起到无法替代的凭证作用。

（5）一些法定性会议，会议记录经发言者和会议领导人确认签字后，具有法律效力。

（6）图片类、音频类的会议记录，可适当用于报刊报道和影视制作。

4.4.2 会议记录的分类

会议记录具有原始性和凭据性的特点。会议记录根据不同的标准，可分为不同的种类。

（1）按记录的手段分，有手工记录和机器记录两种。①手工记录是指会议记录人员用文字或记录符号在纸上进行记录。②机器记录是指借助各种记录信息的机器设备进行记录，如：录音机、录像机、计算机、摄影机、照相机等。

（2）按会议记录的载体分，有书面记录、音频记录和视频记录三种。①书面记录是将会议的信息记录在纸质材料上。②音频记录即用录音带、磁盘等记录会场内的语音信息。音频记录比书面记录更容易整理，而且它是书面会议记录的重要补充，重要的会议常常采用录音的方法来避免错记或漏记。③视频记录是采用摄像机去记录会场内的活动场面，以便会后直观地再现当时的情景；也有的采用照相机拍摄会议现场情况，以便对书面会议记录进行补充。

（3）按会议记录的详略分，有详细记录和摘要记录两种。①详细记录是对会议进行完整的记录，要求做到一字不漏，“有言必录”，甚至连发言者发言时的表情、会场的气氛等都要求记录在册。②摘要记录是对会议议题、发言要点、会议结论、决议等重要内容的记录，要求择要而记，概括记录会议主要内容及精神即可。

此外，还有一些会议记录的分类是配合着会议的种类来分类的，如按会议性质分，有党委会议记录、群众团体会议记录、企事业行政会议记录等；又如按会议内容分，有工作会议记录、座谈会议记录等；按会议范围分，有大会会议记录、小组会议记录等。

4.4.3 会议记录的要求及注意事项

1）会议记录的要求

会议记录的要求可以概括为：项目、过程要完整；内容要真实、准确；语言表达要清楚、简洁；格式、名称要规范；笔记要快速。另外，会议记录应使用统一的形式（使用A4型纸记录），便于日后立卷归档。

2）会议记录的注意事项

做好会议记录应注意以下事项：

（1）记录的项目要完整，也就是说要完整记录会议名称、届数或次数、时间、地点、出席人、列席人、缺席人、主持人、记录人等组织情况，还有会议议程、议题、讨论过程、发言内容、决定事项等组成的会议内容。

（2）记录的内容要客观、准确、真实、完整。这是指记录人员应当有高度的政治责任心，以严肃认真的态度忠实记录发言人的原意，重要的地方还应记原话，不得任意取舍增删，断章取义，不得添加自己的主观判断和主张。对于记录会议决定之类的内容，要确保一字不差，不能有丝毫出入。对会议的主要情况、发言的主要内容和意见等，记录的详略要视具体情况而定。在一般情况下，决议、建议、问题和发言人的观点、论据材料等要记得具体、详细；而会场一般情况的说明，可抓住要点，略记大概意思。

(3) 及时整理会议记录。首先，整理时要实事求是，忠实于讲话人、发言人的原意，尽可能采用原话；原话意思不完整的，可以作一些技术加工，但不能在内容和意思上作随意的增减或删改。其次，整理会议记录还要做到层次分明，段落清楚，语句通顺，文字准确，字迹清晰易认，不能使用自造的简称或文字。再次，对开会时没有听清楚或发言者表达不清的地方，会后要及时找相关人员补充完整，并作核对。为保证会议记录的质量，可在会前安排好一人主记、一人辅记，还可以根据需要安排录音、录像，以免遗漏。此外，还应注意观察并记录会场的动态信息。

(4) 会议记录一般不公开发表，如需发表，必须征得上级领导同意以及发言者本人审阅、同意方可进行。

4.4.4 会议记录的基本格式

会议记录的格式一般包括三个部分：

(1) 第一部分基本情况。在第一部分中应准确写明会议名称及会议组织的基本情况，可在会议召开之前或之初写好，不可遗漏。其内容一般包括：①会议名称：要写会议全称。②性质：交代会议是属于何种类型或性质的会议。③次数：记录该次会议属于某专题下的第几次会议。④开会的时间、地点：准确记录会议时间、地点。⑤出席会议的人数（人名）和缺席人数（人名）：如果到会人数不多，可一一写明姓名；如果是群众性大会，只要记录参加对象和总人数以及出席会议的重要领导成员即可；如果会议出席的对象来自不同单位，应设置签名簿，请出席人员签署姓名、单位、职务等；对缺席人员，应注明缺席原因；对列席人员，可一一写出姓名。⑥主持人：记录主持人姓名，写明主持人的职务等。⑦记录人：记录人本人签名，必要时注明记录人真实的职务，以示对所做的记录内容负责。

(2) 第二部分会议内容和会场情况。会议内容是会议记录的核心部分，需重点记录。它是供他人了解会议意图的主要材料，也是日后情况备查的重要依据，它是会议成果的综合反映。这部分要求记录会议议题、与会者的讨论过程、发言内容、会议决议等问题。对于会议发言的内容，记录人应根据会议性质、目的、要求等综合考虑采用恰当的记录方法，既可以采用摘要记录，又可以采用详细记录。

对于会议期间会场内发生的、与会议进程有关且具有记载价值的情况，也应及时记录在册，如与会者的掌声、笑声、迟到、中场退场等情况。这些记录能更加真实、全面反映会议的实际情况。

(3) 第三部分结尾。会议记录的结尾没有固有程式，标注“散会”“结束”“完”等均可，如中途休会，则写明“休会”。最后在会议记录的右下方，由主席（或主持人）和记录人签名，以示对记录内容负责。

以下提供几种常用的会议记录的格式供学习、采用。

例文1

专用性会议记录格式，见表4-2。

表4-2 **××市人民政府第（ ）次常务会议记录**

时　间	年　月　日　午　时　分至　日　午　时　分	
地　点		
主持人		
出　席		
列　席		
缺　席		共　页
（发言人姓名）	（会议进程记录）	
	记录人：	
	审核人：	
	审核日期：	

例文2

通用性会议记录格式，见表4-3。

表4-3 **××公司会议记录**

会议名称				
主办部门				
时　间	年　月　日　时　分			
地　点				
主 持 人				
出　席				
列　席				
缺　席				
审　核		记录		共　页
发 言 人	（发言内容及决议）			
	发言人签署：××　××			
	××　××			
	××　××			

【知识链接4-1】

惠能公司项目会议记录

时间	20××年1月2日
地点	公司5楼大会议室
出席人	公司各部门经理、负责人
缺席人	无
主持人	程恭（公司总经理）
记录人	肖馨（总经理秘书）

会议发言记录：

一、主持人讲话：今天主要讨论一下办公室软件AA是否投入开发以及如何开展前期工作的问题。

二、发言：

技术部黄主任：类似的办公软件已经有不少，如微软公司的WORD以及众多的税务、财务、管理方面的软件。我认为我们目前的问题就是先确定选题方向，如果没有特点，千万不能行动。

资料部刘主任：应该看到的是，办公软件虽然很多，但从专业角度而言，大都很不规范。我指的是编辑方面的问题，如WORD中对于行政公文这一块就干脆忽略掉，而书信这一部分也大多是英文习惯，中国人使用起来很不方便。WPS是中国人开发的软件，在技术上很有特点，但在某些方面有待改进。我认为我们定位在这一方面是很有市场的。

市场部唐主任：这是在众多航空母舰中间寻求突破，我认为有成功的希望，关键的问题就是必须小巧，并且速度极快。因为我们建造的不是航空母舰，这就必须考虑到兼容问题。

三、决议：

各部门都同意立项，初步的技术方案将在十天内完成，资料部预计需要三个月完成资料编辑工作，系统集成约需要二十天，该软件预定于五一投放市场。

会议结束。

主持人：程恭　　　　　　　　记录人：肖馨

资料来源　文秘之音（www.msw112.com）。

4.4.5　会议记录的记录方法

1）会议记录的常用方法

采用正确的记录方法，才能保证会议记录的质量。一般记录会议的方法有：

（1）摘要性记录。只记录会议要点和中心内容，即只需记录会议的议题、议程、发言人姓名、发言要点与主要事实、决议情况等会议概况，而对会议气氛、与会者发言的态度等只作摘要记录，不必“有闻必录”。摘要记录一般是在开会时认真记录就可以了，过后不需再整理。一般的研讨会、汇报会、座谈会等小型会议的记录，大多采用摘要记录法。

（2）详细记录。多用于讨论某些重大的、复杂的问题的重要会议记录，除了要记录会议概况和会议过程等内容，对每一位与会代表的发言也要求做到有言必录。详细记录不仅在开会时要认真记，会后还要及时加以整理和补充，必要时还要由会议主持人或发言人审阅和签字。但是，详细记录也并非要一字不漏、逐字逐句地记下来，对于那些口语、俗语、重复使用的语句，则不必记录。

【知识链接4-2】

要做好详细记录，必须掌握以下一些技巧：

一是简称法。在他人能够看懂的情况下，对单位的名称、地址、人名、术语等可只记录简称，如："中山大学"可记录为"中大"，"广州市人民政府"可记录为"市政府"。

二是规范的缩写法。对于常用词语或术语，在他人不会产生歧义的前提下，可以采用此方法，如"社会主义国家"可以缩写成"社—国"。还可以采用间隔缩写法记录，就是在记录一句话时，对句中出现的常用词或词组可以只记句首一个字，字后用一短横代替词或词组的其他部分。比如"全国旅游业务今年取得令人瞩目的经济效益"，可记录为"全-旅-今-取-令-瞩-经效"。

三是符号代替法。可以按照约定俗成的习惯自拟符号代替常用词，如"因为""所以"可以用"∵"和"∴"，"上升"和"下降"可以用"↑""↓"，"等于"可以用"="来记录。

四是省略法。这是指省略词语或句子的附加成分、相同成分。比如"可以"可只记"可"，省掉"以"，类似情况的词语还有"因为""经过""现在""盼望"等，均可只采取前一字。也有只记后一字的，如"希望"可以记成"望"，"依靠"可以记为"靠"等。

对于一些词语或句子中的相同成分，也可承后省略，如"幼年时代、少年时代、青年时代、中年时代、老年时代"，可记成"幼、少、青、中、老年时代"。再有，可以省略比较长的成语、俗语、熟悉的词组。比如"——（路遥知马力），日久见人心""——（小葱拌豆腐）一青二白""心有余——（而力不足）等。

五是拼音法。对于难写的、易忘易错的字，可以用汉语拼音代替，如"实ji"（实际）、"实sh"（实施）等。

六是外语辅助法，即用外语单词的缩写来记录中文词语，如"广东电视台"可以用英文缩写成"GDTV"，"世界贸易组织"可用英文缩写成"WTO"。

七是留空法。在记录过程中如果遇到发言人引述有关材料时，如果一时难以详细记录下来，可以先记一两句提示，留下空当，待会后找出本人或找有关资料再补上去。

（3）"速记法"。速记是指运用各种速记符号对语言进行记录的方法，它与通用文字记录不同，是采用同音归并和近音归并的方法，对信息进行压缩，以使记录的速度与讲话人的语言、表达速度相同。由于速记符号不同于常用文字，但又具有文字的部分功能，所以，要掌握速记法需经过专门的学习和训练。一旦掌握了速记这种专业性较强的技能，其记录的效率将比一般的文字记录要高出四五倍。

2）整理会议文字记录的技巧

当会后我们进行会议文字记录的补充、整理时，以下的技巧会有助于提高我们整理的速度和整理的质量。

（1）熟悉有关方针政策，提高思想理论水平，增强分析和理解能力。这是很能体现记录人水平的一个方面。

（2）善于对发言人讲话中的不足之处进行补正。发言人的讲话，尤其是即兴讲话，往往带有很强的随意性，或表达散乱，又或词不达意，这就需要记录人事后补充、纠正，将其发言记录变得言之有序、顺理成章。这是很能体现记录人的水平及工作能动性的又一方面。

（3）加强平时的写作训练，提高表达能力和写作水平。由于会议记录是要把别人的口头语转换为记录人的书面语，因此有好的表达能力和写作能力，做记录时会更有把握。

表4-4列示的是会议记录人必须具备的素质及技能。

表4-4 会议记录人必须具备的素质及技能

序号	素质及技能要求	具体表现
1	反应快	能对与会者提到的问题作出迅速反应，不需要提醒记录
2	记录速度快	写字快，打字快，很少漏记
3	知识面广	熟悉会议设计的相关知识和技术，能听懂专业术语
4	记忆力超强	能对各个与会者的发言记录做到不混淆
5	语言组织能力强	能把某些散乱无序的讨论及发言重新整理加工成条理清晰的文字，不歪曲原意
6	倾听能力强	善于聆听，捕捉信息并记录在册
7	总结能力强	能对会议记录及时进行提炼、总结，为领导或其他部门提供参考和利用

4.5 会间文化娱乐活动的安排

在一般情况下，会期短（一天以内）的会议不需要安排娱乐节目；若会议内容较多，会期较长，通常需要安排一些会间文化娱乐活动，给与会者作为必要的会间休息和调节。

会议期间适度安排一些有益身心健康的会间活动，如观看文艺演出，组织舞会或文艺晚会，组织简单的拓展训练，安排参观、考察、游览等，这不但可以活跃会议期间的气氛、丰富会议期间的生活，同时还可以让与会者有更多接触、交流的机会，促使大家更和谐融洽地相处，增进相互间的了解和友谊。这些活动虽没有直接作用于会议本身，但它对提高会议效率、促成会议结果可是功劳不小呢！

1）会间活动的作用

会间活动有三项主要的积极作用：

（1）会间活动能调节会议的气氛，能使与会者在一个轻松的环境下变得思维活跃、诚实主动、激情创新，这有助于改善会议的效果、提高会议的效率。

（2）会间活动能让与会者感受到“团队的精神”，能增加与会者之间不同层面的沟通和交流。

（3）会间活动可以舒缓紧张的精神压力，有助于与会者以更好的状态迎接下一阶段的会议。

切记任何一次会间活动的成功组织，和每一个组织者、参与者的努力是分不开的。有了会务组的精心策划，还要有参会者的热情投入和全身心参与，一场成功、精彩的会间活动才能因此而完美！

2）组织会间活动的原则

组织会间活动应遵循以下原则：

（1）健康轻松原则。会间活动的目的只是调节与会者的状况和会场的气氛，它不同于专门的娱乐活动或体育活动，因此不宜组织体能消耗大的文体活动，这不利于大家放松身心。

（2）安全至上原则。会务组对与会代表的人身安全负有一定的责任，因此不宜组织一些带有危险性的活动，如探险、蹦极等。

（3）组织有序原则。人数较多的会间活动，更应该集体组织安排，并且应提前落实好各项准备工作，不要即兴而为，以免出现意外情况而影响会议的进度。

（4）自愿参与原则。会间活动不宜硬性规定与会者参加，毕竟各个与会者的健康状况不一样，各自习惯的休息方式也可能不同，会务组对此应予以尊重。

（5）从简节约原则。由于会议时间、经费都很有限，所以会间活动不宜安排时间过长，也不宜铺张浪费；对于活动中涉及的自费活动项目，要对与会者进行必要的提醒和说明，以免引发误会和难堪。

3）会间娱乐活动的种类和形式

（1）会间娱乐活动的种类。会间娱乐活动形式多样，根据会间活动的主题内容可以划分为两大类：一类是带有教育性质的娱乐活动；一类是较为单纯的娱乐性活动。通常安排的会间活动，以带教育性的娱乐活动为主，如配合会议主题组织的参观，到相关单位或部门进行交流访问，又或者安排观看专题节目或影片等。

（2）常见的五种会间活动形式。

一是组织观看文艺表演活动。组织此类活动记得要预先统计好人数，提前订场和订位。如果人数较多，还可以协商包场观看，既可以节省费用，又在时间上有切实的保障。

二是组织单位参观活动。在参观活动计划确定之后，要及时与接待单位取得联系，以便协商、落实计划，让对方有准备的时间，以便做好接待、讲解、介绍等工作，如参加活动的人数较多，则应事先编组并选定组长，也可以为每个小组配备一名会务工作人员，负责具体的事务和安全工作。此外，如果外出参观的时间较长，还应该注意落实好外出期间的食、宿的安排，千万不可抱有“走到哪儿，吃到哪儿；哪儿累了，在哪儿歇下”的随意想法，毕竟这是集体组织的活动而不是私人旅游。

三是组织外出考察。这是指外出时间较长、路程较远的活动安排。当组织这样的活动时，会前一定要向与会者清楚说明相关的内容、安排，并要提醒一些细节和注意事项，以便与会者做好工作协调和活动准备。另外，组织者一方应当派有一定身份的领导人陪同外出，必要时还应配备导游和翻译，以便应对旅途中出现的临时性、紧急性问题。

四是组织户外游览活动。组织此类单纯娱乐身心的活动，一定要恰当选择游览景点，既要体现地方文化或特色，又要考虑安全因素。组织者应尽量带领大家集体行动，在户外尽量相互关照，确保人身安全，避免发生意外。出发前一定要先点清人数，并安排好往返接送车辆，车辆应作明显、清楚的标记，组织人员在上、下车时一定要仔细清点人数，避免漏接、漏送。

五是组织户内自娱自乐活动。这类活动包括唱卡拉OK、自编自演文娱节目、玩游戏、搞文娱项目比赛等多种形式。组织这类活动，首先，要事先了解与会人员的兴趣、爱好、性格、特长等，以便于有针对性地发动和组织，让每一个参与者都能各得其所、尽兴而归。其次，一定要提前落实好场地，准备好相关的用具、器材、食品、饮品、奖品等。此外，注意控制好活动时间和活动气氛，避免造成娱乐疲劳。

4）组织会间活动的注意事项

组织会间活动必须注意以下事项：

（1）适当照顾与会者的兴趣和要求。根据与会者的兴趣确定会间活动的形式，如文艺演出、参观游览、舞会、体育比赛等。

（2）尊重与会者的宗教信仰和风俗习惯。会议策划人员在审查节目和影片的内容时要格外留心，以避免因政治内容或宗教信仰和风俗习惯等问题而引起与会者的不快。

（3）活动能体现地方风俗或特色，如组织国际性会议的会间活动，最好挑选一些能够体现民族特色和传统文化的节目；而双边会议的文艺活动安排，则应适当安排一些客方国家的民族传统节目，以体现主办方对客方的尊重和友好。

（4）如果组织户外活动，那么一定要准备足够的资金和实用物品，如数码相机、对讲机、团队标志、卫生急救药品等，以备紧急情况之需。

【案例分析4-3】

联欢会为何不欢而散

A公司在新产品发布会期间，定于12月25日18：00在某娱乐总汇举办与会人员联欢会。可当12月25日17：00与会人员兴高采烈来到娱乐总汇时，秘书却发现所订的能容纳50人的大包房居然已为B公司所用。

这是怎么一回事？明明早已预订的房间，怎么会被别人先占用了？A公司秘书几经询问才知道，原来该娱乐总汇只有一间50人的大包房，A公司来电预订时，B公司已先预订，但B公司正与娱乐总汇商量要变更原先的预订，于是当时的大堂负责人对A公司的秘书承诺："若B公司更换了时间，则包房给A公司使用，不再另行通知；若两个公司的活动时间冲突，就一定会及时通知A公司。"事后由于娱乐总汇工作人员的疏忽，竟忘了把B公司包房时间与A公司的有冲突这一情况告知A公司秘书，而A公司秘书也没有去电询问落实最终的情况，想当然以为没有来电就意味着有包房了。结果，到了活动时间就直接把大队人马拉到了娱乐总汇……

事已至此，A公司秘书气愤地与娱乐总汇的工作人员理论，要求他们对此问题予以尽快解决。双方僵持在那里理论了半个多小时，被邀前去娱乐的与会代表一行近50人也被滞留在大堂半个多小时……

资料来源　葛红岩，施剑南.议组织与服务［M］.上海：上海财经大学出版社，2007.

分析：A公司搞的这个联欢会最初的目的是什么？最后为什么让人不欢而散？作为活动的组织者，我们真有必要认真吸取A公司秘书的教训，组织活动不仅要有明确的目的、周详的计划，还应该落实好资金、场地、物品、交通等，只有做足相关的准备工作，才能保证活动的质量。

● 4.6　会间食、宿工作

不是所有的会议都需要安排食宿，那些会期较长的、又有较多外地代表参加的会议，一般都应该尽量安排解决与会者的食、宿问题。作为会议的组织者，一定要弄明白这个道理：为与会者提供统一的食宿安排，表面上看似乎是增添了自己的会议接待任务，但看深一层，其实自己和与会者一样都是受惠人，大家都因此减少不少麻烦呢！

看看下面的案例，你就会明白。

【案例分析 4-4】

20×7 年年底，天骏公司又要在总部广州召开全国订货会了！这次订货会还和过去一样为期三天，但不巧的是，原来专管会议接待工作的秘书休产假去了，公司调了小吴秘书短期接管她的工作。

来参加订货会的代表真不少！他们来自全国各地，有些公司派来的是熟门熟路的采购员，有些公司来的是部门经理，还有些公司老总亲自前来洽谈订单和新业务……由于不熟悉到会人员的情况，也不熟悉会议接待工作的细节，小吴计划这样来安排接待，以下是她列出的简单的安排表：

一、安排前台文员 2 人，负责签到和引导工作。

二、准备小车 3 台，负责随时接待来电要求接站的新客户和重要来宾。

三、除每天中午供应的工作餐（盒饭）外，其他食宿概不安排，来宾自行解决。

订货会第一天，各地客户来了不少，前台两个文员又管签到又管引导入场，根本忙不过来！有些慕名而来的新客户由于无人引领，在门口等候了很久；有些自己摸进场后又不知道该和谁洽谈、向谁了解情况。客户在不同的时间陆续前来，签到处根本无暇统计到场人数，在入口处准备的矿泉水一会儿就被来宾拿光了，没人及时去补上，不少来宾渴了一上午。

临近中午，小吴来问签到处订盒饭的人数，签到文员在忙碌中看了一下序号就照报过去了。小吴让附近的快餐店把盒饭送来，考虑到来宾工作一上午可能饿了，还专门嘱咐快餐店加大每份盒饭的分量，并同意每份饭多付 2 元钱。

由于快餐店较少接到数量这么大的订餐，并且下单下得又迟，于是准备很久才把盒饭备齐。等到盒饭送来的时候，已经是下午 1 点 15 分了，在场等候的来宾一片埋怨声，小吴自己只好挨着饿不停地解释和道歉；另有不少客户因为不满这样的接待已自行离开，自己出去找地方吃饭去了。小吴订的盒饭最后浪费了不少，为此小吴挨了严厉的批评！

第二天，天骏公司总经理要设宴请那些常来常往的大客户吃饭，让小吴去通知他们宴请的时间和地点，小吴按照总经理给的名单打了很多电话，左查右问才找到了四五个人，其余的一时半刻还联系不上。小吴很后悔，早知道当初给大家统一安排食宿的地方好了！

分析：会间食宿安排是最能反映会务接待工作的水平和质量的重要环节。许多没有从事过会务接待工作的人都误以为“多一事不如少一事”，不安排食宿工作会更简单更省事，而事实却是不安排食宿并不省事！会务接待工作不能有一丝半点的偷懒心理！正是因为有了统一的食宿管理，节省了与会者三餐一宿奔波劳碌的时间，从而节省了组织者东奔西找寻人开会的麻烦，使得会议时间和会议质量才更有保障。

4.6.1 会议餐饮工作

安排会议餐饮需要注意以下几个方面：

第一，会议餐饮安排的首要原则就是量入为出，即根据实际的会议收入作相应的安排，不可铺张浪费。会议餐其实就是工作餐，工作餐以团体进餐居多，菜式菜量都较为固定，一般不因人而异另开小灶。工作餐在菜式上较为普通和简单，价格也不会昂贵；而在菜量方面，工作餐也有讲究，通常要求控制好菜量，避免点多了吃不完造成不必要的浪费。为治理会议餐饮的浪费现象，我国已对会议餐饮标准作了明文规定，组织会议餐饮接待有章可循、有法可依（内容详见其后附件1）。

第二，会议餐饮食品特别强调的是安全卫生。就餐环境、餐具、菜式等不求奢华，但一定要清洁卫生。因此会议订餐通常不会冒险选择一些新餐厅，也避免点新奇食品，以免与会代表出现诸如肠胃不适、食物中毒之类的意外情况，从而影响会议的进程。

第三，在具体菜式的选择上，工作餐要体现顾全大局的原则。也就是在简单、卫生的前提下，还要注意照顾东南西北各地的口味，照顾不同国家、不同民族的饮食习惯。点菜人应掌握一定的餐饮文化和点菜技巧，要了解不同地区不同菜系的特点，尽可能照顾现场大多数人的口味。对于少数因民族饮食习惯或宗教信仰而有特殊餐饮要求的人，点菜时应对其予以特殊照顾或另行安排。

第四，注意餐桌礼仪。为了维持一个良好的就餐环境和就餐秩序，组织人员最好能将每桌的人员名单安排落实下来，餐桌编号，并在餐桌上摆放桌签及就餐人员名单，使大家能较快找到自己的餐桌和座位，这可以有效避免出现有些餐桌人满为患挤着坐，而有些餐桌则三三两两无人问津的场面。

4.6.2　会间住宿工作

安排会间住宿需要注意以下事项：

（1）要了解住宿宾馆的档次。问清楚宾馆的星级，了解其收费情况，这是大会预算经费前一定要充分掌握的情况。

（2）要了解房间的设施设备。这主要是替与会代表考虑的一环。问清楚宾馆设备是否齐全，检查房间的设备是否完好，了解清楚哪些设施可以免费使用，这会为会务开支节约不少钱。如果不注意控制，这里恐怕就会出现许多额外的开销了！

（3）要了解宾馆提供的相关服务。现在，许多宾馆不仅能提供住宿服务，而且能提供优质的会议接待服务。会务组织者在决定租用宾馆住房的时候，大可以问清楚宾馆有无自己的会议中心和商务中心，有无自己的活动中心和配套的运动场地及器材，有无免费的宾馆专车接送服务，有无免费赠送的早餐。如果以上项目能一一落实下来，那看似昂贵的房价实际上是很划算的，因为它帮你节省了其他开支。

（4）要了解住宿者有无特殊要求。组织会议，特别是大型会议，组织者就得接待有着各式各样要求的与会代表。在安排住宿时，组织者千万要注意尽可能照顾那些有特殊要求的人。比如有些人因健康原因（神经衰弱）要住单间，有些人因生活习惯不合（一个早睡，一个晚睡）住不到一起等等，会务组对这些情况应尽量了解多一些，同时应尽量予以照顾。

【知识链接4-3】

中央国家机关和事业单位差旅费管理办法（节选）

第三章　住宿费

第十一条　住宿费是指工作人员因公出差期间入住宾馆（包括饭店、招待所，下同）发生的房租费用。

第十二条　财政部分地区制定住宿费限额标准。各省、自治区、直辖市和计划单列市财政厅（局）根据当地经济社会发展水平、市场价格、消费水平等因素，提出所在市（省会城市、直辖市、计划单列市，下同）的住宿费限额标准报财政部，经财政部统筹研究提出意见反馈地方审核确认后，由财政部统一发布作为中央单位工作人员到相关地区出差的住宿费限额标准。

对于住宿价格季节性变化明显的城市，住宿费限额标准在旺季可适当上浮一定比例，具体规定由财政部另行发布。

第十三条　部级及相当职务人员住普通套间，司局级及以下人员住单间或标准间。

第十四条　出差人员应当在职务级别对应的住宿费标准限额内，选择安全、经济、便捷的宾馆住宿。

第四章　伙食补助费

第十五条　伙食补助费是指对工作人员在因公出差期间给予的伙食补助费用。

第十六条　伙食补助费按出差自然（日历）天数计算，按规定标准包干使用。

第十七条　财政部分地区制定伙食补助费标准。各省、自治区、直辖市和计划单列市财政厅（局）负责根据当地经济社会发展水平、市场价格、消费水平等因素，参照所在市公务接待工作餐、会议用餐等标准提出伙食补助费标准报财政部，经财政部统筹研究提出意见反馈地方审核确认后，由财政部统一发布作为中央单位工作人员到相关地区出差的伙食补助费标准。

第十八条　出差人员应当自行用餐。凡由接待单位统一安排用餐的，应当向接待单位交纳伙食费。

[知识掌握]

4.1　说说会议报到和会议签到的区别。

4.2　你知道怎样才能做好会议记录吗？你常用哪些快记法记录？

4.3　你参加的会议有没有组织一些会间活动？你希望他们组织会间活动吗？为什么？

4.4　你喜欢当主持人吗？说出原因。

4.5　你觉得怎样才能当好会议的主持人？

[知识应用]

案例分析

精美菜肴为何难以下咽

宏远公司于20××年10月10日在北京国际会议中心召开新产品的大型客户咨询洽谈会。参加会议人员280人，特邀有关领导和专家10人，工作人员10人，会期5天，食宿也安排在北京国际会议中心。公司派主管公关、销售的王副经理负责这次会务工作。

在第一次大型宴会上，工作人员事先作了精心准备，订制的菜肴非常精美，色香味型俱佳，又富有浓郁的地方特色。可在用餐时，陪同人员发现个别用餐者面对桌上的猪肉制品皱起了眉头，有人甚至拂袖而去。陪同人员小李忽然记起，在与会者报到时，有五六个会员在报到单上注明“回族”。他懊悔不已，赶紧报告王副经理。王副经理马上通知有关人员采取补救措施，但那几位“回族”会员的就餐情绪还是受到了极大影响。

资料来源　葛红岩，施剑南.会议组织与服务［M］. 上海：上海财经大学出版社，2007.

问题：（1）你了解中国的几个主要少数民族的饮食习惯吗？“回族”会员为什么面对美食会拂袖而去？

（2）如果由你来为几个回族会员重新订菜谱，你准备安排哪几道菜给他们？

（3）就目前的情况看，在接下来的餐饮服务工作中，你认为还有什么需要注意的地方，请一一提醒小李。

实践训练

如果你是某公司的秘书，某公司将召开一次内部的推销经验交流会，参加会议人数约为50人，会期2天。请你帮忙做好以下工作：

（1）会议签到，并统计到会人数、缺席名单。

（2）发放会议材料。

（3）会场引导就座。

（4）会间会场服务。

（5）统计人数，帮与会代表预订住房。

（6）列一份与会代表的工作晚餐菜单，送会务组领导审核。

工作要求：

（1）签到和发放会议材料要有条不紊、秩序井然。

（2）引导就座要注意运用有声语言和体态语言，力求仪态大方、礼貌周到。

（3）会场服务要主动、细致。

（4）订房、分房要考虑周全，既要安全卫生、设备齐全，又要价格合理、交通便利。

（5）根据与会人员的饮食爱好及人数拟定菜单和菜量。

第5章

会后工作与管理

[学习目标]

在学习完本章之后，你应该能够：了解什么是会后工作，会后工作有哪些内容和程序；明确会场善后工作，会后文书的立卷归档工作，会议经费的结算；熟知会议总结的写法，会后的催办、反馈与落实工作；掌握会议善后工作的具体步骤，会议效果的评估方法。

【引例】

秘书小王清理会场

20××年5月9日，广州天地公司与香港皇冠公司在科尔大酒店会议厅举行合作签约仪式。

会议厅主席台的背景墙上布置着广州天地公司与香港皇冠公司合作签约仪式的会标，主席台上有话筒、手提电脑、公司双方领导层人员名字席卡、鲜花等。台下的会议桌上放着出席仪式的双方公司职员代表的名字卡片。主席台下会议桌的每个座位前均放有一份介绍双方公司情况的资料。酒店大厅及过道里摆放着本次会议的通知牌及方向标志。

签约仪式结束后，会议主办方广州天地公司总经理秘书小王与酒店服务人员一起整理会场，小王先将手提电脑装进电脑包，随后再将席卡及会议资料收集归类，分别装进纸箱及资料袋，准备带回公司。服务人员则协助将会标、鲜花、通知牌、方向标志等予以销毁。

会场整理完毕后，酒店服务人员切断了电源，关闭了会议厅。接着秘书小王与酒店结清了租借会议厅的开支费用，带着电脑、席卡、资料等开车返回了公司。回公司后，小王将会议记录整理打印交总经理过目后复印，分发至双方公司领导层人员，自己作了分发记录的备份。

这一案例表明：会议的善后工作不容忽视，这项工作对整个会议起着重要的作用，我们应该清楚了解善后工作的每一道程序，以便更加完善地做好会场的善后工作。同时也要清楚需要清退的物品或文件有哪些，分清重要与不重要的文件，保存重要的资料，做好文件资料的存档，这样才能更好地做好会议工作。

5.1 会场善后工作及安排与会人员离场

5.1.1 会场善后工作

会场善后工作是把会中的讨论决定布置下去贯彻执行的先决条件。如果是内部会议，则会场的善后工作就简单得多。如果是外借会场，则需与租借方结算会议开支费用，归还会议所借物品并清理会场，将会场中公司自带的东西拿走，包括会标、通知牌和方向标志等物品。

1）清理会场

清理会场可遵循以下几个步骤：

（1）拿走通知牌和方向标志。在会议结束后，通知牌和方向标志失去了其必要性，应及时拿走它们，恢复场地的原有模样，以便归还租借的场地。一次性说明标志或通知牌应予以销毁，对于可重复利用的应统计、归类、入库以便下次使用。这样做有利于节约材料、资源，节省人力物力。

（2）清理会场内其他物品。如果在会议结束后有宴会，秘书或服务人员要为客人做好向导，随后要清理会场，撤去会场布置的会标等宣传品，把会议使用的幻灯片、影幕、手提电脑、席卡等东西收拾好。如果发现会场有遗失物品要妥善保管，并同时与失主联系。要认真打扫收拾，使会场恢复原状。

在会议结束后，会产生大量的废弃纸张。这些纸张或是草拟的文件或是会议的资料或是财务的报表，会议结束后秘书人员首先要收回所有应该收回的会议资料，要将所有纸张进行整理、清点、归类，找出有用的资料，不能再利用的纸张要销毁。会议都有其保密性，会议结束后的剩余文件也要注意避免在无形中泄露公司的秘密。在清理文件时要对文件的保密级别分类并及时销毁，这是会后秘书工作中最重要的一个环节，切不可麻痹大意。

（3）通知配电人员和服务人员。会场清理完毕后要通知配电人员和服务人员切断会场使用的电源，关闭会场。

2）归还所借物品

会议结束后，要及时归还从公司内部其他部门或其他单位借用的相关物品，归还前要检查是否完好，如果损坏要按照约定予以赔偿。不需要赔偿的，归还时要特别说明或修理好后再归还。

3）结算会议开支费用

如果是外借的会场，会议结束后，秘书人员应及时与会场出租方结清会议的各项费用，主要包括：会议室租用设备的使用费、开会期间的其他相关费用等。

5.1.2 安排与会人员离场

【案例分析5-1】

李秘书的返程工作

祥瑞公司承办了营销协会的年会，会务组的李秘书负责代表们的返程工作。由于这次会议会期较长，李秘书在会议通知的回执中已要求与会人员填写代表们的返程时间、所乘交通工具的种类等内容。鉴于会议期间，有的代表可能在返程时间和工具上有所变化，所以在会期进行到一半时，李秘书又逐个找代表进行核对，落实最后的返程日期、乘坐工具，以及车次、班次、航班。

有的代表还不清楚车次、班次及航班的出发和到达时间，不知道乘坐什么交通工具比较方便，一时难以确定。李秘书就掏出随身携带的铁路、民航、公路和港口的时刻表，与代表一起讨论，做一个最佳的选择。全部代表确定完毕后，李秘书抓紧时间预订车、船、机票。尽量满足代表的要求，实在不能做到的，及时跟代表沟通，重新选择，再行预订。

会议已接近尾声，李秘书开始忙碌起来，穿梭于代表之间送票。同时，统计需要送站的代表的名单，把他们出发的时间分成几个集中的时间段，以便派专车送站。

与会代表离会那天，李秘书提醒代表与会务组结清费用，归还所借物品，拿好自己的物品和票据，准备返程。跟代表们说再见，看着他们登上送站的专车离开会场，李秘书松了口气。还有会议结束暂时不返程需要暂住的代表，李秘书都给予妥善安置，尽量满足他们的需要。

在与会代表填写的会议评估表上，李秘书的返程工作得到了大家的一致好评。

资料来源　孟庆荣.秘书工作案例及分析［M］. 北京：清华大学出版社，2007.

分析：当会议结束时，秘书需要做好与会人员的返程工作。秘书要在会议期间按照先远后近的次序安排返程车、船、机票的预定事宜，并将车、船、机票及时分发到与会人员手中，以便他们及时返程。秘书还有责任帮助与会人员提前做好返程准备事宜，包括清退、结算、归还物品等事宜。秘书还需编制与会人员离开的时间表，安排好送行车辆，做好送站工作。对于暂不返程的人员，应安置好他们食宿。李秘书的返程工作很出色，从与会人员填写的会议评估表中可以体现出来。

1）安排与会人员返程

合理安排与会人员返程的工作可以按照以下程序进行：

（1）要事先了解外地与会人员对时间安排、交通工具的要求，根据会期长短、外地与会人数多少等实际情况，及早安排好外地与会人员的回程事宜。

（2）在一般情况下要按先远后近的次序安排返程机票、车票的预订事宜，要掌握交通工具的航班、车次等情况，尽早与民航、铁路、公路、港口等部门沟通联系，提前预订好飞机、火车、汽车、轮船票。

（3）应编制与会者离开的时间表，安排好送行车辆，派人将外地与会人员送到机场、车站、港口，待他们乘坐的交通工具启程后再返回，如有必要，还应安排有关领导同志为与会人员送行。

（4）为了安排好与会者的离场，会议组织者必须对当地的交通状况有充分的了解，这需要会议组织者在会前就作出细致周到的安排，会中根据会议进程以及与会者的要求做好随时调整的准备。要安排好交通工具和行走路线，离场时应该考虑各与会人员离场方向，然后安排交通工具和行车路线，确保每个与会人员安全离场。

2）安排细节

安排与会人员返回还必须注意以下细节：

（1）如果开会人员要赶往下一个目的地，会务人员要提前准备好机票、车票，并尽量安排专人专车送往机场或车站。

（2）无论是自有车辆，还是租赁车辆，会议组织者都有责任保证其安全性；包括每辆车合法承载量的确认、各种安全检查以及司机的安全教育等。

（3）会议组织者在安排交通工具时，应该考虑当地气候、旅途长短等因素，尽量使与会者感到舒适、满意。比如若当地气候潮湿闷热，就应该安排有空调装备的车；如果旅途较长，则可以安排配备了移动电视的车等。

3）送客礼仪

中国人常说："迎人迎三步，送人送七步。"可见中国人是非常注重送客礼节的。安排与会人员离场有一些送客礼仪的细节是不可忽视的。

（1）握手告别，送客出门。客人要离开时，应起身与客人握手告别，并送出门去。坐着不动，或只是点头表示知道客人要走或者面无表情，没有任何表示都是不礼貌的。确实不能脱身也应该打声招呼表示歉意或者另外安排送客人员，以便给与会者留下美好的回忆。

（2）提醒与会者携带好个人的物品。与会人员离场时，应提醒他携带好个人物品，不要有遗漏。这是一种体贴入微的行为，既可以减少与会者匆忙回头寻找遗落物品的可能，又可以为自己省去保管遗落物品，甚至送递和邮寄的麻烦。

（3）送客真诚，送离视线。一般在送客时可送至大门外、电梯口甚至送上车，并帮与会者关车门。对待身份、地位较高的贵宾，各种礼仪更要做到位。此外，送客人员不可在与会者上车后立即离去，而应等待与会人员乘车离开自己的视线后再离开。

以上是体贴客人的送客之道，也是周到的会议服务礼仪。送客是会议工作的关键环节，非常重要。送客这一环节如果做得不好，可能会使整个会议的总体效果在与会人员的印象中大打折扣，致使前面的工作前功尽弃。因为按照记忆和心理学的规律，最后的印象一般较深刻地留在人们的脑海里。所以，对送客这一环节决不可以掉以轻心或疏忽大意。

【案例分析5-2】

广州市高校体育论文报告会送别安排

20××年12月15日，20××年广州市高校体育论文报告会在华侨大学报告厅隆重举行。会议闭幕后，承办方华侨大学体育教学中心与院长办公室有关人员共同协作，分头做好安排与会人员离场的各项工作，完成送别会议代表的最后一项任务。其具体工作如下：

1.体育教学中心教师小王和小黄负责同与会人员结清会务费用，开具相关发票。

2.院长办公室秘书小胡负责安排车辆将与会人员送至广州火车东站。

3.学院分管体育的副校长、院长办公室主任、体育教研室主任在与会人员上车离校前与他们握手告别，礼貌送别。

分析：会议结束了，会务人员的工作没有结束，会务人员要做好开发票，路线与车辆安排，送别等工作。

5.2　会后文书工作

5.2.1　会务文书与会议案卷

会务文书是围绕会议活动产生和在会议活动中使用的书面文字材料的总称。会议案卷是在会后整理的包括会议正式文件、参阅文件、发言稿、讲话记录等材料的案卷。

1）会议文书的作用

会议文书最基本的功能是记载会议信息。此外，它还具有以下作用：①实施对会议的领导和管理；②向与会者提供会议信息；③掌控会议的方向和进程；④促进与会者之间的交流与沟通；⑤记录会议的过程和成果；⑥便于宣传和贯彻会议精神。

2）会务文书的分类

按照会议活动的进程和文书使用的时间，可将会务文书作如下分类：

（1）会前文书。其按用途又可细分为三小类：用于会务管理方面的文书，主要包括会议计划、会议安排、会议通知、会议指南、会议须知、会议议程、会议程序、会议日程等；用于会议参考方面的文书，主要包括统计数据、典型事例调查报告、情况报道、历史资料、档案材料，有关法律、法规、规章和政策性文件的文件汇编、书籍报刊等；以及用于宣传礼仪方面的文书，包括贺信（电）、祝词、宣传口号等。

（2）会中文书。其包括开幕词、闭幕词、会议讲话稿、会议工作报告、会议记录等。

（3）会后文书。其主要包括会议纪要、会议决定、新闻发布稿、会议简报等。

3）会议案卷的内容

大型会议完整的会议案卷主要包括：①会议正式文件，如决定、决议、计划、报告等；②会议参阅文件；③会议安排的发言稿；④会议上的讲话记录；⑤其他有关材料。

5.2.2 会后文书清退、收集工作

1）文书清退工作

会议结束后，要及时做好文件的清退工作。文书清退，是指根据有关规定和要求，将部分办毕文书经过清理，定期或不定期地退还原发文机关或其他指定的专门部门的活动。会议文书要在会后指定时间、地点内进行收集清退工作。一个大中型的会议，由会务组带到会场发送和会议期间产生的文件很多，会议结束后，要按照“文件领取表”的登记情况，清点文件剩余份数，以做到物表相符。对于内部文件、机密文件以及应收回的文件要及时清退收回，然后逐号核对，经过清点、装袋、封袋、捆扎、装车等手续，运回本部。

2）清退文件的方法

清退会议文件可按照以下程序进行：

（1）根据会议文件清单清退。会议主办部门应向参加会议的单位发出《会议文件清单》，详细列出会议的所发文件目录，通知受文单位文书处理部门及时收缴登记，统一管理。与会人员应主动把文件交给档案员登记，档案员也应主动找与会人员收回文件。

（2）一般小型内部会议，如果参加会议的人数较少，人员又比较熟悉，可以在宣布会议结束的同时，由主持会议的领导提出要求，请与会人员将需要退还的文件留下，也可由秘书人员在会场门口随时收集。对个别领取会议文件后未到会或提前离会的人员，应当及时采取个别催退的办法。

（3）大中型会议收集文件，应提前发《文件清退目录》，先由与会人员个人清理，再由召集人收齐交大会秘书处。

（4）清退会议工作人员手中的文件，可采取按目录的限时交退。

（5）机密文件的清退。重要的机密文件一般不要发给与会人员带回，如果必须发给与会人员，应在会议结束前收回，并在文件上注明“会议后收回”的字样。

3）会议文件的收集工作

会议组织中需收集的文件资料主要包括：①会前准备并分发的文件，包括指导性文件、审议表决性文件、宣传交流性文件、会务整理性文件。②会议期间产生的文件，包括决定、决议、议案、提案、会议记录、会议简报等。③会后产生的文件，包括会议纪要、传达提纲、会议新闻报道等。

收集会议文件的渠道主要有：①向全体与会人员收集文件。②向会议的领导人、召集人和发言人收集文件。③向会议的有关工作人员收集文件，如会议的记录人员、文书起草人员等。

5.2.3 会议文件的立卷归档工作

1）立卷归档工作概述

会议结束后，要及时做好会议文件的立卷归档工作。日常工作性会议的文件，大部分在会前已经收集完毕，会后只需将会议记录或会议纪要归入卷内，并按会议讨论议题顺序进行整理即可。卷内文件的排列顺序一般为：会议通知、会议议题、会议记录（会议纪要）及有关文件。有的文件可能经多次修改，几易其稿，立卷时应将原稿放在前面，然后将一稿、二稿依次排列其后。

收全会议资料，汇编会议文件，并分类、立卷、归档。将会议自筹备到结束的所有文件、材料包括文字材料、重要照片、录音录像、论文集等收全，分类整理归档，以便核实及作为以后类似会议的参考。

会议上形成的领导讲话、工作报告和以红头文件颁发的两份文件都应该归档。尽管它们基本内容相同，但仍有区别，不能视为重份文件剔除。会议中的领导讲话，大多为"白头文件"，它是在会议准备过程中形成的，与会议通知、议程、工作报告、会议总结等组成成套会议材料，真实记录了一个会议的全部过程，可反映会议的基本情况，对日后的工作有一定的查考价值。领导讲话与其他会议材料之间，存在着必然的联系，立卷时，应将一个会议的材料组为一卷或几卷，保持其有机联系。

有些单位，在召开会议之后，为使会议的精神尽早落实，往往将会议的重要材料——领导讲话、工作报告以红头文件的形式下发，并在颁发通知中，对如何贯彻实施作一些具体的安排。这种文件，尽管其主要内容与会议材料完全相同，但它的重点是颁发通知，其中的内容反映的是会议以后的工作活动和实施过程，有一定的查考价值，应属于归档范围。这类文件在立卷时，内容综合的一般与本单位的工作计划、工作总结组在一起，内容单一的可与相关的专题类文件组在一起。

保存会议材料需要一定的空间和相应的管理工作，这两项都需要成本，一般的做法是保留所有的会议资料，但是最好根据将来用到的可能性合理取舍。

汇编会议文件一般可分为两种：一种是档案工作资料需要的汇编，这种汇编是将会议所有的文件，包括会议通知、会议名单和分组名单、会议须知、会议正式文件和参阅文件、会议简报、会议发言材料、领导讲话、会议总结等都收集起来，按照先后顺序装订成册，以备查考。这种汇编要求文件齐全。另一种汇编是供学习用的，是将会议正式的报告、讲话要点等进行汇编，如《中国共产党第十二次代表大会文件汇编》。日常工作会议文件，可按时间（一年、半年）为单位，将这段时间内的同一类型的会议文件、参考资料等按顺序或专题汇编。

许多会议承办者都会保留会议资料，以便将来参考使用，如可以在以后的会议中采用类似的程序，选择以前的服务提供商等等。虽然，在以后的会议中并不能完全套用以前的做法，但是这些材料还是具有很高的参考价值的。

2）会议文件立卷方法

会议立卷工作的基本原则是“一会一案”，即以会议为单位立卷，按照会议文件资料的自然形成规律，保持文件之间的历史联系，反映公司活动的特点和真实面貌，便于保管和利用。会议文件的立卷方法如下：

（1）编制案卷目录。会议立卷工作在正常情况下，应依据事先编制好的案卷类目来进行。案卷类目是每年除在实际文件尚未产生之前，根据公司性质、职权范围、内部组织结构情况，参照往年的案卷类目，按照立卷要求拟制出的案卷分类名册。这是一种比较详细具体的立卷规划。编制案卷类目可以由会议秘书部门的有关工作人员提出方案，经主管领导批准即可。

（2）灵活运用文件的特征立卷。每一份会议文件都有其一定的特征。一般来说，一份文件主要由作者、名称、内容、收文机关和形成文件的时间等几个基本部分组成，可以概括为6个特征：部门特征、时间特征、名称特征、作者特征、地区特征、通讯者特征。会议立卷就是按会议文件资料的共同特征或以一个特征为主结合其他特征组成案卷。通常来说，一卷之内结合使用两个以上特征立卷是比较科学的方法。

3）会议文件立卷工作程序

会议文件资料立卷归档的基本程序可简单归纳为：

将收集的文件资料进行登记—向上级总结、汇报情况—甄别整理、分类归卷—卷内文件的编号、编目—填写卷内文件的备考表—案卷标题的拟制—填案卷封面—移交给档案室—清理、销毁不再利用的纸张。

（1）大型会议文件立卷。

第一步，收集资料。这是立卷工作的第一步，要按会议文件立卷范围将会议中形成的所有文件、资料及时完整地收集起来。分发会议文件时须留出必要的份数，一般印发的以保存两份为宜（不包括原稿）。重要会议文件的初稿、历次修改稿也应保存，如有复印稿亦应保存一份。注意收集领导阅办完的文件资料，注意收集会议的非正式文件，如来往电报、电话记录、证件等。

第二步，鉴别整理。检查收集的文件资料是否齐全完整，如有未收集的应尽快收集起来。剔出不需立卷归档的会议文件资料。

第三步，分类归卷，即对会议所有文件、资料进行大体分类，区分为主要文件资料、一般文件资料、参考资料、大会发言、书面发言、领导讲话、会议简报、会议快报、有关文书资料等，然后按问题和时间特征立卷。一般来说，会议主要文件资料（报告、决议、结论及主要负责人的重要的讲话等）单独立卷；一般文件资料及参考文件资料，分别按问题特征立卷；大会发言按发言日期立卷；书面发言按地区或单位立卷；通知、来往文书按时间立卷。

第四步，组卷。组卷时最好将永久、长期、短期3个保管期限的文件分别组卷。同一类问题的文件、资料集中组卷，区分文件张数多少，多的可分几个属类汇成若干卷，少的可将若干属类汇成一卷。卷内文件资料按重要程度和时间进行排列，定稿放在前面。同时为使案卷不受污损，要拆除文件、资料上的金属钉和障碍物，注意文件资料页码顺序的排列。

第五步，卷内文件编目。定卷以后在会议文件资料上加盖编目章（包括卷号、顺序号），以卷为单位编排标注页号，第一页在右上角，第二页在左上角，把每份文件在卷内的位置固定下来。然后按顺序填写卷内目录，没有标题的文件要代拟标题。

第六步，填写卷内文件资料备考表，即对每次会议卷内文件资料情况做必要的说明，说清楚文件资料的来龙去脉、形成过程、文件资料重要程度和卷内文件变动情况等，字迹要清楚，卷面要整洁，立卷者、检查者还要签注姓名和立卷时间。

第七步，拟定案卷标题。每个案卷要拟定标题，一般应反映出会议名称、作者和主要内容。它是查找利用文件的基本线索，因此所拟标题要确切，语言要通顺精炼，概括性强。标题通常由作者、问题、名称3部分组成。

第八步，填案卷封面。案卷封面要用毛笔或钢笔正楷书写，字迹要清楚、整洁，卷皮所列项目应填写齐全，卷皮起止日期均以卷内文件资料的最早和最晚日期为准。

第九步，案卷排列。大中型会议文件资料的分卷，也按保管期限、重要程度和时间排列。

第十步，编写案卷目录。案卷目录是登记案卷和提供利用档案的基本工具，是由立卷部门按照向档案部门移交案卷顺序排列，并逐卷逐项填写的案卷目录。一般打印一式三份，两份随案卷移交档案部门，一份留存备查。

上述工作完成后，即可按归档要求移交档案部门。在正常情况下，应在第二年上半年将上一年的案卷向档案部门移交归档。归档时交接双方应按照案卷目录清点核对无误后，履行签字手续。

（2）日常工作会议文件资料立卷。

日常工作会议文件资料立卷，也要从收集资料做起，搞好鉴别整理，然后是组卷、拟定案卷标题。其他如卷内文件资料编目、备考表的填写、卷皮的填写、编写案卷目录，与大中型会议基本相同。上述工作完成后，即可按归档要求移交档案部门归档。

5.3 会议总结

5.3.1 会议总结的概念

会议总结是机关团体、企事业单位对自身某一阶段或某一项工作进行总的回顾，找出内在规律，以指导未来实践而使用的公文。

会议总结的目的，是通过对自身工作中的优点与缺点的回顾分析，吸取经验教训，并把感性认识上升到理论认识的高度，以便做好今后的工作。因此，会议总结在整个工作流程中具有承上启下的作用。

【案例分析5-3】

高秘书的会后总结工作

顺达公司承办的一个大型研讨会即将落幕。在会议接近尾声的时候，负责这次会务工作的总经理秘书高祥就组织工作人员将早已设计好的一份会议评估表发给了与会代表，请他们逐项填写各项内容。收上来之后，进行了统计，发现绝大多数与会代表对会议的各项组织工作给予了高度的评价，打的分数挺高，高秘书感到很欣慰。但也有代表在评估表中提出对某些工作的不满和批评，高秘书很重视，觉得会后有必要好好总结，以利改进。

会议圆满结束后，高秘书组织全体会务人员趁大家还印象深刻的时候进行总结。他要求全体会务人员先进行一下自我总结，写出一份书面总结交给他，两天后召开一个座谈会。

座谈会上大家畅所欲言，把这次会务工作中做得好的方面和欠缺的方面都进行了讨论和剖析，每个工作人员也根据自己的分工和实际工作进行了自我对照，找出了不足的地方。在大家进行了充分座谈后，高秘书根据与会代表填写的会议评估表和会议中每个人的实际表现，结合大家的发言和会议的实际效果，进行了总结性的发言。他认为，这次会议中，全体会务人员的表现都还不错，大家都很努力，会议基本达到了预期效果。然后点名表扬了会议的几个秘书，称赞他们负责的工作做得很出色，得到了与会代表的一致好评。同时，也指出了个别工作中存在的问题，把与会代表提出的意见反馈给相关人员，希望他们好好总结，在以后的会务工作中有所改进。最后他说："这次会议，大家辛苦了，回去好好休息，我会向领导汇报，为大家请功。"

座谈会后，高秘书根据各方面的意见，写出书面的会务工作总结，交给了总经理。总经理审阅后，高秘书把定稿发给相关的人员，并把会议总结做了归档。之后请总经理对全体会务人员进行了慰问，对工作表现突出的工作人员进行了表彰。

资料来源　孟庆荣.秘书工作案例及分析［M］.北京：清华大学出版社，2007.

分析：会议结束后，秘书应及时进行会务工作总结。秘书要采取适当的会务总结形式，结合会议结束前与会代表填写的会议评估表中反馈的信息，检查会议目标的实现情况，以及各个小组的分工执行情况，将员工的自我总结和集体的总结相结合，以积累经验，找出不足，从而明确今后搞好同类型会议组织和服务工作的借鉴之处，不断改进会议的组织服务工作。秘书在组织会后总结的时候，一定要趁热打铁，趁工作人员印象深刻的时候进行。会议的总结应一分为二，以激励为主，并对表现突出的工作人员进行表彰。秘书还应该注意要对定稿后的会议总结与其他会议文件一起归档。

5.3.2　会议总结的特点

会议总结一般具有以下特点：

（1）经验性。会议总结和计划相反，是在事后进行的。会议总结的材料必须是真实的，是自身经历过的，包括典型材料和数据，这样才有实践意义。会议总结还应据实议事，运用画龙点睛式的议论，提出主题，写明层义。摆事实，讲道理；事实是主要的，议论是必要的。在写法上，以叙述说明为主。叙述不是详述，是概述；说明要平实准确，不能旁征博引。

（2）规律性。会议总结不是把发生过的事实罗列在一起。它必须对搜集来的事实、数据等进行认真的整理、分析和研究，找出某种带有普遍性的规律。会议总结要产生评价议论，即主题和层义以及众多小观点（包括了经验和规律的思想认识）。而议论不是逻辑论证式，而是论断式，因为自身情况就是事实论据。会议总结是否具有理论性、规律性，是衡量一篇会议总结好坏的重要标志。

（3）借鉴性。会议总结对以后的工作具有借鉴作用。会议总结者需要思考：会议计划和会议实施是否脱节？会议偶发事件如何处理？会场安排是否得当？会议精神贯彻如何？通过全面检查、审视、反思会议前、中、后的经验和教训，将会对再次召开会议具有借鉴意义，会议部门的筹划、组织、管理、服务能力也会得到提升。

5.3.3　会议总结的结构

总结的结构一般包括标题、正文和落款三个部分。

1）标题

总结的标题有几种写法。综合性总结的标题一般采用“总结单位+总结时限+文种”，如“××大学第二次党员大会会议总结”。还有的总结为了使重点更突出，常采用双标题的写法，即采用正副标题的形式。正标题往往用来揭示总结的主题，而副标题则指明总结的内容、单位、时间等。例如：

适应市场竞争变化　提高公司经济效益

——××公司销售经理会议总结

建设社会主义精神文明的尝试

——中山大学“美的咨询”活动总结

2）正文

总结的正文一般包括三个部分：前言、主体和结尾。

（1）前言。前言是用最精练的文字概括地交代总结的基本内容，如总结的主要内容、时间、地点、背景、事件经过等，前言也可以将总结出来的规律性的认识、主要的经验或教训、主要的成绩或存在的问题用简短概括的文字写出来。这样，读者在读这篇总结之前就会对总结的全貌有一个大致的了解，也能够统领全篇，激发阅读的兴趣，启发和引导读者在之后的阅读中积极思考。

（2）主体。主体是总结的重点，一般要阐明成绩与经验，即对过去工作实践中所获得的物质成果或者精神成果、取得的优异成绩及其成功的原因与条件的分析归纳。要善于从工作中归纳总结经验性的东西。总结一般是先把成绩归纳出来，再分析出经验来，也有的总结是把经验寓于做法之中，全面总结经验和成绩。基本的写法有以下两种：

第一种是并列式，即把总结的成绩经验按若干个方面来介绍。

第二种是递进式，即将工作成绩和经验按时间先后的顺序来安排。这种结构一般是把工作过程分成几个阶段，分别对各个阶段的工作进行总结分析。采用这种结构形式的总结，适用于那些有明显阶段性的工作或在工作与思想认识上有逐步深入、层层推进的工作实绩。

（3）结尾。结尾要简明扼要、短小精悍。结尾有两种写法：一是总结式，对总结正文的内容用几句概括性的话来做结束。二是展望式，用简短的语言对未来的工作进行展望，展示美好的前景。有的总结没有结语。

3）落款

会议总结的落款要写明总结的单位名称以及成文年月日，即署名和署时，可以写在标题之下，也可以写在文尾。如果在标题中已标明了总结的单位名称，落款中这一部分便可以省略。

5.4 会议经费结算工作

（1）收款的方法和时机。很多会议需要与会代表向主办方支付一些必要的费用，如培训费、住宿费、资料费、餐饮费等，这需要会务工作人员做好会议经费结算工作：①应在会议通知或预定表格中，详细注明收费的标准和方法。②应注明与会人员可采用的支付方式。③开具发票的工作人员，事先要与财务部门确定正确的收费开票程序，不能出任何差错。如果有些项目无法开具正式发票时，应与会议代表协商，开具收据或证明。

（2）付款的方法和时间。其具有灵活性，但是正规的会议一般按通例付款。我们可借鉴下文。

【知识链接5-1】

付款的方法和时间一览表

设施和服务		付款的方法和时间
演讲者	事先确定费用	在活动之后支付给演讲者
食品饮料	事先商定费用	预订时交定金。活动之后按支出的钱开发票——支票结账
会议地点	事先商定费用	预定时交定金。活动之后按支出的钱开发票——支票结账
其他费用的偿付	事先确定费用。活动之后开具账单	收到账单批准后用支票付款
文具和打印	活动之前申请和安排。 活动之前可用零用现金购买	零用现金偿付，文具订购事先开发票和付款
音像辅助设备	活动之前确定租用费用	活动之后为租用费用开发票和结账

5.5 会议效果的评估方法

会议主办方、承办方除进行总结外，经常还会进行评估。评估是收集与特定目标相关的信息的活动。通过评估，会议主办方、承办方可以发现会议的实施与策划之间的关系。总体来说，就是了解会议进行得如何，以及与会者从会议中得到了什么收获。

5.5.1 会议效果的影响因素

会议是在具体的时间和空间举行的，各种因素对会议效果的影响是一个持续的过程。要举行成功的会议，从会议开始前到会议结束后都应注意各种因素的影响。为了更好地保护积极因素，排除消极因素，有必要对影响会议效果的各种因素加以评估，从而建立取舍标准，也可避免将时间浪费在不值得讨论的议案上。会议不同阶段都有不同的因素会对会议效果产生影响。

（1）会前影响会议效果的因素。在会议举行前，下列因素会影响会议效果，应注意避免：①开会的通知时间不当；开会通知的内容欠周详。②欠缺目标或目标不准确；欠缺议程。③会议时间、地点不当；会议场地设备欠佳；与会者人选不当，或者与会者人数太多或太少。④会议不准时开始；与会者没有作充分准备；未定明会议的终止时间以及每一项议题的时间分配。⑤以前的会议太多，使与会者一听说要开会，都感到厌烦；开会次数太少，使每次会议的议题过多。

（2）会中影响会议效果的因素。在会议进行中，下列因素会影响会议效果，应注意避免：①外界的干扰、视听器材发生故障。②主持人离题、少数人垄断会议、会中的交谊活动。③与会者离题、与会者不表明真正的感受或意见、与会者之间争论、与会者与主席争论、与会者欠缺热心、与会者之间交头接耳、让没有必要留在会场的与会者留在现场。④会议超出预定时间、资料不充足、决策偏颇。⑤主持人未能总结会议的成果。

（3）会后对会议效果的影响因素。会议结束后，经常会出现以下情况，应注意避免：①欠缺会议记录。②对决议落实不力。③未对会议的成败得失进行总结。④与会者对会议感到不满。

5.5.2　会议评估方法与常见表格编制工作

1）会议评估的方法

一般说来，正式的评估包括三个部分：调查问卷；数据分析、报告；新的行动措施。

做一个正式的评估要做大量细致的工作，而且花销也比较大，但是如果做了评估，能及时总结经验教训，下一次会议会更成功。当然，每个机构都有自己的职责范围、目标和预算，并不是所有的机构都要做评估工作。如果你是真心想要提高会议质量，那么你不仅要做评估，而且还要做一个翔实的评估。会议评估的方法主要有：

（1）调查问卷。它是最常用的会议评估的有效方法。问卷设计者把要评估的各个方面的问题列举出来，每个问题后面给出几个评价性的术语，评估者只要从中选择一个或打几个“√”，最后再写几句意见或评论就可以了。它对于评估者来说简单易行，广受欢迎。问卷的长度从一页到几页不等。设计问卷需要一定的技巧，而不是简单地提几个问题。问卷在使用之前必须经过测试，以保证上面的问题都清楚，而且回答者可以很容易地回答。

在问卷中一般既有开放型问题又有封闭型问题。在封闭型问题中，回答者通常只能选择“是”或“否”。封闭型问题还可以使用不同程度的选项，如从“极好”到“极差”这种选项也可以用数字表示，不过在问卷指导中应该对数字的意义作出明确的规定，而且通常设置偶数个选项（一般是4个或6个），以防回答者总选择最中间的一个选项。开放型的试题要求回答者写出答案，这需要时间，有些回答者可能不愿意投入这么多的时间，或者在表达上有困难。所以许多调查问卷都采用封闭型问题结合开放型问题。

调查问卷可以通过以下几种方式进行：①现场手工填写，即把调查问卷用纸印刷出来，在适合的时候发给评估者，请其现场手工填写。②现场电脑填写，即把设计好的调查问卷放置在电脑中，请评估者现场在电脑上填写，所有评估者填写完毕后，电脑即可统计出调查问卷中量化的部分。③会后电脑填写，即在会议结束后，把调查问卷发到评估者的电子信箱里，请评估者在规定日期内填写后E-mail回复给评估组织者，评估组织者收集后再进行处理。

【知识链接5-2】

会后效果评估表

（一）目标

1. 此次会议的目标是什么？

2. 会议目标是否达成？

是☐　否☐　部分达成☐

3. 哪些目标没有完全达成？为什么没有完全达成？（确切理由）

（二）时间

1. 会议目标是否是最短时间内达成？

是☐　否☐　不能确定☐

2. 倘若目标并非在最短时间内达成，为什么没有在最短时间内达成？（确切理由）

（三）与会者

1. 列举每一位与会者的姓名并评估会议结束后他们的满意程度。

2. 为“不满意”或“极不满意”的与会者找出原因。

（四）假如再组织同样的会议，哪些事项将继续维持？哪些事项将有新的举措？

资料来源　http://www.haian.org/.

（2）面谈。评估还可以使用面谈的手段。这种方法需要经验丰富的采访者，而且需要大量的时间，不过可以得到更广泛的数据。有些与会者比较欢迎采访评估的方式，这样他们可以充分表达自己。没有必要采访所有的与会者，只要保证得到足够的样本即可。会议结束时邀请部分调查对象集中或分别面谈，征求他们对会议的意见和评价。

【知识链接5-3】

会议反馈表

姓名：	性别：	
工作单位：		
联系地址：		
电话：	传真：	电子邮箱：
职位：	公司类型：	单位性质：
您认为本次会议的亮点是什么？		
您对本次会议的评价：		
☐很好　☐较好　☐一般　☐较差　☐很差		
您认为会议的节奏：		
☐很好　☐较好　☐一般　☐较差　☐很差		
您认为需要改进的地方：		
您的整体满意度：		

（3）电话调查。会议结束后打电话给调查对象，征求他们对会议的意见，并请他们对会议作出评估。

（4）现场观察。在会议现场和各个活动过程中派人观察会议和各个活动进行的情况，并观察与会者和活动参加者的反应，从而作出对会议的评估。

（5）会务人员述职报告。会议结束后，要求每个会议工作人员对自己在会议的整个过程中所做的工作做出述职报告。这可以从一个侧面了解会议的情况，对会议进行评估。

【知识链接5-4】

会议评估表

一、评估标准及说明

1. 本评估表从十大方面以指数值形式进行评定。指数值最高定为6分（避免中间分的出现），依次根据满意度或分值由高到低递减为5分、4分、3分、2分和1分，请您根据实际情况将指数值填到方框内。

2. 评估项目中的问答性内容请直接填到划线处。

3. 如果您在评估表中有不同的想法或提议，请您不吝笔墨留言于评估末的“关于本评估表的意见和建议”处；如果在评估过程中您有什么疑问，欢迎及时提出。

4. 您的评估就是对我们工作上的一种肯定与支持，同时也是对我们工作的监督和指导，感谢您的参与，我们将根据您的需求和意见及时对会议的安排作出更好的补充完善和改进，也希望能为下一届研讨会提供参考。

二、评估内容

1. 后勤工作：

会前接待工作的满意指数　□分　餐食安排的满意指数　□分

住宿安排的满意指数　□分　会议期间茶水供给的充足准时到位程度　□分

2. 会议形式：

所采用的会议形式合适主题讨论的程度　□分　会议形式对于会议有促进作用指数　□分

3. 议程安排与组织情况：

时间安排的合理得当指数　□分　主题内容的充实合适指数　□分

会议流程的合理有序指数　□分　会议主持的主持效果指数　□分

会议进度控制有效性指数　□分

4. 会议特色和经验：

您认为我们举办得有特色吗？________（如果没有请转到下一问）

如果有，您认为我们的特色相对于其他形式或同上一届比较在于哪（些）方面？

____

您认为我们能够提供什么经验（如果有）？

____

5. 主题的深入性与切合度：

主题探讨的深入程度指数　□分

会议过程中有没有出现主题偏离的情况？________（如果没有请转到下一问）

该偏离出现在哪（些）方面？

____

您认为对于大学生现在的环保实践来说，主题切合实际的程度　□分

我们讨论的内容如果付诸实践，您觉得可行系数值为 □分

6.会议册的效果评价：

您认为会议册的排版格式美观性的指数为 □分

您认为会议册的信息量充实程度和有效性的指数为 □分

您认为会议册对于您能够提供帮助的指数为 □分

会议册还有哪些方面需要补充？

____

7.代表及各界反应（此处打分为外界的反应，按反应的强烈性与广泛性依次由6分到1分递减）

您认为您身边的代表对此反应程度指数为 □分

西安其他组织机构（新闻媒体、政府部门、公益社团等）的反应程度指数为 □分

社会群众（包括西安市民、厚畛子及老县城村民等）的反应程度指数为 □分

8.总体效果评估

您认为本次会议的总体效果指数 □分　　会议的气氛活跃融洽指数 □分

对于您来说，会议的满意指数 □分　　会议的目标和成果的达成程度指数 □分

会议中的不足或需要改善的地方是

____

9.关于本评估表的意见和建议

如果上面所述还有我们想不到的适用于或必不可缺的会议评估要素，或者您有一些建设性的意见和观点，请您在下面留言

____

10.会议展望

您认为下一次会议应该讨论哪一方面的主题？

____

您认为下一次会议应该采取什么样的形式？

____

您认为下一次会议应该具备何种基础和条件才适合召开？

____

如果下次会议由贵组织主办，您认为贵组织会如何筹备？

____

资料来源　http://www.msc.ngo.cn/.

2）数据处理的方法

在数据处理方面，计算机可以出色地对问卷的定量数据进行处理，但是在处理开放型问卷时就不是很有用。不过，如果各类数据都收集得很多，还是应该考虑使用计算机。

数据分析可以分为定量分析和定性分析。大多数会议评估都强调定量的、数字处理，定量分析是将各种数字进行运算和统计分析，从而建立各种方式（方法、中介、模型），用以进行比较或深层分析。毫无疑问，任何评估都要包括定量操作的部分。近期，人们对定性评估仍比较困难。定量研究比定性研究更容易设计、操作和分析，但在会议评估中两

者都应充分应用。

定量分析要涉及大量的数据，对数据可使用表格作统计分析。数据主要有数量数据和质量数据。数量数据是指数值化处理的数据；质量数据是指人们关于活动质量的数据判断。我们可用相应的图、表或计量模型表现各种数据，并将其用于会议的最终报告。整理和展示数据常用的有柱形图、饼形图、曲线图、各种表格等，这些表现方式形象直观、易于理解。具体示例见表5-1和图5-1。

表5-1　　用表格表现数据的示例

等级 项目	优秀	良好	一般	较差
选择第一题的比例	25%	30%	30%	15%
选择第二题的比例	12%	20%	38%	30%

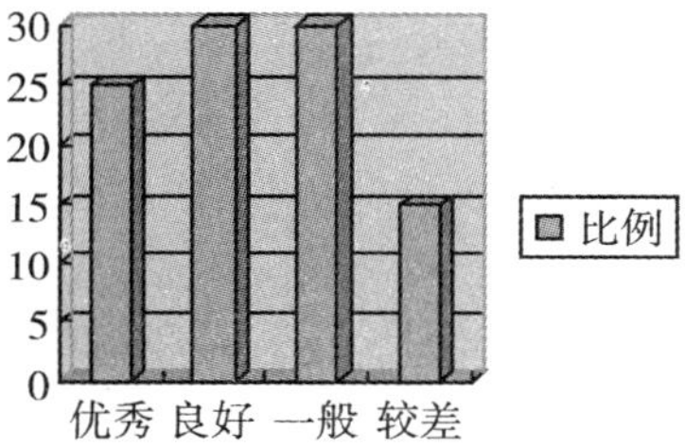

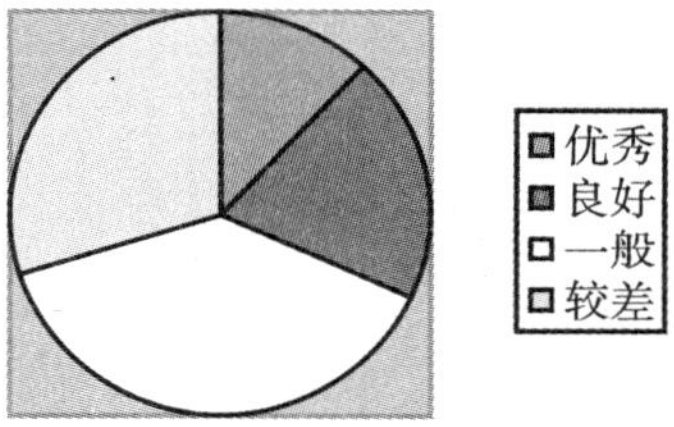

图5-1　用图形表现数据的示例

【案例分析5-4】

会议评估分析

20××年8月9日年中工作会的召开，从总体上看基本达到了目的，会议进行得比较顺利，公司主要领导比较满意。从会议组织者的角度来看，有以下几个方面的经验教训：

一、会议的筹备和组织

（1）会场的大小及布置。本来只有近60人的会议，在寻找会议室时，应按100人的会议室来安排，前面有主席台，摆了六张课桌，坐10位领导；下面摆了5排，差不多刚好，于是位置比较宽松，进出很方便，一排摆了六张桌子，本可以坐12人，现安排了10人，两边的3桌各坐5人。两边有巷道再加上中间一个，进出就更方便。

原先打算安排成两个回字形，但摆下来后太挤了，又调整成主席台加下摆课桌式的，主席台一排，对面5排，也有规模和气势，领导看了也很舒服。对会场的布置，一定要到实地查看，再结合人数试摆几次，这样才会有较好的效果。这个工作一定要做在前面，会议前一天一定要落实到位，否则第二天可能因接待或陪领导而误事。

对会场的布置，因为有下属公司和相关处室的发言，又需要设置一个发言席，一般是摆在主席台面对下面的右手边，但又需要考虑留出一定的空间，即主席台与下面第一排的距离，因为中间最左边多了个发言席。发言席一般也需要专门的桌子。

必须充分考虑会场的音响效果，话筒有几支，有线几支，无线又有几支，能否满足需要，达到满意的效果，一定要试试，不行的话，要考虑自己能否准备。

挂会标的两边也是专门的绳子，挂起来也很好看。

对会场的布置，要考虑一些细节，如茶叶，主席台及发言席的鲜花，主席台及下面的烟灰缸的数量，会场的后面不能凌乱，最好是整齐又有绿色植物。

会场的大小和布置对会议的成功召开起着非常关键的作用，要大气、宽松、舒服。

(2) 选择会场时，也要特别关注其住宿条件。尤其是领导住的房间要好，要能起到放松的作用，视野要开阔，空气也较好。当然也要兼顾其他参会人员的住宿条件，否则会产生负面影响。

对会议的餐饮，酒可以自己带，但主食在一般情况下最好点一些家常菜，既可口又不浪费，山珍海味都不要在那些地方去吃了。

二、会议出现的异常情况

某一老总头一天没去，第二天晚上也没住，两天晚上都没在那里吃饭，最后那天中午会一完又走了，饭也没吃，陪主要领导的人近十个领导中就只二三个，办公室要特别注意异常情况并要深入分析。

三、不足的方面

(1) 住宿安排上。有的人一到那里就要调房间，还有的人不高兴。这次会后要将最后的住宿表重新打一张出来，了解哪些人是可以住在一起的，留个底子，以备下次用。

(2) 费用控制上超预算。作预算方案时没留足够的余地，没考虑意外因素，如酒水、水果、住房等因素，如有人开房间斗地主，又没有领导，公司不能要出费。今后要预留10%的空间。

(3) 要做好会务的服务工作。最后要退房时，一定要提前与大厅联系、衔接：一是要保证不着急走的公司领导有房间休息，二是要保证个别同志的休息，三是要保证会务组的临时用房。不要害怕花钱，只要把会务工作的最后部分做好，不要因为最后的这一点点小事而影响会务组织和服务工作的效果。

会务组的后勤人员一定要充分尽职尽责，不要有一种来耍的想法，一定要有服务的认识，娱乐也只是在空闲的时候；同时也要服务和服从于会务组安排的娱乐活动，不要一喊到陪唱歌、跳舞就开跑。

资料来源 http://samlioffice.spaces.live.com/.

分析：这份会议评估写得过于简单，缺乏数据和图表，定量分析少，语言过于口语化，内容像流水账的自言自语。部分段落逻辑混乱，语句不通，如“对会场的布置，因为有下属公司和相关处室的发言，又需要设置一个发言席，一般是摆在主席台面对下面的右手边，但又需要考虑留出一定的空间，即主席台与下面第一排的距离，因为中间最左边多了个发言席。发言席一般也专门的桌子。”这一自然段完全不知所云。

3）常见会议效果评估表格的编制

会议评估要使用定量和定性分析，通过客观量化的评估不断总结经验，消除降低会议质量的不利因素。从而使会议质量显著提高，使会议做到效益与效率双丰收。

(1) 对主持人的评估。可对主持人的主持能力、业务水平、实现会议目标的能力、工作作风和对会议进程的控制能力进行全面评估。

【知识链接5-5】

主持人的行为表现评估表

行为	次数	引言或例句
组织、安排会议		
确定、检查目标		
遵守时间		
鼓励发表见解、提出建议和问题		
澄清事实		
检查理解程度和意见是否一致		
引入正题还是离题太远		
使人们对决策制定具有责任感		
过早结束，结果未明		
加快会议进展速度还是放慢速度		
控制过严还是过松		
处理冲突、解决争端		
检查进程或作出总结		
结束会议		

注：该表可请会议成员和观察员记录填写。

（2）对会议工作人员的评估。对会议工作人员的评估主要侧重于工作人员的行为表现、工作态度、业务水平和工作效果的评估。

（3）对会议发言人的评价。对会议发言人的评价一般比较简短。

【知识链接5-6】

会议发言人的评价表格

会议编号________发言人________

1.发言人的讲话怎样？

精彩________很好________一般________很差________

2.会议的目标是否明确？是________否________

3.会议是否达到了目标？是________否________

4.你是否推荐再次安排这类会议？是________否________

发言人：________________

话题：________________

5.评论：____

（4）对会议管理工作的总体评估。会议管理工作应该全方位多角度地评估，可包括会议时间、地点、食宿、会费、方案等各方面。

【知识链接5-7】

会议管理评估表

一、整体安排

(1为“优秀”，2为“良好”，3为“一般”，4为“差”)

□会议计划 1 2 3 4

□住宿设施 1 2 3 4

□会议费用 1 2 3 4

□预定安排 1 2 3 4

二、会议的地点

(1为“优秀”，2为“良好”，3为“一般”，4为“差”)

□会议室布置 1 2 3 4

□住宿条件 1 2 3 4

□提供的点心饮料 1 2 3 4

□休闲设施 1 2 3 4

□商务中心可用的设施 1 2 3 4

三、会议的内容

1. 会议的内容符合会议通知目标吗？是/否

如果否，给出理由：________________

2. 演讲中包括了计划列出的主题吗？是/否

如果否，给出理由：________________

3. 研讨会对探讨报告中提出的问题有用吗？是/否

如果否，给出理由：________________

4）评估的目的与用途

评估的目的是为了掌握：①会议目标是否得到了实现；②会议的成本效益如何（是否超支，以及是否盈利）；③与会者是否感到满意；④在以后的会议中需要进行哪些改进。

在进行分析之前，应该首先确定谁想得到评估结果以及评估结果将用来做什么，然后再决定选择何种形式来表现评估结果。会议承办者应该考虑分析结果接受者的兴趣和详细需求。要制作一份好的评估报告需要各种资源，所以应该把这项工作纳入预算范围。报告可以制作得比较简单，因为它一般不需要漂亮的封面和彩色印刷。有时候，会议主办者并不要求进行会议评估，这时承办者应该尊重主办者的决定。不进行会议评估的最常见原因就是这项工作需要的成本太高，主办者也不想用评估结果做什么事。

如果评估使用定量的方法，可以用表格或图表来反映结果。在有可做定量分析的数据时，人们常常使用统计的方法，但是应该谨慎行事，因为并不是所有收到分析结果的人都熟悉统计学，而且复杂的统计学表现形式可能会影响到报告的可用性。定性数据可以用描述性的报告来表现。一些阅读报告的人只对大致的结论感兴趣，而另一些人则希望得到相关的细节，所以在设计报告结构的时候要考虑到两类受众的需求，可以在报告的开始总结性提出评估结论，然后再详细展开说明。

会议评估结果的主要用途就是总结本次会议，并为以后的会议提供参考。评估结果可以由与会议有关的各方面人员共同分享，不过这并不意味着他们每人都要得到一份评估报告。对评估结果最重要的使用在于为以后的会议做参考，有关的负责人应该确保有这方面需要的人都能得到评估结果。

总体来说，对于会议的任何部分进行评估时都要注意总结经验、教训、需要改进之处以及会议带来的新思路。

● 5.6　会后的催办、反馈与落实工作

（1）会议决定事项的催办与登记。会议决定或决议的事项，如果需要通知有关部门办理或知晓的，秘书部门应负责催办，同时应将在实际贯彻执行中得到的结果、引起的反应以及造成的影响等情况反馈给主管领导者。会后反馈可以用书面或口头催询的方式，必要时还可以派人直接深入到有关部门或单位进行实地检查与催询。会后的催办、反馈与落实工作是会后工作的一项重要内容，也是整个会务工作的一个重要组成部分。这项工作对整个会议十分重要，因为它能反映出会议效果的好坏，以及会议的主旨精神是否能够落到实处。

检查催办工作要做到如下几点：①明确催办人员。②健全登记制度，建立催办登记簿，逐项列出检查催办的事项，并由催办人员根据实际情况，定期记录催办事项的进展状况。③建立汇报制度，催办人员可采用口头汇报、书面汇报、专题报告等多种方式向领导汇报催办事项的落实情况，对一些重大问题不能自作主张，要听从领导的指示。

【知识链接 5-8】

会议决议催办表

决议事项	办理时限	现状评估	催办原因	催办结果	确认完成时间	责任人	催办人

（2）会议决定事项的反馈。它就是将会议决策精神传播给执行者后，通过各种途径和方式将执行者的意见收集起来，反映给领导者的过程。它既是实现会议决策目标的最主要环节，是对会议决策的检验、制约和完善，又是公司领导作出决策、正确行使指挥职能的重要手段。

（3）会议的落实工作。它是实现会议决策目标的最主要环节。落实的主要任务是将主观的东西变为具体的实际行动。没有这种行动，决策就失去意义；如果落实不力，就收不到好的效果。可以说，传达落实是实现会议决策目的的最重要一环。

［知识掌握］

5.1　会后工作有哪些内容和程序？

5.2　会场善后工作如何做？会后文书如何立卷归档？会议经费如何结算？

5.3 会议总结如何写？会后的催办、反馈与落实工作如何做？

5.4 如何对会议的效果进行评估？

[知识应用]

案例分析

第四次项目工作会议评估

20××年2月3日，“跨界合作：湖南妇女/社会性别学讲师团建设”项目第四次工作会议在××省女子监狱召开，会议由女子监狱副监狱长赵×主持，10所单位和学校共计44位项目新老成员参加了此次会议。会上，我们对此次会议的基本情况进行了问卷调查，现将评估结果汇总如下：

此次问卷调查的对象为参加本项目工作会议的各单位代表，各校老师及学生，共发放问卷33份,收回33份。

对于第1道题目“您对本次工作会议的总体印象”，12人选择了A（非常好），占总人数的36.4%；20人了选择B（好），占总人数的60.6%；剩下的1人选择了C（一般），占总人数的3.0%。此数据说明了此次会议给与会人员留下了好的印象，基本达到了会议的预期目的。

对于第2道题目“您如何评价该会议的收获”，4人选择了A（非常大），占总数的12.1%；26人选择了B（大），占总数的78.8%；剩下的3人选择了C（一般），占总数的9.1%。该数据说明通过此次会议，大家收获较大。

第3道题目“您如何评价跟同仁的交流与合作情况”，3人选择了A（非常好），占总人数的9.1%；19人选择了B（好），占总人数的57.6%；剩余的11人选择了C（一般），占总人数的33.3%。通过该数据，我们可以看出大部分与会人员都能很好地与同仁保持长期的交流与合作，对于进一步加强交流合作，仍有上升空间。

第4道题目“您如何评价会场总体环境”，16人选择了A（非常好），占总人数的48.5%；剩余的17人都选择了B（好），占总人数的51.5%。数据充分说明了省女子监狱为大家营造了很好的会议环境，得到了大家的一致好评。

第5道题目“您如何评价多媒体设备条件”，17人选择了A（非常好），占总人数的51.5%；14人选择了B（好），占总人数的42.4%；剩余的2人选择了C（一般），占总人数的6.1%。此组数据也说明在会议的多媒体等硬件设施方面，省女子监狱给大家提供了先进而便利的交流条件。

第6道题目“您如何评价本次会议的议程安排”，8人选择了A（非常好），占总人数的24.2%；23人选择了B（好），占总人数的69.7%；其余的2人选择了C（一般），占总人数的6.1%。该数据说明，会议的议程安排得到了大部分与会者的认可，这也是对会议承办方工作准备充分、议程安排合理的一种肯定。

第7道题目“通过该会议，您对项目运作管理了解如何”，5人选择了A（非常了解），占总人数的15.2%；22人选择了B（了解），占总人数的66.6%；其余的6人选择了C（不是很了解），占总人数的18.2%。数据显示出项目参与人员对项目的运作管理的了解较以前有了进一步加深，但部分新加入的成员也有诸多不够了解的地方。

第8道题目“您觉得有必要继续开办该类会议吗”，17人选择了A（非常必要），占总人数的51.5%；其余的16人全都选择了B（必要），占总人数的48.5%。该数据说明与会人员都肯定了项目工作会议的价值和重要性。

第9道题目“请你谈谈本次会议最大的收获是什么，有哪些看法和建议”，透过统计结果，除了部分没有填写的之外，填写了的内容概括起来主要有三点：一是对项目有了一定程度的了解，并增强了兴趣；二是认识了很多专家、老师和新朋友；三是希望大家在往后的会议中能遵守会议议程安排，准时到会。

通过以上的数据分析，我们不难看出此次会议得到了大家的一致好评，取得了应有的预期效果，是一次成功的项目工作交流会。（文字分析：李兴艳）

资料来源　湖南商学院女性研究中心.湖南妇女/社会性别学讲师团建设项目阶段性工作总结报告书[EB/OL].[2007-03-27]. http://www.38hn.cm/.

问题：用图表分析文中数据，并用PPT展示给专家或师生看。

分析提示：查看相关电脑操作知识与相似定量分析实例。

实践训练

假如你是深圳瑞金公司秘书。20××年12月15日，深圳瑞金公司召开职工代表大会，审议讨论《深圳瑞金公司20××年工作总结》、《深圳瑞金公司20××年工作计划》、《深圳瑞金公司20××年财务决算报告》和《深圳瑞金公司20××年财务预算报告》，会议由公司工会主席李龙云主持，公司12个部门共76名代表参加了会议。经分组讨论，审议修改了以上文件中的部分内容，最后表决通过了以上报告。请你：（1）以小组为单位，共同演练以上场景；（2）形成大会决议，模拟编写简报或会议纪要发至相关部门；（3）书面说明上述会议需要收集整理的资料及如何整理归档。

要求：模拟要逼真；要有相应的环境和道具；编写简报或会议纪要格式规范。

第6章

会议主持人的管理技巧

[学习目标]

在学习完本章之后，你应该能够：了解会议中主持人需要做的工作；明确会议主持人如何做开场白、串词与总结；熟知会议主持人的管理技巧；掌握会议主持时间安排、议事进度安排以及会议意外情况处理的技巧。

【引例】

公司年终总结会议主持词

今天，窗外阳光明媚，室内暖意融融！在新春佳节即将来临之际，我们在这里欢聚一堂，召开20××年度公司总结暨表彰大会。此次会议的主要目的是总结一年来的工作，总结经验，吸取教训，共商公司未来发展大计，并对为公司各项工作的发展做出贡献的员工、施工队进行表彰和奖励。

首先我代表力大公司对市美术馆对我们会议的大力支持表示感谢！同时也感谢工作人员提供的帮助！

为保证会议的有序进行，在会议正式开始之前，我提几条要求：

1.请所有与会人员暂时关闭手机，会议期间不要接打电话。

2.不要在会场内外来回走动，大声喧哗，或与人交头接耳。

3.不要随地吐痰，乱扔废弃物，不要抽烟。

4.会议结束以后，先欢送领导和来宾退场，然后依次退场。

现在正式开会。

第1项：公司总经理徐文章先生代表公司宣读对陈英文同志任命的决定（1分钟）。

第2项：公司董事长毛昝听先生为陈英文同志颁发聘书（1分钟）。

第3项：陈总做就职发言（3分钟）。

第4项：石继辉先生代表公司宣读《公司关于颁布规章制度的决定》（1分钟）。

第5项：靳兆民先生代表郑州项目部技术人员做工作总结（5分钟）。

第6项：杜晓甫先生代表洛宁项目部技术人员做工作总结（5分钟）。

第7项：郭海涛先生代表伊川项目部技术人员做工作总结（5分钟）。

第8项：张仲云先生代表栾川项目部技术人员做工作总结（5分钟）。

第9项：王志红女士代表女工做工作总结（3分钟）。

第10项：蔡念记先生代表施工队做工作总结（5分钟）。

第10项：刘占奇先生代表施工队做工作总结（5分钟）。

第11项：毛占动先生代表郑州项目部做工作总结（10分钟）。

第12项：王宝军先生做三邓线和伊川管网工程的工作总结（10分钟）。

第13项：贾秀民先生代表协作单位发言（5分钟）。

第14项：王社先生代表协作单位发言（5分钟）。

第15项：韩记光先生做施工管理工作总结（15分钟）。

第16项：贾建民先生代表栾川项目部做工作总结（15分钟）。

第17项：徐总做20××年公司总结报告（45分钟）。

第18项：陈总宣读公司对优秀施工队和先进个人进行表彰和奖励的决定（3分钟）。

第19项：毛董事长为优秀施工队颁发荣誉证书和奖金（3分钟）。

第20项：毛董事长为公司先进个人颁发荣誉证书和奖金（10分钟）。

第21项：毛董事长作重要讲话（5分钟）。

主持人：今天上午的会议开得很圆满，也很成功。徐总的总结报告，既对公司一年来的发展进行了全面、客观、公正的总结，也提出了公司第二个五年计划的发展思路，描绘了公司美好的未来。毛董事长的讲话站得高、看得远，使我们每一个人都能感受到公司的前景光明，更加坚定了我们每个人的信心。今天的会议是一个振奋人心、催人奋进的大会！

会后，我们要深入学习、领会这次会议的精神，在毛董事长、徐总的正确领导下，继续坚持“诚信做人，踏实干事”的经营理念，以及“对社会负责，让员工富裕”的发展方针，团结一心，共同努力、务实开拓，不断创新，共同为力大公司的美好未来贡献我们的力量和智慧！

20××年总结暨表彰大会到此结束，公司董事长为表达对各位来宾及全体员工一年来为公司所做的工作的谢意，中午特意在兰亭阁宴请大家，并于下午2点举行力大公司和兰亭阁迎新联欢会，为大家准备了丰富多彩的节目，请到时欣赏。

这一案例表明：会议主持人在会议中发挥着重要作用。日常会议中的主持词有一定的格式，语言表达与晚会主持词有所不同。

6.1 会议主持人工作概述

在日常工作会议上，会议主持人是会议进程的动力和向导，成功的主持人必须掌握因势利导、处理难题的艺术。这些难题有解决争端、控制感情、传递信息。为此，主持人要唱好以下三部曲：

6.1.1 引领会议进入程序

会议开头至关重要，想把握成功的机会，要遵守如下规则：

（1）将与会者引入会议状态。作为顺利地推进会议进程的第一个环节，会议主持人先要设法带领全体与会人员及时地进入会议状态。有经验的主持者还为此经常使出一些小小的手法，先引起与会者的注意，以便比较容易地把他们带进会议状态。譬如他们经常使用以下手法：让音乐戛然而止，会场突然出现瞬间的宁静；主持人和主席台就座的领导、嘉宾集中入席；做出停止的手势，要求大家安静下来；直接大声发出会议马上开始的指令。

（2）准时开会。不要为某个人或某几个人未到而延误开会时间，因为假如那样，下次其他人便可能会迟到。准时开会是主持人的责任和魄力之所在，准时开会是准时闭会的必备条件。

（3）介绍会议目的。会议开始后应由主持人，或者由主持人请出有关的领导者阐明（或再次阐明）开会的目的和意义等等。即使会议文件或通知在会前已经到了与会者手中，仍有必要再简单强调一下会议目的。这能够消除会议开始时人们思绪的混乱状态，集中大家的注意力。

（4）开场白要简洁、明快、扣人心弦。直接而有活力的开场白能影响会议的气氛和节奏。开场白一般为1～2分钟。开场白的任务不是表现自己，而是讲清问题、强调问题的迫切性，督促与会者开动脑筋。

6.1.2 推进会议

主持人应起指挥员或向导的作用。当与会者怒火迸发时，他是个消防员、裁判员，可以行使限制权；他也是个采购员，容纳百家之言，善于鉴别有价值的意见，并使之完善。在推进会议过程中，主持人应掌握以下原则：

1）防止冷场

会上一阵沉默突然降临，每个人都在等待别人讲话，如此难堪的情景令人窒息、紧张，也是导致纷争和混乱的因素。这时，主持人要立即做些评说、提问或解释，防止冷场。

2）合理让与会人员发言

召开会议的目的是广集群议，要尽可能让与会者特别是那些沉默不语的人讲话，鼓励过分谦恭的人表态，同时注意别让不善言辞的人凉了台，要引导与会者交流全部信息，讲出所有的真心话，这样做能减少会后议论。如果发言的时间较少，就应该让大家来公平竞争发言时间，或者干脆让大家来平分这些时间。

3）要限制超时和超次的发言

会议主持人必须认识到：作为一名主持人，自己并没有权利拿绝大部分多数与会者的权益作为人情，去送给那位不守规矩的发言者。但是，更多的主持人却往往碍于情面，不能果断地制止超时的、特别是超次的发言，助长了某些人的不良习惯。

【知识链接6-1】

刘心武呼吁：请讲“会议卫生”

著名作家刘心武先生日前指出，当前中国的文学研讨会弊病很多，最大的特点是发言不限时，官本位和尊老等构成了陈腐的“会议伦理”。刘心武表示，他将拒绝参加任何不限时的研讨会。

刘心武说，他在国外参加文学研讨会，对发言限时这一条最为欣赏。而参加国内文学研讨会，还没有一回是对发言限时的。究其原因，大概是由于文场即官场，所有职务和职称都是可以折合成行政级别。按“官本位”排列发言次序，可谓国内文学研讨会的一大特色。现场级别最高的官有时最后作“总结性发言”，其余的则大体依官帽大小一一被“恳请指导”，但他们又偏要互相谦让，弄得又耗费了若干时间。这些文化官僚发言又往往以“很抱歉，没有准备”作为开场白，你没准备发什么言？他却多半滔滔不绝，离题万丈，牵强附会，言不及义，空话连篇，而我们的与会者多半只好忍耐。最奇怪的是，这些文化官僚往往还以“还有一个会要开”之类的理由，发完言拍屁股上小轿车走人，而主持人又往往要追送出去，使会议停顿几分钟；请问这哪里是研讨？而对这种“文化怪现象”，我们究竟还打算忍耐多久？除了官本位，我们的尊老恐怕也是无与伦比的，主持人多半按“齿序”邀请发言。某些资深长者可能确有某些不俗的见解，但却又毫无时间观念，慢条斯理，不知午之将至、夜之降临，待其尽兴时，别人几乎已无置喙的可能了。我们的研讨会，为什么还要遵循这样陈腐的“会议伦理”？

刘心武说，我们的研讨会，也出现过颇为精彩的发言，不过由于不限时，发言者一挥洒起来，动辄个把小时，有些像在阶梯教室上大课，结果也失去了研讨会那种百家争鸣的意趣。

刘心武最后表示，他将不参加发言不限时的研讨会。“我的生命有限。希望在有限的时间段落里，尽可能多获得些信息，多参与些争议。而最根本的是，我希望自己能置身在一种基本‘会议卫生’的文明氛围里。”

4）引导与会人员实现会议目标

（1）避免浪费时间。主持人如果恪守时间，与会者就愿意会前认真准备，会上积极主动、单刀直入地表达看法。会场上最容易让大家的时间被无效浪费掉的环节有：漫无边际的讨论；毫无新意的“重要指示”；内容重复的表态、祝贺、讲话；超时而又没有实际内容的发言。如果主持人有条件提前干预，那么在商定会议议程阶段，他就应该阻止上述无意义的时间占用。如果没有提前干预的条件，他仍然可以合理地利用会议规则，将与会者被无意义占用的时间减少到最低限度。主持人要保持按时散会，保证事先宣布的时限不予变动，一有拖时间的危险，就发出警告。

（2）要阻止无序的和无礼的发言。会场上如果出现了有人不经允许就随兴发言，超时发言且不听劝阻，或者在发言中以污言秽语诋毁他人，或者利用会场揭人隐私，那么会议主持人就应该及时、果断地予以干涉，以有效地阻止这些行为。

（3）防止偏离目标。由提出问题到解决问题，需要一步步引导。很多毫无结果的会议就是由于缺少这种引导造成的，主持人应对此负责。会议活动和讨论发言中偏离会议目标的现象经常出现，可能的原因是：当事人并非故意偏离会议目标，但不知不觉就偏离了；别人的发言引起了自己的联想，没介意就开始了新的话题；大家都在这样泛泛而谈。

（4）实现会议目标的措施。面对偏离会议目标的现象，会议主持人应该及时进行引导，把那些分散和走失了的精力拉回到会场来。可以采取的措施有：用插话的方式引导与会者集中、深入地指向中心议题；准确地归纳要点，引导发言；鼓励“骨干”人员发言，让其发挥带动作用；及时转入后面的议题或开始一项新的议程；用恰当的方式，例如设问的方式、征求的方式，及时修正偏航现象；直接地、明确地阻止改变会议中心的倾向。

5）澄清混乱模糊的信息

要保证发言人的话能够被听众充分理解。人们通常会误解，认为讲话人向听众传递的信息既直接又充分不会产生误会。这种想法不对。怎样澄清会被误解的问题呢？以下五种方法可以借鉴：

（1）澄清词的内容，使听众理解无误。比如“对不起，打断一下，你说这个想法很重要，你的意思是说整个方案缺它不可吗？”

（2）为了充分了解某一建议，主持人可以就一些细节提问，如“没有提到广告费用，这会影响计划吗？”

（3）在易误解的问题上，向发言人提问，如“我提个问题，这项产品的市场销售潜力怎样？老刘，谈谈你的估计。”

（4）请别人代为解释。“老赵，就这一问题你是否给补充一下？”

（5）概括或重复发言人的话，使内容明确，如“你是说我们不应在国家级杂志上登广告吗？”

6）时常做简短概括

简短概括如同在比赛场上翻动记分牌，能让与会者感受到会议的节奏，同时也有助于澄清分歧点，引起与会者注意。主持人的简短概括应限制在半分钟内。及时地概括、评论会占一些时间，但不会影响会议进程，相反，通过简短概括为与会者树立了一个珍惜时间的榜样，直接推动讨论向制订正确的解决方案挺进。

6.1.3 结束会议

会议主持人是会场上的灵魂，结束会议前要制定或引出决议。在这个时刻，若没有主持人的有力领导，往往功亏一篑。在闭会阶段，要充分发挥主持人的权威，要向与会者报告已得出的结论、尚存在的分歧和会后要采取的行动。请记住以下三个要点：①通报取得的成果。简明地列出达成的协议，把它向与会者公开。②指出分歧。不能指望会议会在全体与会者意见一致的情况下结束。要用明确的语言指出分歧，估计它的影响并说明是多数人还是少数人的意见。③明确今后的行动方法。指出哪些事情会后就将得落实，负责人是谁，并感谢与会者的帮助。把会议决定的事项印成文件，发给与会者和与此有关的人。

6.2 会议主持人的语言

6.2.1 会议主持的语言要求

会议主持人往往要根据会议类型、会议实际情况选择自己的语言方式。一般来说，下列语言要求是需要注意的。

（1）音调正确，举止适当。会议主持人应发音标准，吐字清楚，声音洪亮、自然，语调变化得体。如果发错了音、读白了字、南腔北调，就会直接影响表达的效果。此外还应讲究表情、举止、坐姿、衣着、发型等，做到文明庄重，落落大方。

【案例分析6-1】

会议主持人的礼仪

各种会议的主持人一般由具有一定职位的人来担任，其礼仪表现对会议能否圆满成功有着重要的影响。

1．主持人应衣着整洁、大方庄重，精神饱满，切忌不修边幅、邋里邋遢。

2．走上主席台应步伐稳健有力，行走的速度因会议的性质而定，一般地说，对于愉快、热烈的会议步频应较慢。

3．入席后，如果是站立主持，应双腿并拢，腰背挺直。持稿时，右手持稿的底中部，左手五指并拢自然下垂。双手持稿时，应与胸齐高。坐姿主持时，应身体挺直，双臂前伸。两手轻按于桌沿。主持过程中，切忌出现搔头、揉眼等不雅动作。

4．主持人言谈应口齿清楚，思维敏捷，简明扼要。

5．主持人应根据会议性质调节会议气氛，或庄重，或幽默，或沉稳，或活泼。

6．主持人对会场上的熟人不能打招呼，更不能寒暄闲谈。会议开始前，或会议休息时间可点头、微笑致意。

资料来源　根据http：//beijing.qianlong.com/有关资料整理。

分析：会议主持人的礼仪与语言技巧影响了主持的效果，要多加训练。

（2）突出中心，紧扣议题。无论开什么样的会议，都必须事先拟定好一项或几项议题，这是会议的目的、核心和灵魂。主持者讲话的内容和思路都必须突出中心议题，为中心议题服务。

（3）准确鲜明，精练概括。会议主持者除传达文件外，通常不宜用书面文稿照本宣科。具体一点说，就是遣词造句要字斟句酌，确切地传情达意，恰如其分地反映客观事物的实际面貌。“鲜明”是在“准确”的前提下而言，只有准确才能谈得上鲜明，而鲜明则能够把要说的意思更突出、更清晰地表达出来，增强其准确性，使与会人员更好地把握会议精神。

精练就是简洁、洗练，要言不烦，言简意赅；概括是在接触外界事物后，把综合感觉到的材料加以归纳、整理、改造，找出规律性、本质性的东西，使之上升到理论的高度。

（4）严谨灵活，通俗易懂。严谨是指会议主持者讲话力求周全而没漏洞；灵活是指临场随机应变，主持人往往要根据现实情况临时调整、变动会前讲话提纲。为了达到会议预期目的和不讲错话，会议主持人往往会在会前经过反复思考，拟出讲话提纲和腹稿，从讲话的顺序、结构到重要内容都成竹在胸。

参加会议的人员不可能都是相同知识层次和理解水平。即使是政策性、专业性较强的会议，主持人也要用朴实无华、浅显易懂的语言来表达深刻的内容，把深奥的道理浅显化，使更多的与会人员易于理解和接受。

（5）评述得体，幽默生动。评述别人的发言要得体，对人要尊重，一般采用带有鼓励性的语言先指出优点，再恰如其分地用别人可以接受的语言点出不合理的部分。

有的会议如晚会、婚宴会等，幽默生动的主持人语言，能使会议增色不少。幽默是机智思维的结果，幽默的语言闪烁着智慧和文明的火花。一定程度的幽默感是哲理和情趣的统一，它反映了会议主持者的自信、乐观、豁达、充实的精神面貌和风度。生动主要指讲话感情色彩强烈、丰富，使与会人员对主持者表达的各种思想观点和思想感情产生共鸣。

6.2.2　开场白

开场白又称开场语、导入语，是主持人在节目刚开始时说的话。俗话说：“良好的开端等于成功的一半。”开场白对于会议、节目等活动非常重要。

1）开场白的基本类型

开场白表述方式可分为独白、对话和群口三种。开场白的基本类型有：①开门见山式。主持人用三言两语的开场白进入节目。②迂回入题式。主持人借助相关或不太相关的内容，预设某种前提调动听众的兴趣，在人们不知不觉中进入节目。③引发思考式。主持人创设悬念或提出质疑的表述，构筑一个听众积极参与的“思维场”。④情绪渲染式。主持人预防情感、感慨万千，用自己的情感“点燃”听众的情感，并确定节目基调。

2）开场白的技巧

社会生活多姿多彩，主持人的语言千姿百态。我们不可能把各种类型的主持人的语言一一细化，下面我们就主持人如何做开场白探讨一下。大多时候，第一个上台说话的是主持人。主持人的开场语，除了称呼、介绍语之外，最主要的语言是宣布主题（或主要活动内容），营造与主题相适应的良好气氛。

（1）常见会议的开场白要实说巧说。对于会议的开场白，应该要做到言简意赅。开场语只是起个先导作用，是为即将展开的活动开个头，活动真正的主导者并非主持人，这里所说的会议主要是指参加人数多，由领导干部、专家教授或先进人物等主讲的报告会，如工作报告、学术报告、事迹报告等等。在这种会议上，主持人只是一个“配角”，只不过在开头和结尾部分有点“戏”。会议主持人在这种场合说话总的原则是：少而精。宣布程序、布置任务要简洁明了；说明背景、概括内容要提纲挈领；介绍人物、点评报告要言简意赅。主讲人是会议中的“主角”，与会者急于目睹主讲人的风度形象，急于了解的是会议程序及主讲内容，因而主持人的当务之急是迅速把主讲人推上前台，把主讲题旨公之于众。而最简易的操作办法就是实话实说，如“同志们，今天的大会议程有两项，第一是行政工作报告，第二是党委工作报告。大会大约需要两个小时。下面就请胡院长作今年的行政工作报告，报告的题目是‘一种全新的高职教学模式——以成果为导向、以项目为主体、以任务为驱动、以产品（服务、作品）为载体’，大家欢迎。”这样的大白话、大实话，听起来没有什么特色，但与会者也不会挑剔。因为它适合主持人的身份和当时的场合，是常用的基本方法。

有些时候，主持人还兼有活跃会场气氛、调动听众积极性的重任，尤其是与会者如果对演讲者不太熟悉，主持人若能巧妙地开个好头，为演讲者出场创造良好的气氛，就能倍增会议效果。

（2）晚会类的开场白通常是先造氛围，后入主题。例如，某青年家庭联欢会是这样开场的：

【案例分析6-2】

（王）：尊敬的各位来宾，

（陆）：亲爱的朋友们，

（合）：大家晚上好！

（王）：瑞雪纷飞的冬夜，我们踏着月光而来；

（陆）：埋藏已久的期盼，化做今日相逢的喜悦。

（王）：在即将过去的一年里，为了上海这个国际大都市的繁荣稳定，我们的干警不得不忍着对家人的思念，坚守在工作岗位上。

（陆）：我们虽然辛苦，但却并不感到累，因为我们知道，在我们的背后，有我们亲人真诚的关心、亲切的关怀与默默无闻的支持。

（王）：今天，我们就有青年朋友的家属来到了我们的现场，对于你们的到来，我们感到由衷的高兴并且倍感荣幸，感谢你们对我们工作的支持，谢谢！

（陆）：伴随着新年的脚步越来越近，我们又将迎来新的挑战和契机，我们也必将战胜困难登上新的台阶！

（王）：让我们为了共同的事业而相聚！

（陆）：让我们为了同一个目标而奋斗！

（王）：今天，我们在这里举行青年家庭联欢会，希望能够用我们的欢声笑语冲刷掉大家一年的辛劳，用愉悦的心情去拥抱即将到来的新年。

（陆）：今天，政治处的柏主任代表党委也来到了我们联欢会的现场，让我们以热烈的掌声对他的到来表示欢迎！下面有请柏主任为我们的晚会献词！

资料来源　根据http：//www.wiki.cn/wiki/有关资料整理。

分析：这段开场语，巧妙地紧扣一个“情”字，大加渲染，为即将举行的联欢会营造了一种感性、温馨的浓烈氛围。

6.2.3　连接词

连接词分为两种：①会议连接词。它起到了上联下导的衔接作用，好的连接词能创造高潮，引发观众的兴致。②晚会串词。它要渲染气氛、营造高潮。

6.2.4　会后小结

会后小结比会前介绍难度更大，出问题也多在这一环节。究其原因主要有三个：第一，听众坐了很长时间，身心比较疲倦，加之主报告已毕，注意力难再集中，大家盼望的是早点散会。第二，“主角”退场，让出了“舞台”和“观众”，很容易刺激起“配角”的“表现欲”。第三，主报告已确定了会议的主旋律，主持人的小结要扣紧主题，但他们往往准备不够充分，小结时常常大谈形势，大谈个人感受，信马由缰，越走越远，时间也越拖越长，结果自己都不知道该如何收场，这是必须引以为戒的。主持人会后总结要就事论事，千万不要跑题。此时此刻，主持人一定要明了“当前形势”，善于控制自己。小结时一般不宜做过多评价，且评价宜粗不宜细，尤其是下级对上级、外行对内行的报告作评价更应慎重。另外，无论是点评还是小结，最好使用概括性强、提纲挈领式的语言，既节省时间，又便于巩固或升华会议内容。

6.3　会议时间安排的改进

会议时间安排要紧凑、高效，要提高会议的质量与效率，我们可以使用以下方法来实现会议效益与效率双丰收。

6.3.1　“压缩法”加“限时制”

同样规模、规格的会议开得尽可能短，既达到预期效果，又省时、省钱。我们怎样才能既完成会议任务，又高效率地开会呢？那就要对会议管理坚决实行“压缩法”和“限时制”。

【知识链接6-2】

山东临沂市委书记李群在担任该市市长期间，被派到美国研修公共管理，任康涅狄格州纽黑文市市长特别助理。在他的《体验》一文中介绍到该市的简洁会风。“一天下午，市长为年度优秀警察颁奖，仪式就在市长办公室站着举行。先由警察局长介绍受奖的2名警察事迹，然后市长颁奖，最后大家举手宣誓，与会人员仅警察局长、获奖警察、市长办公室公务人员、几名新闻记者。这样的事要拿到国内，那就不得了。至少得选择一个大会场，不值勤的警察全体都要参加，要设主席台，台上发表讲话的恐怕就有一大串：优秀警察代表、公安局长、政法委书记、市长、市委书记。颁奖仪式也会很复杂，获奖警察都得披红戴花、奏乐、领导授奖、合影留念等。两相对比，前者在时间、内容、议程、过程上都大大压缩了。”

“压缩法”是指在保证质量的前提下，对会议实行“时间压缩”“内容精简”“议程整合”“过程缩短”的管理办法。“限时制”是特指压缩法中“时间压缩”的操作方法，即对会议发言人发言时间作出限制性规定。

6.3.2 推行会议“压缩法”“限时制”，要采取以下措施

（1）加强教育，树立正确的会议“质量观”。必须切实纠正那种“会期越长越表明会议重要”“到会领导越多、发言者越多、报告时间越长、越显得领导重视”的错误认知。会议质量标准是会议对工作实践指导作用的大小，是会议决议是否能转化为精神、物质财富。

（2）严格限时。其要实事求是，要根据会议的内容、会议的形式及参会对象的数量而定。以布置工作为主的会议、以讨论为主的会议、以宣讲为主的会议、关系人民切身利益的政府社会公共事项决策听证会在对主报告限时、发言人限时、会议总体限时各个环节上，要求都是有区别的。

（3）设置“限时器”。初行会议限时制，常有不经意而超时发言者，也有因不习惯而违规抢时者。遇到这种情况，会议主持人要态度明朗，坚决执行限时制度，制止发言者继续其发言，否则限时制就会变成摆设。为了不影响会议的严肃性，淡化主持人制止发言举动的感情色彩，可以以物件辅助这种举动。这种物件称为“限时器”。低音铃、警示灯、提示牌都可作为限时器，一旦发言人超时，主持人可使用它们制止发言人继续发言。开始大家可能不习惯，此后一笑了之，再次便成自然。江苏扬州、高邮等地普遍实行“限时发言，超时指示”制度，单个汇报发言限定时间，超过时间主持人按亮警灯，确保会议一般不超过2小时。

（4）简化会议程序。贯彻会议“压缩法”，要特别注意从复杂的会议程序中解脱出来。简化会议议程可从以下三方面着手：

一是整合议程。一般的工作会议，不要搞开幕式、闭幕式。一个会议原则上一个主报告。湖南省政府2012年2月召开全体会议，布置召开“两会”有关事宜和春节前工作。主席台一人主持，一人主题讲话，对重要问题作了强调和回答，1小时完会。由于平时工作责任明确，与会者个个任务清楚，齐声叫好。

二是精简内容。其具体包括减少大会发言人数；精练大会主报告；勿以安排讲话以“平衡台上同级领导情绪”；不要搞同样一件事由两个人、甚至三四个人“从不同角度讲”，以示“领导重视”“看法一致”；谨防大会发言“长蛇阵”“轮番补充”。

三是缩短过程。与会无关的节目一概省略。

（5）开会准时。贯彻“压缩法”，实行“限时制”，是以开会“准时”为前提的。开会不准时，势必拉长会议时间，压缩、限时便失去意义。会议主持人务必严格按照会议通知时间准时开会，主席台领导务必提前登台，不能搞成“8点开会9点到”，不要形成“秘书电话催会”。

（6）控制发言时间。会议既要提高效率，又要短而精，控制发言时间是非常必要的。根据研究，在会议开始后的5分钟内的发言，其影响力最为显著。在15～20分钟之后的发言，效果只相当于最理想时的50%。再之后的发言则几乎起不了什么作用。因此，想使发言在会议中发挥影响力，即便只是澄清某些疑点，最好尽量在讨论一开始就说出来。为此，与会者应当早发言，把发言排紧凑，控制发言长度。

6.4 掌握议事进度

掌握议事进度对一次会议的成功可谓至关重要。控场也就成为一个主持人最应训练的技巧之一。掌握议事进度主要包括两种方式：语言方式与非语言方式。

(1) 语言方式。它是指主持人用一些比较有技巧的话语来控制会议的议事进度。例如面对一些非常容易滔滔不绝的发言者，主持人可以凭借对其的了解，让其先发言，使其尽量缩短发言的时间。具体做法如："能不能用3分钟的时间给我们简单地说一下？"当他说到5分钟的时候，你可以再说："嗯，已经5分钟了，你说的正是我们需要的。"或者可以采用一带而过的方法，例如"你刚才说的内容非常好，你对下一问题怎么看？"这样就可以把他从一个问题带到另一个问题。也可以转移说话对象，如"你说得很好，坐在您旁边的这位怎么看呢？"某些带有暗示性的话语或声调，可以表示鼓励发言者继续发言，例如面带微笑地说"不错，继续讲""嗯""对"等都是正面回应。通过以上这些话语，即语言方式主持人可以有意识地、合理地控制议事进度。

(2) 非语言方式。更有效掌控议事进度的方式是非语言性的方式，即通过点头、目光暗示、转移视线、微笑、手势等面部表情或一些肢体动作。例如主持人把目光转向别人，就可能是在提示正在说话的人可以停止说话了；用手敲桌子，也可以提示结束发言；不停地看手表，也能达到同样的效果。

语言和非语言这两种形式的合理运用，可以做到有效控场，使会议既不会太短，也不会太长，准时开始，准时结束。

6.5 达成会议决策

达成会议决策是很多会议的重要内容，如党、团员代表大会。达成决议可以有以下决策方式：

(1) 权威决策，主要是由会议最高领导人作出最后的决定，会议的参与者只是一个建议者。适宜使用：当组织授权团队领导人作最终决策并全权负责时。不宜使用：当团队领导人希望团队成员接纳并支持某项决策时。当特别行动小组向部分领导提交报告并等待最后决策时。经理决定工作日程表，然后通知该小组。

优点：决策迅速高效；在亟须行动的情况下最实用；在权力界限明显的地方最有效。

缺点：虽然可迅速做出决策，但实际支持和执行建议也不易；当复杂性增高时，权威决策的质量会由于考虑面不宽而受到影响。

(2) 多数投票决策，获得50%的票数，这是一种进行决策的快速简便的方法。适宜使用：当时间有限，而决策结果不会对反对者造成消极影响时；团队成员投票接受一项新的工作程序时；团队成员投票选举团队领导时。

优点：允许多数人对问题发表自己的意见，保证大多数人获胜。决议可通过简单唱票，相对迅速和高效做出。

缺点：在小集团内，投票一向促成人们分派。这种竞争会影响一项决议的质量和执行。

（3）共识决策。其产生于所有成员都不同程度地支持某项提议，每一团队成员均有否决权。共识决策提供一种反映所有成员想法的全面解决办法，能够提高成员实施决策的积极性，体现平等之风。例如，全体工作人员同意支持新的程序变动，团队制定了一套工作方针。

优点：保证所有问题和思想得到公开辩论，每个团队成员都有机会发表意见。复杂的决议会经过深思熟虑，从而产生高质量决议。

缺点：达成一致需要相对长的时间，并具挑战性，而且需要大量沟通、耐心聆听并理解他人观点；为确保所有团队成员有机会发表意见和分享其见解，必须进行有效推动。

（4）无异议决策。其产生于所有成员对某项决策完全赞同时。当提案非常重要，要求所有成员达成完全一致时，团队应作出无异议决策。例如一陪审团认真研究法庭案子后，呈递一份无异议裁决书。

优点：确保团队每个人都认为所达成的决议是最佳的，并公开支持它。

缺点：因为没有哪两个人的思想会完全合拍，所以要达成无异议决策也许会花费很长的时间。无异议决策常常难以做出。

● 6.6　处理会议中的意外情况

会议中可能随时出现各种意外情况，只有清楚了解可能出现的危机，并在会前就准备好应对“危机”的方案，才可能顺利化解会议危机，从而保障会议的正常进行。

（1）可能出现的危机。会议在开始前和进行过程中，可能会出现下列“危机”：①时间到了，答应到会的人还没有来，也许他根本就没打算来。②会议已经在进行过程中了，某位重要的嘉宾才匆忙赶到会场，让他坐哪里，要不要中止正在进行的议程，向大会介绍这位嘉宾。③进入会议室，才发现实物投影仪不能使用，或者是软件出了问题，或者电源接线板有了故障，或者是屏幕没有地方悬挂等等。④需要临时调换会议室。⑤夏季开会，会议室内的空调启动不了。⑥来宾单位临时更换或增加了人员，导致主席台上的某个座位前没有座位卡。

（2）危机与应对。各种各样“不应该”出现的事情，还是经常地在会场上出现。要求主持人事先能够充分估计到各种可能的变化，从而果断采取相应的措施。例如，由于临时调换了大会议室，会场多出了很多座位，导致参加会议的人三三两两地散坐在会场后面的座位上，前排的座位却空了出来；同时主席台也没有了，原计划在主席台就座的人员现在需要另外安排座位；准备好的座次卡也没有用了，但还得要让出席会议的人认识这些嘉宾……怎么办呢？面对此类“危机”，若有充分的准备，就能够从容应对；否则，就有可能手忙脚乱。

【案例分析6-3】

一朵大红花

金山公司正在召开年终总结表彰大会，请来的上级领导和公司经理正微笑着把一朵朵红花戴在先进工作者胸前，在场的群众情绪高昂，掌声不断。但料想不到的是，当总经理把大红花戴在倒数第五人时，花篮里的红花只剩下三朵了，台上还有四位先进工作者还未受奖。要想赶制一朵红花，肯定来不及了，为大会服务的工作人员急得团团转。领导们兴致正浓，在热烈的气氛中给倒数第二位先进工作者戴花，难堪的局面马上就要发生了。

如果你是秘书，你会怎么办？

这时，只见平时反应敏锐的总经理秘书小蔡，在台上把一位刚刚受过奖的人请到一侧，耳语了几句，那人迅速摘下大红花，交给了小蔡。在前台，总经理正要取最后一朵大红花时，发现篮子里空无一物，不由得愣了一下。秘书小蔡及时赶到，将手中的大红花递给了总经理。在掌声中总经理给最后一位先进工作者戴上了大红花。台下的人都没有发现这一小插曲，大会圆满结束。

资料来源　根据http：//jpkc.gcp.edu.cn/mishu/5fangfa/anli.htm有关资料整理。

分析："天有不测风云"，在会务工作中，偶尔出现一些失误和意想不到的事情是难免的。关键是在事情发生后，秘书人员能不能及时、巧妙地解决它。蔡秘书在不到一分钟的时间里从容不迫，迅速地处理了这起意外事件，避免了大的失误。这种机敏和应变能力，很值得我们学习。

作为秘书人员，在会务工作中避免出现类似问题，要注意从以下几个方面做好：一是在会前要对整个会议议程过一场"电影"，尽可能多地想象在会议过程中可能发生的问题，考虑出几套应对的方案，出现情况"按图索骥"，就不至于惊慌失措，慌了手脚。二是要有较强的应变能力，对突发事件头脑要清醒，反应要迅速，判断要准确，快速弄清事件的原因。三是采取措施要迅速，尽快形成应变方案，并立即付诸实施，不能有丝毫犹豫和停滞。四是在平时工作中，秘书要在处理突发事件中举一反三，勤于思考，不断总结经验教训，摸索规律，能长期坚持，不断提高自身素质，积累经验，就会处变不惊，游刃有余去应付会场上出现的各种突发情况。

[知识掌握]

6.1　会议中主持人需要做的工作有哪些？

6.2　会议主持人如何作开场白、串词与总结？三者关系如何？

6.3　会议主持人在会议中应注意什么问题？

6.4　会议主持人安排时间、安排议事进度与处理会议意外情况有哪些技巧？举例说明。

[知识应用]

案例分析

习近平、马英九教你怎样给领导当秘书？

本周六，62岁的习近平将和65岁的马英九迎来人生的首次会面。两位年过花甲的领导人，将在狮城新加坡，那个举行过"汪辜会谈"的地方，开启新的历史——两岸领导人直接交流沟通。

习近平、马英九都是秘书出身，都是法学博士，都从秘书做到了领导人。今天，无界新闻记者带您回归两人的仕途起点——秘书。让两位领导人教教您——如何做秘书？

习近平曾在军委办公厅为耿飚做过3年秘书。

▶人员名称：习近平

▶工作身份：中央军委办公厅秘书

▶服务领导：军委秘书长耿飚

▶毕业院校：清华大学

习近平简历中有这样一段履历：1979—1982年，国务院办公厅、中央军委办公厅秘书（现役）。

习近平在其所著的《摆脱贫困》一书中，也曾提到“我曾经在中央军委办公厅做过秘书工作”。

当时，他服务的领导是耿飚。1979年1月11日，中央正式任命国务院副总理耿飚兼任军委秘书长，协助军委主席处理军委日常工作。1981年3月，耿飚又兼任国防部长。

关于那段经历，耿飚子女耿莹、耿焱曾撰文回忆，这篇文章名为《耿飚：一位“无所畏惧的领导”习近平曾给他当秘书》。

耿焱说：“近平先是在陕北插队，后来从清华毕业，就直接去了我父亲那儿，工作了大概3年。”

对此，有关记载是这样的：1979年，习近平从清华大学学成毕业后，分配到中央军委办公厅，担任当时的国防部长、政治局委员耿飚的秘书。

耿飚赞习近平：“一个非常踏实的小伙子。”

耿焱说，“父亲觉得近平是一个非常踏实的小伙子，用心学习。当时父亲有3个秘书，习近平最年轻。”

在习近平3年的秘书生涯中，“他可以参加很多中央的会议，参与一些军队、地方和外事的工作，有些会议、文件，中央怎么处理他应该都很清楚。”耿焱说。习近平担任政治局委员前，还特意看望耿飚的妻子赵兰香老人。“当时他说，那3年秘书工作对他有很大的作用。后来，在中央政治局他分管港澳台工作，当年我父亲曾负责港澳台工作，近平做秘书时看了很多的资料，还随我父亲接见港澳台的人物。近平说，那时候积累的经验和知识非常重要，接手工作的时候就不会觉得陌生。”

习近平总结秘书经验：三“要”，八“不”。

关于秘书经历，习近平自己也曾回忆并总结，在《摆脱贫困》一书中，有一篇题为《秘书工作的风范——与地县办公室干部谈心》的文章。成文于1990年左右，当时习近平尚在福建工作。

文中，习近平认为秘书是一个特殊的职业，应该加强修养。“许多人认为，秘书工作最突出的特征是当配角。我看这句话说得也对也不对。说得对，是因为秘书确实干的是辅助性、铺垫性工作，是领导的助手。说不对，是因为秘书的活动面比舞台上的配角更窄，它没有台词，没有亮相机会。秘书的工作性质，决定了他要正确对待名利荣辱，树立无私奉献的精神，不断加强和深化自身的修养。”

一、秘书如何加强自我修养？

习近平：三“要”。

习近平举例说：宋代吕本中写了个著名的《官箴》，讲到当官必须注意三事：清、慎、勤。假如我们赋以时代的内容，这也应该是办公室干部，特别是领导秘书的最基本要求：

1.要“清”，公正廉洁，两袖清风。

2.要“慎”，周密考虑，谨言慎行。

3.要“勤”，勤奋好学，刻苦上进。

二、秘书如何培养作风、注意小节？

习近平：五“不”。

习近平还说，秘书的特殊性工作，光有埋头苦干的精神还是不够的。就个人体会，秘书在加强自身修养中，还要特别注意培养良好的工作作风，注意生活小节，即要努力做到“五不”：

1.不自恃。

不能认为“机关牌子大、领导靠山硬”而有所依仗、有恃无恐，更不允许滥用领导和办公室的名义谋取个人私利。

2.不自负。

要克服优越感，坚决防止出现对基层干部群众盛气凌人、态度傲慢、颐指气使、发号施令的现象。

3.不自诩。

防止自我表露、吹嘘炫耀，特别是涉及领导个人的工作和生活，不能随意张扬，妄加评论；对于党的内部机密，更应当守口如瓶。

4.不自卑。

克服自轻自贱、自惭形秽的心理，不能“口将言而嗫嚅，步将行而趑趄”，防止唯唯诺诺，没有个人主见的现象。

5.不自以为是。

不能想当然，随意删节、更改或补充领导的指示，防止粗心大意、敷衍塞责、玩忽职守的现象发生。

三、秘书如何与领导处理关系？

习近平：三“不”。

秘书人员要经常检查自己思想、工作“到位”情况，不能“离位”，更不能“越位”。习近平认为，在处理同领导的关系中，力求做到——参与而不干预；协助而不越权；服从而不盲从。

习近平认为，只要把握好这个度，就能成为一个合格的称职的秘书。

马英九曾为蒋经国做过6年秘书。

▶人员名称：马英九

▶工作身份：秘书

▶服务领导：时任台湾地区领导人蒋经国

▶毕业院校：哈佛大学

马英九曾为蒋经国做过6年英文秘书，他这份工作的前任是宋楚瑜。

2009年，蒋经国百年诞辰纪念日之际，马英九曾撰写缅怀文章《薪火相传　任重道远》。文中，马英九回忆了当年追随蒋经国的点滴岁月。这篇文章，中国新闻网曾编发。

谈第一次“上阵”

马英九：差点把茶杯撞翻

马英九回忆说，从1982年1月1日开始任秘书，记得第一次上阵，我有点紧张。

走到经国先生与外宾之间的小板凳坐下的时候，因为身材较为壮硕（那时体重近90公斤，是我一生中最有“分量”的时候），膝盖顶到小茶几，差一点把茶杯撞翻。我当时尴尬得不得了，心想第一天上工就出状况，真不好意思。后来秘书室卢守忠主任告诉我，经国先生特别交代他把小茶几与板凳间的空间拉开一点，以容纳这位新来的胖秘书！

谈翻译错误

马英九：马上改正

马英九说，担任经国先生的传译工作，不算太难。因为经国先生本身也懂英语，而且他说话不疾不徐，相当清楚。经国先生虽有浙江口音，但不浓厚。

马英九担任传译6年，只有一次听错。那一次经国先生谈到苏联里海边上的城市巴库（Baku），他听成“白宫”，还好立刻发现跟上下文兜不拢，马上改正。

谈亲耳听到“解除戒严”

马英九：感觉电流通过身体

大约在1985年，蒋经国突然找马英九问：“‘戒严’英文怎么讲？”马英九说是“martial law”，意思是“军事管制”。“他要我去查一下还有没有别的意思，我查了5种国际著名的参考书，汇报说戒严就是全面军事管制，有的还说戒严就是没有法律。经国先生听了，困惑地说，台湾没有军事管制啊！”

蒋经国为何问这个问题？马英九的推断是：“经国先生可能有意要解除戒严。果不其然，1986年3月底国民党第十二届三中全会通过的改革，就纳入安全法令问题的议题，其实就是解除戒严的研究。”

1986年10月7日，蒋经国接见《华盛顿邮报》发行人葛兰姆女士，那是历史性的会面。蒋经国告诉外宾：“我们准备在制定安全法后，解除戒严，开放组党。”

马英九说，“当时负责传译的我，一字一句审慎地翻成英文，整个人感觉犹如电流通过般的震撼。我告诉自己，我们正在改写台湾历史。”

谈“开放大陆探亲”

马英九：曾参与规划

1987年3月，在一次外宾传译工作结束后，蒋经国突然问：“英九，有没有什么事情？”马英九汇报称，最近有委员在“立法院”质询，建议开放老兵回大陆探亲。其实现在每年都有一两万人经香港偷偷返回大陆探亲。但也有一些老兵不愿违法，穿上写着“想家”的长袍游街请愿，很令人同情。“经国先生听了就说：你去向张副秘书长报告。我立刻告退，去见张祖诒副秘书长。他告诉我，经国先生已有指示：基于人道精神，应立即规划开放民众赴大陆探亲，要我们先来规划。原来经国先生早就想到此事。”

马英九回忆说，当场我们依照指示要点，诸如：开放探亲采取“人道原则”（可以探亲、通信与通话）、“民间办理”（由两岸双方红十字会安排）、“间接方式”（往返经过香港）等等，拟出一个计划，经反复讨论，于6月4日呈报经国先生。经国先生批交中央党部成立的一个项目小组处理，然后再经小组多次集会讨论，提报中常会在9月15日通过。然后“行政院”也通过本案，11月2日正式实施。开放探亲，不但为两岸失联近40年的亲人提供团圆的机会，也为两岸关系解冻踏出历史性的第一步。

谈重要卷宗如何处理

马英九：绝不假手他人

马英九回忆说，“这个案子当时极为敏感，必须绝对保密，所以我把卷宗锁在个人专用的铁柜里，亲自处理，绝不假手他人，连机密打字员都不知道此案。”

马英九说，当时卷宗上书“颍考项目”，这是我取的名字，这个名称出自《郑伯克段于鄢》的典故。我用这个亲人团聚的历史典故，作为大陆探亲项目的名称，觉得十分适宜。

资料来源　荆石. 习近平、马英九教你怎样给领导当秘书［EB/OL］.［2015-11-04］. http：//news.hexun.com/2015-11-04/180351996.html.

问题：你从案例中学到了什么？

实践训练

如果你是发达公司的秘书小李，发达公司新近成立了一个项目团队，团队共有8个人，秘书小李负责团队的日常行政事务并主持会议的召开。团队下一周将举行销售会议，要研究销售工作下一季度的目标以及人员招聘、选拔等问题。请你设计小李的主持词并组织8个学生完成整个会议。(会议的主题和内容可以根据实际情况改变)

要求：主持词要完整，会议的议程安排要妥当。

第 7 章

会议文书处理

[学习目标]

在学习完本章之后，你应该能够：了解会议文书体系；明确会议文书的种类、用法；熟知会议文书处理程序；掌握常用会议文书拟写与管理技巧。

【引例】

官员谈香港回归往事：我与董建华约定电话暗号

（原标题：朱育诚谈香港回归往事：我与董建华先生约定电话暗号）

时间是一把尺子，丈量着走过的道路。正如交接仪式始末和背后鲜为人知的故事刻入

亲历者的记忆，1997年7月1日中国政府恢复对香港行使主权，开启“一国两制”“港人治港”“高度自治”的新时代，这也必将在人类政治文明史上留下不朽的印记。

朱育诚曾任新华社香港分社副社长，在香港工作长达10年之久，在筹备回归工作中担任香港回归交接仪式及庆祝活动筹备委员会委员和安全保卫小组副组长。在香港回归20周年之际，朱育诚讲述了20年前鲜为人知的故事。

选择中央代表团入港路线

出席1997年政权交接仪式的中央代表团和中央观礼团有700多人，为两个代表团选择合适的入港路径，成为安保小组考虑的重要问题。中央代表团要求于1997年6月30日下午入港，时间固定，这样一来就可能会受到安全、天气、交通状况等因素的影响。

朱育诚说，安保小组对中央代表团的入港准备了“三种方案，四条路线”：即陆地乘汽车或火车；空中乘飞机由皇岗飞启德机场；海上由蛇口码头到维多利亚港中环皇后码头。安保小组查阅了1997年前12年的气象资料发现，以往香港6月30日全部都有降雨，并且大部分是暴雨。暴雨之后，部分入港必经路段积水可能达1米深，汽车无法通行，火车也受影响，飞机更是无法正常飞行。因此，水路可能成为最有保证的选择，只要没有台风，降雨并不会给行船带来太大影响。如果选择水路，就需要护卫舰。为此，朱育诚还特地到青岛考察了“哈尔滨号”和“青岛号”护卫舰，为当天的水路航行做好充分准备。

临近7月1日，气象部门预测的天气条件比安保小组原来预想得要好。经研究并与气象部门沟通后，6月10日最终确定了两个入港路径：火车或飞机。下雨若有雷雨区就乘火车，由深圳罗湖到香港九龙红磡车站；若天气情况允许就乘飞机，由深圳皇岗飞香港启德机场。这两套方案得到了中央的同意。

6月30日下午，中央代表团正式入港。朱育诚回忆道：“中午时分，天仍在下雨，天空有雷雨区，代表团选择哪条路线尚未确定。11点半，我紧急约见董建华先生。他非常着急，如果迟迟不能确定路线，则可能来不及安排迎接队伍。我承诺下午1点半给董建华先生最后答复。因时间紧无法再次碰面，为此我与董建华约定电话暗号——如果电话里说‘不变’，那就是第一方案，乘飞机；如果说‘变了’，那就是第二方案，乘火车。”下午1点，朱育诚通知董建华：“不变。”

确定政权交接仪式地点

香港政权交接仪式遇到的第一个问题是确定地点。朱育诚透露，最初可供选择的交接地点有很多，包括香港岛上的跑马场、政府大球场、市政局大会堂、香港会议展览中心一期和九龙半岛上的红磡体育馆。

朱育诚说：选址主要考虑两方面因素。一是场地要满足各方面需求；二是不要受其他方面干扰，包括气象、交通、安保等因素。当时首选地点是跑马场和大球场，但这两处场地安保有问题。红磡体育馆虽然条件理想，但不在港岛。市政局大会堂历来是香港总督举行来港离港仪式的活动场所，但只能容纳1 200人。

朱育诚说：“正在选址团队犹豫不定时，传来香港会展中心二期正在填海建造的消息。”于是，他们立即了解情况，得知该工程可以在1997年5月份完工，届时两个大厅都可以容纳5 000人左右。考察后，大家都感到这是最理想的场地。

“我们把在香港考察的情况如实地向中央汇报，中央同意了我们的报告，确定在会展中心二期五楼综合大厅举行中英香港政权交接仪式。同时，中央还决定在会展中心二期的七楼大厅举行香港特别行政区政府成立暨宣誓就职仪式。”朱育诚说。

英国人步入“风雨归途”

与此同时，英国方面也在选址考察。英方通过中英联络小组向中方建议，在中环添马舰填海的地方搭台交接政权，但中方不同意在室外举行交接仪式。朱育诚说：“我们曾多次征询香港气象部门，得知1997年前的十几年间，香港6月底、7月初多暴雨，我们将这一信息通知了英方，但英方固执己见。”

经反复交涉，英方最终同意在会展中心二期举行政权交接仪式，可他们却还是坚持把添马舰作为自己举行告别仪式的地点。事实证明，1997年6月30日傍晚在英方举行告别香港仪式时，风雨交加，雷电轰鸣，对香港殖民统治达150多年的大英帝国军队和港督黯然离去。

资料来源　魏东升，冯琳．朱育诚谈香港回归往事：我与董建华先生约定电话暗号［EB/OL］．［2017-06-30］．http：//www.sohu.com/a/153198829_120702.

这一案例表明：会议与活动要精心准备，各种因素都要认真考虑，要有多种备选方案。

7.1　会议文书概述

7.1.1　会议文书的含义

（1）公务文书。它也叫行政文书，简称公文或文书，是一种重要的文章体裁，属于应用文体的范畴。它是国家机关、社会团体、企事业单位在办理各种公务时所使用的书面文字工具。

从使用范围来看，公务文书可以大致分为三大类：一类是行政公文，又叫法定公文，根据国务院《国家行政机关公文处理办法》中定义：行政机关的公文（包括电报，下同），是行政机关在行政管理过程中形成的具有法定效力和规范体式的文书，是依法行政和进行公务活动的重要工具。第二类是通用文书，是各级机关、团体和企事业单位广泛使用的文书。第三类是专用文书，只限于外交、司法、军事、财经等职能部门在一定的业务范围内使用的文书。

（2）会议文书。它是围绕会议活动产生的，在会议活动中使用的书面材料的总称。在会议文书中，既有法定公文，如会议纪要、通知、决定、公告等；又有通用文书，如会议计划、总结、讲话稿等。会议文书因作用、性质的不同，在文书处理和归档工作中形成了单独的工作方法，具有相对独立的工作要求。

7.1.2　会议文书的类型

按照文件的性质功能，会议文件资料可以划分为以下几类：①会议指导文书，包括上级会议文书、上级指示文书、本级开会起因文书等。②会议主题文书，包括开幕讲话报告、专家发言、选举结果、正式决议、闭幕讲话等。③会议程序文书，包括议程文书、日程安排、程序讲话等。④会议参考文书，包括各部门统计报表、财务报表等。⑤会议管理文书，包括开会须知、议事规则、证件要求、作息时间、生活管理等。⑥会议传达文书，包括会议通知、会议纪要等。

根据会议文书不同的种类，其准备工作与处理程序各有不同。

【知识链接7-1】

机关文件材料归档范围和文书档案保管期限规定（摘录）

第七条　永久保管的文书档案主要包括：

（一）本机关制定的法规政策性文件材料；

（二）本机关召开重要会议、举办重大活动等形成的主要文件材料；

（三）本机关职能活动中形成的重要业务文件材料；

（四）本机关关于重要问题的请示与上级机关的批复、批示，重要的报告、总结、综合统计报表等；

（五）本机关机构演变、人事任免等文件材料；

（六）本机关房屋买卖、土地征用，重要的合同协议、资产登记等凭证性文件材料；

（七）上级机关制发的属于本机关主管业务的重要文件材料；

（八）同级机关、下级机关关于重要业务问题的来函、请示与本机关的复函、批复等文件材料。

第八条　定期保管的文书档案主要包括：

（一）本机关职能活动中形成的一般性业务文件材料；

（二）本机关召开会议、举办活动等形成的一般性文件材料；

……

● 7.2　会前文书准备工作

会议文书管理工作按照会议时间分，可分为会前阶段、会中阶段、会后阶段；按照会议文件工作程序分，可分为准备阶段、服务阶段、清退阶段。

7.2.1　会前文书拟写工作程序

在会议准备工作中，会议文件的拟写是关键性的一项工作。

1）应该拟写的会议文件

在会议准备工作中，需要拟写的文件材料有：会议通知，嘉宾或代表名单，会议议程、日程，开幕词或领导讲话稿等。

2）会前文件拟写分工

由上可知，会前需要准备的文件有很多，因此会务组必须分工明确、各司其职，才能高质量地完成会前的文书拟写工作。

（1）专门的秘书团或写作班子起草重要文件，如领导工作报告、议案等。

（2）会议筹备办公室或秘书部门负责一般会议文件，如通知、议程、日程、座位安排等。

（3）各职能部门负责专门材料或业务性资料，如统计表，业务分析报告等。

（4）发言单位或个人负责本部门发言稿或交流材料。

3）文件拟写工作程序

会前文书的拟写程序如下：

（1）交拟。由领导或秘书主管部门交代文件拟写任务，负责拟写部门或个人充分领会领导意图。

（2）议拟。拟写人收集资料，调研酝酿，写出提纲。

（3）撰拟。拟写人根据提纲写成初稿，并再一次领会领导意图，如符合意图则可写出成稿，如不符合领导意图则要从交拟程序重新开始。

（4）审核。初稿通过，写出成稿交秘书部门负责人或会议领导人进行审核。

（5）签发。成稿经过审核，交主要领导人签字，文件即可印发。

（6）印制。将签发稿交文印部门誊印、校对、印制，然后盖上公章。

文件的发文过程，从撰拟到印制，工作程序需细心、谨慎，按序进行。

【案例分析7-1】

省工商企业管理局为落实全国企业普查工作，需向全省各地市发一份《××省工商企业管理局关于召开落实企业普查工作会议的通知》。局领导交代局秘书小张起草该文件。小张写完初稿后，本想找领导过目。但领导外出开会，需五天后才能回来。小张觉得一份通知，内容简单，不会出什么差错，就直接将草稿交打字员小王打印。小王与小张关系不错，不好意思拒绝。文件打印好后，小张找办公室刘主任盖公章。刘主任发现该份文件既没有审核，也没经局长签发，于是不给该文件盖印、编号和登记，等局长回来后再作处理。

分析：发文必须经过：拟稿—审核—签发—编发文号—缮印—校对—盖章—发文登记—分发—立卷、归档等程序，且未经领导签发的文件是无效的，不可发文。在上述案例中，拟稿秘书欠缺文书处理常识，将初稿直接拿去印制，这是不符合文书处理要求和原则的。

7.2.2 会前文书整理工作程序

1）拟制文件清单

会议文件在发放之前，必须将需要发放的文件编制成清单，并上呈领导审核。明确清单上的文件是否都应该发放以及发放对象和数量。经过领导审核，确定会议文件目录清单。

2）检查文件

检查文件可以从以下几个方面进行：

（1）会议文件发放使用之前，一定要认真核对每一份文件和每一项细节，如会议日期、会议日程（或议程）、会议通知、主席日程及报告等，以要确保每一项都与实际相符。

（2）按参会人数印制相关文件，并确保数量。一般来说，要预留5%的文件，以便不时之需和归档。

（3）会议通知要尽快检查核对，印发给与会者，以便主办单位人员同与会者能尽快熟悉，互相沟通，如会议时间、地点、活动内容、与会人员名单、会议名称、出席人数、主持人名字等。

（4）印制讲话稿、会议日程安排表、会场指示图、宾馆内部示意图等文件，并将以上文件根据与会人员不同的单位、部门、级别整理好，以便分发。

7.2.3 会前文件的拟写

1）会议通知

通常单位内部会议或互相隶属单位会议，使用正式的公文式会议通知。

（1）会议通知的内容。其中包括：①召开会议的名称、目的、议题；②时间、会址；

③对参加会议人员的要求（如准备发言、文件、论文、生活用品等）；④注意事项以及筹办会议单位名称、联系人、联系地址、电话号码；⑤会议食宿安排、去会址路线、接洽标志等；⑥有的通知后面还要附上入场凭证或请柬等；⑦有些通知附有回执。

（2）会议通知的格式。会议通知的结构一般包括标题、主送机关、正文、结语、发文机关、发文日期等方面。①标题。标题有完全式和省略式两种。一是完全式，包括发文机关、事由、文种，如《××市××公司关于召开××××××会议的通知》；二是省略式，如《关于××××××的通知》。通知内容简单的，只写“会议通知”，这也是省略式的一种。②主送机关。主送机关是必须承办、执行和应当知晓该通知的受文机关。③正文。一般由三部分构成。事由写明会议的理由、目的、依据或情况。主体，即通知具体事项。事项多数分条列项写出，条目分明。④结语。通知的结尾常用有三种写法：第一种，事项结束，全文就自然结尾，意尽言止，不单写结束语。第二种，用习惯用语“特此通知”收尾，但前言和主体之间如用了“特作如下通知”作过渡语，则不宜在收尾处再用习惯用语。第三种，用简要的文字再次明确主题或作必要的说明，以引起收文单位对该通知的重视。⑤发文机关。在正文右下方写明发文机关名称，如果发文机关在标题中标明，则不必写发文单位，直接盖公章在发文日期上。⑥发文时间。写在发文机关之下。

2）请柬、邀请信

不相隶属单位之间或企业之间的会议以及商务性的会议，参会人员多不是本单位成员，为郑重或礼貌起见，通常要使用会议请柬、邀请信，不使用公文式会议通知。

（1）请柬的写法。邀请客人参加会议、活动专门制发的通知书，也称请帖。较大的事情或庄重的场合、人数较多时才用，以示对对方的尊重，也表示自己的诚意和郑重的态度。要求对象明确；内容简明、扼要；语言诚恳、热情、有礼貌；发出时间一般为活动举行前10天；款式和装帧要美观大方。

请柬的结构。请柬的结构一般为：标题+称谓+正文+署名+日期。①标题。封面居中写明“请柬”或“请帖”字样。若没封面，“请柬”二字就写在第一行中间。②称谓。在请柬背面第一行顶格写被邀请人姓名或单位名称。个人姓名后面加上“先生”“女士”或职务等相应称呼。若请柬没封面，在标题下空一行顶格写称谓。③正文。一般由邀请参加的活动内容+举行活动的时间+地点+活动要求等组成。④祝颂辞，即结尾语，或尾随文末，或在正文后另起一行空两格写“敬请”二字，然后再另起一行顶格写“光临”二字。⑤署名及日期。

【知识链接7-2】

为了表示欢庆的气氛和情绪，宜用红纸书写。民间忌讳用黄色与黑色，通常不可采用。在请柬上亲笔书写正文时，应采用钢笔或毛笔，并选择黑色、蓝色的墨水或墨汁。红色、紫色、绿色、黄色以及其他鲜艳的墨水，则不宜采用。

请柬的格式。请柬一般有两种格式：一种是单面的，直接由标题、称谓、正文、敬语、落款构成。一种是双面的，即折叠式；一为封面，写“请柬”二字，一为封里，写称谓、正文、敬语、落款等。从书写习惯来分，有横式书写和竖式书写两种：竖式（从右到左）；横式（从左到右）。

请柬的样式。下面是无封面请柬的样式和带封面请柬的样式示例。

无封面样式

请 柬

××先生：

为庆祝我校建校50周年，兹定于二〇一七年十月十七日上午九时，在本校中心会堂召开××××校建校五十周年座谈会。(敬请)

(光临) 敬请

光临

××××校

二〇一七年十月七日

带封面样式

1958—2017 纪念××××校建校六十周年 请 柬

(正面)

××先生： 为庆祝我校建校60周年，兹定于二〇一七年十月十七日上午九时，在本校中心会堂召开××××校建校六十周年座谈会。 敬请 光临 ××××校 二〇一七年十月七日

(2) 邀请信的写法。邀请信，也叫邀请函，是邀请亲朋好友或知名人士、专家等参加某项活动时所发的请约性书信。在国际交往以及日常的各种社交活动中，这类书信使用广泛，通常在严肃或庄重的场合、人数较少、对方地位较高时用，具有表示尊重的作用，也是参加活动的凭证。

拟写注意事项：语言诚恳、热情、有礼貌；为表示诚意，一般用手写或打印后亲笔签名。

格式要求。一般结构为：标题+称谓+问候语+正文+问候语+署名+日期。①标题。首页上端居中书写：邀请信或邀请函。②称谓。顶格写被邀请人姓名或单位名称。个人姓名后面加上“先生”“女士”或职务等相应称呼。③问候语。称谓下一行空两格或正文开头写“您好!”。④正文。邀请的原因+活动内容+活动安排的细节+提出邀请。⑤问候语。在正文后另起一行空两格写“此致”二字，然后再另起一行顶格写“敬礼”二字。⑥署名及日期。

【知识链接7-3】

尊敬的×××先生/女士：

您好！

很荣幸地邀请您参加视觉中国“盛放+新锐100计划”启动仪式暨首展开幕派对。活动现场将有“火星人MZ-U插画作品展”、新锐艺术家Audio Visual现场表演及冷餐酒会等。

欢迎您届时光临。

开幕时间：2017年2月2日（周五）下午6：00—9：00

地　址：视觉中国网站（北京市朝阳区酒仙桥路14号兆维工业园区A区2号楼1门4层）

展览时间：2017年2月2日至2月12日

首展设计师：火星人（MZ-U）

现场Audio Visual表演：pulpo山水（sulumi+DeadJ）盛洁

参会回执：

姓名：　　　　　　　性别：　　　　　　单位：

联系电话：　　　　　手机：　　　　　　邮箱：

请在××月××日下午××点前将参会回执发到××××××××。

联系人：　　　　　　电话：　　　　　　邮件：　　　　　　传真：010-84798870

行车路线：××××××××

视觉中国网站

2017-01-29

【知识链接7-4】

邀请函

各相关单位：

2016西安丝绸之路国际旅游博览会将于8月26—27日在西安曲江国际会展中心举行。会议期间，陕西省旅游局将于8月26日15：00—16：00在西安豪享来温德姆至尊酒店（西安市曲江新区慈恩东路208号）G层大宴会厅举办陕西旅游项目推介会暨签约仪式，敬请参加。请与会人员提前10分钟进入会场。

请于8月19日12时前将参会人员名单（姓名、单位、职务、联系方式）发送省旅游局。

附：陕西旅游项目推介会暨签约仪式参会人员回执.doc

联系人：高碧浪　刘鹏

联系电话：029-81542956/85261490　13720631191

传真：029-81542956

邮箱：461347721@qq.com

陕西省旅游局

2016年8月15日

3）会议议程

会议议程是为完成会议目标按照会议时间先后排列的详细计划步骤，即会议所要讨论、解决的问题的大致安排，是主持人主持会议的操作依据。

（1）会议议程的内容。大中型会议的议程一般安排如下：开幕式、领导和来宾致辞、领导做报告、分组讨论、大会发言、参观或其他活动、会议总结、宣读决议、闭幕式。

（2）议程的格式结构。议程包括标题和正文。一般用简练文字分条逐项写出即可。①标题。由会议全称加上“议程”二字组成。②题注。议程如需提交大会审议表决，应在标题后面或者下方居中用圆括号注明“草案”二字。议程如已获大会通过，则去掉“草案”二字，在标题下方注明该议程通过的日期、会议名称，并用圆括号括入。无须大会通过的议程可注明会议的起讫日期，如：（2017年3月5日—3月8日）。③正文。简要概括地说明会议每项议题性活动的顺序，并用序号标注，句末一般不用标点，如：“一、听取和审议国务院总理李鹏关于政府工作的报告”。④落款。由会议组织机构确定的议程应当标明制定机构的名称，如“秘书处”。由会议通过的议程不用标写落款。⑤制定日期。无须大会通过的议程要标明制定的具体日期。

4）会议日程

会议日程就是根据议程做出的具体安排，一般以半天为单元，是会议全程各项活动和与会者安排个人时间的依据。

（1）会议日程的内容。会议日程要具体安排会议中的各项活动，包括报到、招待会、参观、考察、娱乐等等辅助活动和工作环节。

（2）日程的结构和写法。①标题。由会议活动的名称加上“日程”或“日程安排”、“日程表”组成。②正文。通常有表格式和日期式两种。表格式日程安排一般以上午、下午、晚上为单元，也可标明中午和傍晚的时间。每个单位时间可再分成几段，以适应不同活动的需要。内容上一般要设会议活动的时间、名称、内容、主持人（召集人）、参加对象、活动地点、活动要求（备注）等项目。日期式，即按日期先后排列会议的各项活动，每项议程和活动名称前标明序号或起止时间。③落款。一般由会议组织机构的秘书处署名，在大会上或主席团会议上通过的会议日程无须落款。

【知识链接7-5】

××师范学院2017年教学工作会议日程安排表（摘录）

日期	时间	会议内容	地点	报告人	主持人	参加人员
4月 8日 上午	8：30—11：30	1．会议开幕式 党委书记林××致开幕词 2．省教育厅领导讲话 3．韩××副校长作教学工作报告 主题：质量立校　特色树校　创建本科教学工作优良学校 4．会议全体正式代表合影 5．系（部）代表发言	田家炳楼学术报告厅	韩××	童××	全体代表
4月 8日 下午	3：00—5：30 分组讨论	讨论材料： 1．韩副校长报告：质量立校　特色树校　创建本科教学工作优良学校 2．××师范大学关于进一步加强本科教学工作的实施意见	1．第一会议室 2．第二会议室 3．第三会议室 4．外语系会议室 5．社科部会议室 6．数学系会议室 7．艺术系会议室 8．物理系会议室	各小组召集人		全体代表

5）讲话稿

（1）开幕词。它是宣告会议开始、交代会议议程、阐述会议宗旨的致辞。

开幕词的写法。①标题。其写法常见的有以下形式：会议名称加文种“开幕词”，致辞人姓名、会议全称和文种构成，另拟主标题，以会议全称加开幕词作为副标题。②称谓。开幕词对称谓比较注意，应根据会议的性质和出席会议的人员来确定。③正文。其包括开头、主体、结尾三部分。开头主要内容是宣布会议开幕。主体是开幕词的核心部分，通常包括三项内容：一是阐明会议的重大意义，概括说明与会议有关的形势及会议的目的；二是阐明会议的指导思想、主要议程和安排；三是对与会者提出希望和要求。结尾以简朴有力的富有鼓动性和号召力的语言作结。

开幕词的写作要求：掌握会议的主题精神；全面了解会议的情况；文字精练，语言明快热情，尽量使用口语。

（2）闭幕词。它是在重大会议结束时，由有关领导人或德高望重者向会议所做的总结性讲话。

闭幕词的写法：①标题。闭幕词标题的写法与要求同开幕词相似，同一会议的闭幕词与开幕词标题一般要相适应。②称谓。与开幕词的称谓一致，根据会议性质及与会者的身份来确定。③正文。其包括开头、主体、结尾三部分。开头用简洁的文字说明会议在何种情况下（如各级领导的关怀、与会成员的努力等）“圆满结束”或“胜利闭幕”。主体通常包括两项内容：一是总结会议所完成的任务，肯定会议的成果；二是提出贯彻会议决议、会议精神的指导意义。结尾用以宣布会议结束。

闭幕词的写作要求：紧密围绕会议的中心议题，概括出会议所形成的共识和会议精神的实质要义；篇幅应短小精悍，语言应简洁明快，既有高度的概括性，又要富于感染力。

（3）会议报告。它是指有关领导人在比较重要会议上的讲话文稿。

会议报告的写法：①标题。直接式，直接写明某人在某会议上的报告或讲话；文章标题式，根据报告的主题，拟定一个题目；正副标题式，以文章式标题为正题，揭示报告主旨，副题标明“在××会议上的报告”。②正文。会议报告的正文由开头、主体、结尾三部分组成。开头写明报告的依据；主体内容包括形势分析、取得的成绩、存在的问题及解决的办法、今后的任务及采取的政策、措施、方法等，其结构方式一般有两种：递进式和并列式；结尾可采用概括式结尾，或以所谈最后一个问题作结，自然结束。

会议报告的写作要求：报告要具有针对性、指导性；语言要生动活泼，让听众能听得入耳；篇幅不宜过长，以把问题讲清楚、把内容表达完整为度。

7.2.4 会前文书发放工作程序

（1）分装。根据会议需要，将印制好的文件按目录整理装袋。具体操作步骤如下：选择大小合适的文件袋，按照文件目录顺序装入，检查有无漏装、重装。

（2）编号。它可以分为两步：在所有装好的文件袋封面顺序编号，以便统计数量，并可备核查；根据保密需要，在文件袋上做好保密标记。

（3）发放。其方式有：签到时发放，即会前摆放在座位（适用于主席台或小型决策型会议）；按到会部门统一发放。发放的要求一般有以下两项：①准时。在一般情况下，会议文件都是提前发放。所谓准时，就是根据会议时间进程，及时将有关文件发放到位。②准确。文件发放要准确无误，该发给谁，应该发哪些文件，必须准确，不可错发。

【案例分析7-2】

宜德股份有限公司承办了一次600人的大型会议，会前已经安排好与会人员座次，并画出区域安排表张贴在签到处。会议开幕时，秘书们发现许多参会代表找不到座位，场面一度极其混乱。虽然最后将所有座位安排妥当，但是开幕时间已经延迟了将近一个小时。问题出在哪里？

分析：会场座位安排可以有以下形式：座位安排示意图、座次表、名签、门票座位等。该会议因人数较多，应该采取：在会场张贴座位示意图，并在发放的会议通知中注明座位或放入座号多种方式结合。在本案例中，会务组只是在会场签到处张贴座位区域安排，当然会造成场面混乱。

7.3 会中文书服务

7.3.1 会中文书概述

会议中一般将产生三种主要的文书：会议记录、会议简报以及会议宣传。

1）会议记录

（1）会议记录工作方法。要做好会议记录，可以参照以下工作方法：①同步记录，可以使用计算机同步记录、速录机记录和手工速记三种方法，这样的会议记录基本保持发言原貌。②概括记录，记录要点重点。③录音记录，会后手工整理。

（2）会议记录准备工作。要做好会议记录，必须在记录前做好以下准备工作：①充足的工具准备。包括准备好足够的纸笔，适用的计算机、速录机、录音机和足够的磁带等。②人员、时间准备。会议记录人员必须专人负责，并保证替换。记录人员必须提前熟悉名单，提前到达会场，并熟悉名单上与会人员的座位，以便识别发言者。③思想和心理准备。记录员必须做好充分的思想准备，要高度集中注意力，不开小差，保证记录不出差错。

【知识链接7-6】

心理准备可以通过行为姿势来调整。例如，正襟危坐可以调节中枢神经，使之不产生疲倦心理；尽量注视发言人，以便保持注意力集中。

（3）会议记录的重点。以下就是会议记录中应该关注的重中之重：①中心议题及关于中心议题产生的讨论发言。②会议讨论或争论的焦点。③领导、权威人士、代表人物的发言。④会议开始和结束时的讲话。⑤各方主要见解。

2）会议简报

（1）会议简报的概念。会议简报是会议期间为反映会议进展情况、会议发言中的意见和建议、会议议决事项等内容而编写的简报，是一种常用的应用文体。

重要会议或规模较大的会议，会议代表并不能了解会议的整体情况，譬如分组讨论时的重要发言、有价值的提案等，需要依靠简报来了解会议的基本面貌。重要会议的简报往往具有连续性的特点，即通过多期简报将会议进程中的情况接连不断地反映出来。会议简报一般由会议秘书处或主持单位编写。

（2）会议简报的作用。其包括三个方面：一是便于领导了解情况，推动会议深入进行；二是沟通情况，交流经验；三是便于备考存查归档。

整理会议简报，要注意做到：①真。会议简报反映情况一定要真实、准确。简报反映的观点材料，必须是与会者所讲过的，要忠实于原意，一些关键的词句，甚至要求是原话。②新。会议简报，一般是头天讨论的情况，第二天一早就要印出发到与会者手上。这就要求编写简报必须是"快枪手"，要练就一手一两小时便能整理出一份简报的功夫。要讲究方法，采写人一边听会议讨论，一边分析、归纳。一脑两用，脑海中已经有了简报的框架。③简。顾名思义，简报要简，通常是"千字文"。这就要求文字要干净、简练，不说废话。写法上要开门见山，直截了当。④精。材料要精。简报内容要紧紧围绕会议的中心议题，把代表们的主要认识、意见和建议反映出来。要扣紧主题，突出重点，抓住典型，提炼概括。

（3）会议简报的编写方法。会议简报的编写大体有以下三种方式：①综合式。通过对发言的内容进行综合分析，梳理归纳成几个问题来编写。②报道式。采用新闻报道的形式，先将要反映的内容用几句话概括成一段导语，然后逐段从不同侧面报道讨论的内容。一般可按重要程序依次排列。③摘要式。将发言人的发言摘要整理成简报。可一期摘发一个人的发言，也可同时摘发几个人的发言。

3）会议宣传

会议的新闻报道工作可以有多种方式：①准备给媒体的宣传资料。举行会议必须要印刷一些会议宣传品及会议资料，会议宣传品是用来告知会议的信息以及会议期间提供与会者开会所需的相关资料之用，也可以在会后留存建档参考使用。②撰写新闻报道稿件，然后经领导审定后，向媒体发送。③准备举行会议新闻发布会的材料。

7.3.2　会中文书的拟写

三种会中文书的写作要求各不相同，要注意区分，并掌握拟写每种文书的方法和技巧。

1）会议记录

会议记录是在会议过程中由专门记录人员把会议情况和会议内容如实笔录而形成的书面材料。原始性、客观性、规范性是会议记录的主要特点。

（1）写作要点。准确写明会议名称（要写全称）、开会时间、地点、会议性质。①会议记录应该详细记下会议出（缺）席人数、职务、姓名等资料。②忠实记录会议上的发言和有关动态。③记录会议的结果，如会议的决定、决议或表决等情况。④会议记录要忠于事实，不能夹杂个人情感，不允许有意增删发言内容。会议记录一般不宜公开发表，如需发表，应征得发言者的审阅同意。

（2）会议记录的写法。会议记录有固定的格式，由标题、首部、会议进行情况、尾部四部分构成。①标题。一般由会议名称和"记录"组成，如"××公司2008年度生产工作会议记录"。②首部。第一部分记录会议的组织情况，包括：会议的名称；开会日期；开会地点；出席、列席、缺席人员；主席或主持人（具体姓名及职务）；记录人（签名以示负责）。一般采用表格形式。③会议内容。按会议议题顺序记录会议发言、报告、讨论和决议等事项。现场记录下来的文字，需要进行整理，整理完后，应送发言人和会议主持人审阅。最后单独一行写"散会"或"休会"，使记录有头有尾，结构完整。④尾部。尾部的任务是记载署名的情况。署名是对记录的真实性郑重负责的体现。以下四种人需要署名：记录人，审核人，发言人，法定的签字人员。

【知识链接7-7】

××学院第×次办公室会议记录

时间：2017年3月4日　　　上午8：00—11：40

地点：第×会议室

出席人：刘××（院长）、杨××（总务长）、孙××（教务处长）、张××（院长办公室主任）、吴××（院长办公室秘书）及各系部门主要负责人

缺席人：王××、张××（外出开会）

主持人：刘××（院长）

记录：吴××（院长办公室秘书）

一、报告

（一）杨××报告院基本建设进展情况。

（二）主持人传达省人民政府《关于压缩行政经费的通知》（以下简称《通知》）。

二、讨论

我院如何按照省人民政府《通知》的精神抓好行政经费的合理开支，切实做到既勤俭节约，又不影响正常教学、科研等活动的开展。

三、决议

（一）利用两个半天时间（具体时间由各系各单位自己安排，但必须安排在本周内）组织有关人员集中传达学习《通知》精神，提高认识，统一思想。

（二）各系各单位负责人在认真学习的基础上，利用下周政治学习时间向群众传达、宣讲。

（三）各系各单位责成有关人员根据《通知》的压缩指标，重新审查和修改本年度行政经费开支预算，并于两周内报院长办公室。

（四）各系各单位必须严格控制派出参加校外会议及外出学习人员的人数，财务部门更要严格把关。

（五）利用学习和贯彻《通知》精神的机会，对全院师生员工普遍开展一次勤俭节约、艰苦朴素的传统教育。

散会。

主持人　　　　（签名）

记录人　　　　（签名）

2）会议简报

简报由报头、报核（正文）、报尾三部分组成。以下将着重介绍会议简报格式写法和写作要点。

（1）报头，由简报名称、期号、编报单位、编报时间组成。

（2）报核，包括一文一报、编者按和登载文结合、多文一报等形式。各个组成部分的具体写法如下：①按语。按语的写法有三种形式：评介性按语；说明性按语；提示性按语。按语不是简报必备的结构要素，有些简报可以不写按语。按语的作者，一般由编发机关指定有关人员撰写。②目录。多文一报类型简报，必须在封面编制目录。③标题。每篇简报都必须有标题。标题一般要求简明地概括正文内容，类似于新闻标题。④正文。正文的写法，要根据具体情况来定，通常大致有三种：第一种为综述法。由编辑部门收集各方

面的发言、意见概括而成，类似会议的综合报道，将会议的进程、出席情况、会议的发言和议程一一收入，全面加以反映。第二种是重点报道法。重点反映会议的某个重要报告的内容、小组讨论情况或一个与几个人的发言等。第三种为摘要法。摘录代表发言的概要，供与会者参阅。

(3) 报尾，包括报、送、发机关和印数等部分，位于简报末页下端，左边写发送对象、范围，右边写印刷份数。

例文

<table>
<tr><td>
密　级　　　　　　　　　　　　　　　　　　　　　　　　编　号
会议简报
第×期
××总公司办公室
××××年×月×日
</td></tr>
<tr><td>
按　语
标　题
正文（导语+主体+结尾）
报：××　××
送：××　××　××
发：××　××
共印×××份
</td></tr>
</table>

7.4　会后文书收集、清退与归档

根据我国文书和档案管理有关规定要求，办毕会议文书的处置，有立卷归档、清退、暂存、销毁等方式。因此，会议文书要在会后指定时间地点内进行收集、清退与归档工作。

7.4.1　会议文件收集清退

1）会议文件收集清退的范围

需要收集的会议文件大致包括以下范围：

(1) 关于召开会议的请示与批复。

(2) 提交会议审议批准的文件。例如工作规划、计划、报告、预算决算、行政法规及各项决议的草案等。

(3) 会议期间使用的文件。例如开幕词、闭幕词、领导人讲话稿、大会发言材料（包括典型经验介绍材料、专题报告）、会议总结报告等。

(4) 会议参考性文件。例如调查报告、可行性分析报告、统计报表、技术图纸或图表等。

(5) 会议管理性文件。例如会议通知、日程与议程安排表、会议须知、保密规定以及会议主席团名单、委员会名单、与会人员名单、票证、签到簿等。

(6) 会议记录、简报。

(7) 会议宣传性文件。例如宣传会议精神、主旨或决定事项的文件资料。会议纪要、决议、新闻报道等。

(8) 会议的照片、录音、录像等资料。

2) 收集会议文件的渠道

会务组可以通过下列渠道收集会议文件:

(1) 向全体与会人员收集文件。

(2) 向会议的领导人、召集人和发言人收集文件。

(3) 向会议的有关工作人员收集文件,如会议的记录人员、文书起草人员等。

3) 收集文件的方法

根据会议和文件的不同,会议文件的收集方法有所不同。一般的收集会议文件的方法有以下几种:

(1) 根据会议文件清单清退。会议主办部门应向参加会议的单位发出《会议文件清单》,详细列出会议的所发文件目录,通知受文单位文书处理部门及时收缴登记,统一管理。与会人员应主动把文件交给档案员登记,档案员也应主动找与会人员收回文件。对于部分会后需要收回的文书材料,应分别将清退文书目录提前发给与会者,督促其按发文登记和文书编号。逐人逐组清退,限期退还文书人员;如不愿退还,需作宣传解释工作并辅以必要的制度规定。

对于部分与会者带走的文书,应要求与会人员使用完毕后,交给所在单位或部门登记管理,纳入该单位收文渠道,对这类"账外文件",应与其他收文一样处理。

(2) 一般小型内部会议,如果参加会议的人数较少,人员又比较熟悉,可以在宣布会议结束的同时,由主持会议的领导提出要求,请与会者将需要退还的文件留下,也可由秘书人员在会场门口随时收集。对个别领取会议文件后未到会或提前离会的人员,应当及时采取个别催退的办法。

(3) 大中型会议收集文件,应提前发文件清退目录,先由与会人员个人清理,由召集人收齐交大会秘书处。

(4) 收集会议工作人员手中的文件,可采取按目录的限时交退。

(5) 机密件的清退。重要的机密件一般不要发给与会人员带回,如果必须发给与会人员,应在会议结束前收回,并在文件上注明"会议后收回"的字样。

7.4.2 会议文书归档与销毁

1) 会议文书的归档

会议文书的归档有两种情况:

(1) 平时归卷。会议文书因其特殊性在平时归卷工作程序上,与其他文件有所不同。会议文书的平时归卷是按照会议主题组卷,即归卷时不和其他同时间文件组卷,而是按会议组卷,一般情况,每次会议单独组成案卷。

(2) 定期归档。文件的清退和销毁应建立严格的制度,每次会议结束要及时清退,一年至少清退一次。一般每年四月底以前将上年度的文件清退归档。

2) 会议文件销毁工作程序

各种文刊、资料、电报除需要归档的外,多余的重份和没有存档价值的都要销毁。

(1) 登记造册。凡需销毁的文件,均需登记造册,经主管领导审查签字,监销人核对无误后才能销毁，个人不得自行销毁文件。

（2）文件销毁的方法。其包括：①焚烧。注意不留残片，当全部化为灰烬后方能离开。②直接送市国家保密局公文回收站。③送造纸厂化浆。送造纸厂化浆的文件，装车前要打好捆或用编织袋装好，不要散装，要选派可靠人员押运，严禁无关人员介入，以防泄密。文件材料销毁必须要至少2人监销。

【案例分析7-3】

××大学人事处秘书吴清，参加省教育厅召开的2015年度职称评审工作会议，带回五份文件，办完工作后，将上述文件锁进文件柜中。第二年进行2015年度文件立卷归档时，吴清告诉档案室2015年没有收到上级机关发来的文件，只将本部门的发文整理后，立卷归档。2016年，学校又要进行职称评审工作，评审标准仍沿用2014年的文件。结果，评审材料因不合标准，被上级人事部门退回，耽误了教师的职称评审，引起教师们的不满。吴清已于前一个月调到×省林业厅工作。新来的秘书小陈又找不到原来的文件。造成这次工作失误的主要原因是什么？正确的做法是什么？

7.4.3　会后文件的拟写

会后文件主要包括会议决定和会议纪要。两者的含义、格式以及写作要求各有不同。

1）会议决定

根据中共中央办公厅、国务院办公厅于2012年印发的《党政机关公文处理工作条例》规定，决定适用于对重要事项作出决策和部署、奖惩有关单位和人员、变更或者撤销下级机关不适当的决定事项。会议如有重要事项安排，一般在会后发文，通常是用“决定”。

格式内容。①标题。用正规公文标题。三元素标题：发文机关+事由+文种，如《×××××关于×××××的决定》；二元素标题：事由+文种《关于×××××的决定》②正文。正文包括：发文原因+决定事项+要求。发文原因即写决定的根据。有的是写此项决定的法律依据或某些管理条例的依据；有的是写此项决定的理由。决定事项包括具体实施的原则、方法、步骤。关于事件处理、人员表彰、处分的决定，须写明事实和组织处理决定。事项要求层次分明、条理清楚，每个层次可用数量词或分标题标明。要求即执行要求，有的决定无须此项。③落款。发文机关加盖公章，若标题有发文机关此处可略写。④成文日期。用汉字标注。

2）会议纪要

会议纪要适用于记载会议主要情况和议定事项。

（1）会议纪要结构。会议纪要通常由标题、正文、成文单位构成。①标题。有两种模式：一是公文式标题，召开会议的机关+内容+纪要或会议名称+纪要；二是文章式标题，由正副标题构成。②正文。会议纪要正文一般由两部分组成：第一部分会议概况，主要包括会议时间、地点、名称、主持人、与会人员、基本议程；第二部分会议的精神和议定事项，包括陈述会议精神、讨论的具体问题、交流的经验、提出的意见、领导的指示、今后的任务与决定的事项。③成文单位。可在标题下，也可在文末。

（2）写法要求。起草程序如下：

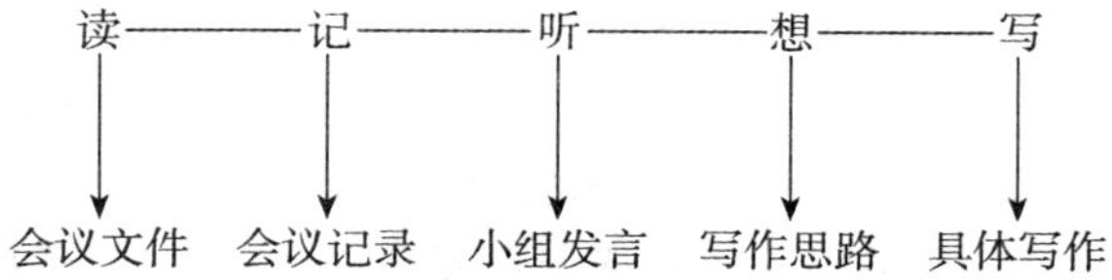

（3）会议纪要与会议记录的区别。会议纪要有别于会议记录，二者的主要区别是：第一，性质不同。会议记录是讨论发言的实录，属事务文书。会议纪要只记要点，是法定行政公文。第二，功能不同。会议记录一般不公开，无须传达或传阅，只作资料存档；会议纪要通常要在一定范围内传达或传阅，要求贯彻执行。

[知识掌握]

7.1　会议常用文件有哪些？

7.2　会议文件的分发程序是什么？拟写会议文件时应注意的问题有哪些？

7.3　会议记录和会议纪要有什么区别？

7.4　会议文件清退时应注意什么问题？

[知识应用]

案例分析

市场秩序整顿会议记录

时间：20××年4月8日上午

地点：管委会会议室

主持人：李××（管委会主任）

出席者：杨××（管委会副主任）、周××（管委会副主任管城建）、李××（市建委副主任）、肖××（市工商局副局长）、陈××（市建委城建科科长）及建委、工商局有关科室宣传人员、街道居委会负责人

列席者：管委会全体干部

记录：邹××（管委会办公室秘书）

讨论议题：

1.如何整顿城市市场秩序。

2.如何制止违章建筑、维护市容市貌。

杨主任报告城市现状：我区过去在开发区党委领导下，各职能单位同心协力、齐抓共管，在创建文明卫生城市方面取得了一定成绩，相应地，城市市场秩序有一定进步，市容街道也有改观 。可近几个月来，市场秩序倒退了，街道上小商贩逐渐多起来，水果摊、菜摊、小百货满街乱摆……一些建筑施工单位沿街违章搭棚，乱堆放材料，搬运泥土撒落大街……这些情况严重破坏了市容市貌，使大街变得又乱又脏；社会各界反应很强烈。因此今天请大家来研究：如何整顿市场秩序，如何治理违章建筑、违章作业、维护市容……

讨论发言（按发言顺序记录）

肖××（市工商局副局长）：个体商贩不按规定到指定市场经营，管理不得力、处理不

坚决，我们有责任。这件事我们坚决抓落实：重新宣传市场有关规定，坐商归店、小贩归市、农民卖蔬菜副食到专门的农贸市场……工商局全面出动，也希望街道居委会配合，具体行动方案我们再考虑。

罗××（工商局市管科科长）：市场是到了非整不可的地步了。我们的方针、办法都有了，过去实行过，都是行之有效的，现在的问题是要有人抓，敢于抓，落到实处。只要大家齐心协力问题是能够解决的。

奏××（居委会主任）：整顿市场纪律我们居委会也有责任。我们一定发动群众配合好，制止乱摆摊、乱叫卖的现象。

李××（市建委副主任）：去年上半年创建文明卫生城市时，市政府出了个七号文件，其中规定施工单位不能乱摆战场。工棚、工场不得临街设置，更不准侵占人行道。沿街面施工要有安全防护措施……今年有的施工单位不顾市政府文件，在人行道上搭工棚、堆器材。这些违章作业严重地影响了街道整齐、美观，也影响了行人安全。基建取出的泥土，拖斗车装得过多，外运时沿街散落，到处有泥沙，破坏了街道整洁。希望管委会召集施工单位开一次会，重申市政府七号文件，要求他们限期改正。否则按文件规定惩处。态度要明确、坚决。

陈××（市建委城建科科长）：对犯规者一是教育，二是逗硬。“不教而杀谓之虐”，我们先宣传教育，如果施工单位仍我行我素不执行，那时按文件逗硬处理，他们也就无话可说。

周××（管委会副主任管城建）：城市管理我们都有文件、有办法，现在是贵在执行，职能部门是主力军，着重抓，其他部门配合抓。居委会把居民特别是“执勤老人”（退休职工）都发动起来，按七号文件办事，我们市区就会文明、清洁，面貌改观……

与会人员经过充分讨论、协商，一致决定：

1.由工商局牵头，居委会和其他部门配合，第一周宣传、第二周行动，监督实施，做到坐商归店、摊贩归点、农贸归市，彻底改变市场紊乱状况。

2.由管委会牵头，城建委等单位配合对全区建筑工地进行一次检查。然后召开一次施工单位会议，对违章建筑、违章工场限期改正。一个月内改变面貌。过时不改者，坚决照章处理。

散会。

主持人（签名）

记录人（签名）

问题：将该会议记录整理成会议纪要和会议简报，并简述三者的异同。

分析提示：主要考查会议文书的理论知识与实际操作是否熟悉。

实践训练

1）如果你是本公司秘书，2017年6月4日（下周三）公司总部副总裁李明强一行5人将来我公司视察。视察内容包括：听本公司领导叙职（上午9：00—11：00在公司主楼第二会议室）；中午11：30—12：30在公司宾馆餐厅海王星厅就餐，我公司陪同人员有我公司经理、副总经理（共二人）、办公室主任、公关部部长、经理秘书纪颖，共6人；出席本公司科技人员获国家科技奖表彰大会（15：20—16：20在本公司礼堂举行）；检查实验大楼的建设情况（下午13：30—15：00在工地现场）；晚餐在17：00—19：00举行（地点同中午）。此次活动主陪人为我公司总经理、两位副总经理、办公室主任及秘书。

要求：请写一份公司科技人员获国家科技奖表彰大会的议程，并列出当日日程安排表。

2）公司将在8月15日召开客户咨询联谊会，如果你是公司秘书你会怎样操作？

要求：请列出发送会议通知应注意的问题，并拟写一份带回执的会议通知。

第8章

企事业单位常见会议

[学习目标]

在学习完本章之后，你应该能够：了解企事业单位常见会议的类型；明确企事业单位常见会议中秘书的工作；熟知常见会议的程序；掌握常见会议的服务与管理。

【引例】

××建设有限公司会议管理办法

第一章　总则

第一条　为规范××建设有限公司（以下简称“公司”）会议组织与管理，有效精简会议，提高会议效率，结合公司实际，特制定本办法。

第二条　本办法适用于公司总部及下属各单位的会议管理工作。设计公司作为计划单列单位，可根据实际制定相应实施办法。

第三条　本着精简、节约、提高会议实效性的原则，严格控制会期、参会人数及会议地点，减少会议数量，提高会议质量。

第四条　除有外单位人员参加的会议、现场会、涉密会议和需要面对面讨论、沟通、交流的会议外，公司会议原则上采取视频方式召开。

第二章　会议分类

第五条　公司会议分为如下类别：

（一）一类会议

1.上级和业主等单位要求公司协办或委托公司承办的大型会议；

2.公司股东会、董事会会议、总经理办公会议、党政领导会议、党委常委会议、党政领导碰头会；

3.公司年度工作会议、党代会、职工代表大会及会员代表大会（以下简称“双代会”）、团代会、思想政治工作研究会；

4.涉及公司发展战略、由各部门（含各事业部、核电检修部，下同）主办的专题会议；

5.以公司各部门名义召开的系统内业务工作会议。

（二）二类会议

1．平台公司股东会、董事会会议、总经理办公会议、党政领导会议、党委会；

2．平台公司年度工作会议、党代会、双代会、团代会；

3．涉及平台公司发展战略、由平台各部门主办的专题会议。

（三）三类会议

1．平台公司各职能线会议；

2．各平台所属项目部（专业化公司、筹备处）总经理办公会议、党政领导会议；

3．各平台所属项目部（专业化公司、筹备处）年度工作会议。

（四）四类会议

公司各部门和各单位召开的日常性和一般性会议。

第三章　会议审批

第六条　上级和业主等单位要求公司协办或委托公司承办的大型会议，经公司主要领导同意后组织实施。会前，由会议具体承办部门填写会议计划及费用申请表，向办公室和财务部备案。

第七条　各级股东会、董事会会议和总经理办公会议、党政领导会议、党委常委会议（党委会）、党政领导碰头会根据章程和有关议事规则召开。

第八条　除第六条和第七条规定的会议外，一类会议、二类会议和三类会议中涉及的其他会议均执行审批程序，具体权限和程序为：

（一）建设公司负责一类会议和二类会议的审批，平台公司负责三类会议的审批。

（二）对于一类会议和二类会议的审批，每年11月15日前，由公司各部门和各平台公司负责提出下一年度会议计划。会议计划包括召开时间、地点、参会人员、议题等。公司办公室负责统一汇总，并组织战略规划部、财务部、党群工作部、纪监审计部等部门审核后，向公司党政领导会议提交，经批准后，由办公室印发会议计划。

（三）对于三类会议的审批，由平台公司参照公司办法执行。

第九条　召开计划外或临时性会议（与第八条中描述的会议类别一致），由会议主办部门或单位提出申请，按上述审批权限和程序报批，审批同意后方可召开。

第十条　四类会议不作具体要求，按照精简、高效的原则灵活召开。

第四章　会议纪律

第十一条　各类会议的会期原则上不得超过2天。

第十二条　各类会议参加人员为与会议主题直接相关的人员，如确有必要，可增加列席人员。

第十三条　除一类会议中上级和业主等单位要求公司协办或委托公司承办的大型会议外，公司其他会议原则上不得在四星级以上宾馆或度假村召开。一类会议原则上在公司总部召开，二类会议和三类会议原则上在平台公司和项目部所在片区召开。能在公司总部或平台本部召开的会议，无特殊情况不得到外地召开。

第十四条　除特别紧急的会议外，会议通知应至少提前3个工作日发出。会议通知中应明确会议主题、时间、地点、参会人员等内容。

第十五条　严格会议报名和请假制度，未经会议主办部门和主持人批准，不得缺席，严格执行会议纪律。

第十六条　各类会议不得发放礼品、纪念品，不得利用开会组织旅游。

第五章　会议费用

第十七条　会议实行限额预算管理，范围包括设计制作和布置费、文件材料印刷费、车辆租赁费、伙食费、会餐费、公杂费、场地租赁费、鲜花水果以及受邀来宾住宿费等。

第十八条　会议各项开支标准由公司财务部按照公司财务管理办法和有关规定核定。各项费用从严控制，据实结算。

第十九条　会议费用实行集中汇总报销，报销时必须有书面的会议通知、会议预算、会议纪要。

第二十条　会议期间公司领导宴请按照公务接待管理制度的有关规定执行，在会议费中列支。

第二十一条　会议代表住宿和交通费自理。会议代表住宿和交通费在部门或单位差旅费中列支。

第六章　会议召开

第二十二条　一类会议召开

（一）会前工作

1．会议通知。以公司名义召开的会议，由主办部门负责草拟通知，由办公室负责发布会议通知；以各部门（含各事业部）名义召开的专题会议，由主办部门负责草拟、发布会议通知。

会议通知的形式根据会议的重要程度，可以采取红头文件、传真文件、网络公告、电话通知等方式，但必须明确会议的基本要素。在OA办公系统中发布会议通知时，注意发布范围，需要较广范围人员周知参会的，可在“通知公告”栏发布；只需要小范围或一定范围人员参会的，以传阅方式发布，但不应采用即时消息或在线对话等非正式途径。

发布视频会议通知时，必须明确指出会议主题、视频会议召开的时间、视频会议室名称、参会人员、会议室管理员等。

2．会议准备。会议需要制作背景、悬挂条幅、会场服务、摆桌牌、借用投影仪等服务的，应提前与办公室或有关部门联系，做好准备工作。其中涉及企业标识的，应当符合公司视觉识别系统的规定，不得擅自更改使用。重要会议、大型会议，根据需要悬挂条幅、气球等，但必须统一口径、统一标识、统一规格。

视频会议之前，由主会场与各参会会场的会议室管理员提前半小时做好相关设备的调试工作。各会场根据自己的网络运营商提供的网络入口，选择会议室入口，以确保网络视频会议正常召开。

会议需要提供纸张和笔的，均应提前摆放到位。公司举办的任何会议均不提供笔记本，统一使用公司便笺纸；不发放文件袋，统一使用公司纸制手提袋；不提供签字笔，可以使用铅笔，会议结束后由会议服务人员统一收回再利用。

3．会场布置。原则上各单位会场布置应当保持整体格调一致，坚持总体整洁美观原则。视频会议的分会场，应当设置“中核二三公司××分会场”标识。

需要摆放桌牌时，必须注意桌牌的摆放位置以及顺序，以确保符合礼仪规范。桌牌的制作，需符合公司视觉识别系统的有关规定。

（二）会中工作

1．会议原则上应确定专人负责记录。会议记录员要在会议进行期间认真记录，对结论性发言、达成的共识等做重点记录。

2.各与会人员必须严格遵守会议时间，不得迟到、早退。会场应当保持安静，与会人员不应在会场随意走动，同时应当使移动通信设备处于静音或震动状态，务必保持良好的会议纪律。

3.应当对会议服务（公关接待）人员定期进行有关商务礼仪知识的基本培训和训练。在进行会场服务工作时，应当符合礼仪规范，体现公司的良好形象。

4.会议注重控制时间，压缩会议议程，个人汇报和发言的时间要进行适当控制。

5.召开视频会议时，只在主会场同时播放各分会场的画面。在各分会场，必须统一观看主会场画面，不得播放其他分会场的画面。在视频会议过程中，工作人员不得对画面进行随意调控、转换，必须保持画面的统一性、稳定性、连续性。需要调控的，由主会场会议室管理人员做好统一调配工作，并及时做好相应维护工作。

6.召开视频会议期间，未经会议室管理人员的许可或邀请，任何用户不得随意进入正在开会的视频会议室。

7.与会者均应该保持良好的精神状态，自觉克服不良习惯，展现公司良好的企业形象。

（三）会后工作

1.会议记录员应在会议结束后2个工作日内整理好原始记录。以公司名义召开的会议，由主办部门负责草拟会议纪要，由办公室负责审核并提交领导签发后发布会议纪要；以各部门（含各事业部、核电检修部）名义召开的专题会议，由主办部门负责草拟并发布会议纪要。

2.会议的宣传报道工作按公司新闻宣传管理办法执行。

3.对于会议中的决定事项，相关部门和人员应当在会后进行督办落实，以保证会议效果。

4.需要进一步传达落实会议有关精神的，应当及时予以部署安排，并反馈执行结果。

5.会议结束后，会议服务人员应当及时整理会场，以保证会场随时处于干净、整洁的状态。

第二十三条　二类会议、三类会议的具体召开方式由平台公司和项目部（专业化公司、筹备处）参照本管理办法制定相应办法后执行。

第七章　附则

第二十四条　本办法由公司办公室负责解释。

第二十五条　本管理办法自印发之日起实施，公司《关于进一步改进公司会务工作的通知》（司办发〔2009〕11号）同时废止。

8.1　股东会

股东会是公司企业必不可少的一个组织机构，也是公司企业必须召开的一种会议类型。目前，我国的公司分为有限责任公司和股份有限公司。有限责任公司是股东以出资额为限对公司承担责任，公司以其全部资产对公司的债务承担责任。股份有限公司的全部资本为等额的股份，股东以其所持有的股份为限对公司承担责任。两者的共同点是：有限责任公司和股份有限公司对外都是以公司的全部资产承担责任；股东都对公司承担有限责任；股东的财产与公司是分离的。两者的不同点在于成立条件、股份转让的难易程度、股权证明形式等方面有所差异，两者的股东会、董事会权限大小和两权分离程度也不一样。

1）股东大会的职权

股东大会应行使的职权包括：①决定公司的经营方针和投资计划；②选举和更换董事，决定有关董事的报酬事项；③选举和更换由股东代表出任的监事，决定有关监事的报酬事项；④审议批准董事会的报告；⑤审议批准监事会或者监事的报告；⑥审议批准公司的年度财务预算方案；⑦审议批准公司的利润分配方案和弥补亏损方案；⑧对公司增加或者减少注册资本做出决议；⑨对发行公司债券作出决议；⑩对股东向段东以外的人转让出资作出决议；⑪对公司合并和分立、变更公司形式、解散和清算等事项作出决议；⑫修改公司章程。

2）股东大会的召开

不同类型的股东大会的召开，有不同的要求。

（1）定期股东会和临时股东会的召开。定期股东会由公司章程规定，一般每半年或者每年召开一次。会议的议题通常为：决定公司的经营方针和投资计划；审议批准董事会的报告；审议批准监事会或者监事的报告；审议批准公司的年度财务预算方案、决算方案；审议批准公司的利润分配方案和弥补亏损方案。

临时股东会，公司出现特殊情况时召开。代表1/4以上表决权的股东，1/3以上董事或者监事，可以提议召开临时会议。提议召开临时股东会议，一般应当书面向董事长（执行董事）提出。会议的议题通常为：选举和更换董事，决定有关董事的报酬事项；选举和更换由股东代表出任的监事，决定有关监事的报酬事项；对公司增加或者减少注册资本作出决议；对发行公司债券作出决议；对股东向股东以外的人转让出资作出决议；对公司合并、分立、变更公司形式、解散和清算等事项作出决议；修改公司章程。

（2）股份有限公司的股东会与有限责任公司的股东会的召开。股份有限公司召开股东大会前，一般是先将会议审议的事项于会议召开30日前通知各股东。通知上必须写明会议内容、开会时间和会议地点。对于记名股票的股东，要用专函通知，对于无记名股股东，可以通过报刊公告。股东如果不能出席大会，可以委托代理人出席。代理人应向公司提交股东授权委托书，并在授权范围内行使表决权。

有限责任公司的首次股东会是公司股东会的预备会议，发起人应当在会议召 15 日以前通知全体股东。会议由出资最多的股东召集和主持，依照《中华人民共和国公司法》（以下简称《公司法》）的规定行使职权。股份有限公司的发起人，必须在创立大会召开15日前，将会议日期通知各认股人或者予以公告。创立大会应有代表股份总数 1/2 以上的认股人出席，方可举行。

有限责任公司设立董事会的，股东会会议由董事会召集，董事长因特殊原因不能履行职务时，由董事长指定的副董事长或者其他董事主持会议。股份有限公司的股东大会会议由董事会负责召集，由董事长主持。董事长因特殊原因不能履行职务时，会议由董事长指定的副董事长或者其他董事主持。

3）股东大会的表决

股东出席股东大会，由股东按照出资比例行使表决权，即所持每一股份有一表决权。

具体的议事方式和表决程序，凡《公司法》有规定的，应该遵照规定实施；《公司法》没有规定的，按照公司章程的规定执行。临时股东大会不得对通知中未列明的事项作出决议。

股东大会决议的通过数额是：①股东大会一般决议，由出席会议的股东所持表决权的半数以上通过。②股东大会对公司合并、分立或者解散公司作出的决议，由出席会议的股东所持表决权的2/3以上多数通过。③修改公司章程必须经过出席股东会议的股东所持表决权的2/3以上多数通过。④股东会对公司增加或减少注册资本，或者变更公司形式作出决议，必须经代表2/3以上的股东通过。

4）股东会的一些特别程序

股东会是由全体股东共同组成的。法律规定，股东会的议事方式和表决程序，除法律另有规定的以外，由公司章程规定。公司法在确认股东会的议事方式和表决程序由公司章程规定的同时，对一些特定问题的讨论等也规定了一些特别的程序，主要包括：

（1）股东会对公司增加或者减少注册资本、分立、合并、解散或者变更公司形式作出决议，必须经代表2/3以上表决权的股东通过。

（2）公司可以修改章程，但修改公司章程的决议，必须经代表2/3以上表决权的股东通过。

（3）股东会会议由股东按照出资比例行使表决权。

（4）股东会的首次会议由于尚未形成会议召开方法，故应由出资最多的股东召集和主持，依照公司法规定行使职权。

（5）股东会会议分为定期会议和临时会议：定期会议应当按照公司章程的规定按时召开。临时会议由代表1/4以上表决权的股东，1/3以上董事或者监事提议召开。

（6）公司设立董事会的，股东会会议由董事会召集，董事长主持，董事长因特殊原因不能履行职务时，由董事长指定的副董事长或者其他董事主持。

（7）召开股东会会议，应当于会议召开15日以前通知全体股东。股东会应当对所议事项的决定做成会议记录，出席会议的股东应当在会议记录上签名等。

无论公司章程有无规定，股东会会议的有关问题涉及上述方面的，都必须按规定的程序执行。程序未作规定而章程有规定的，则可依章程规定的程序执行。

【知识链接8-1】

东电B股（900949）20×6年度股东大会会议资料

作者：浙江东南发电股份有限公司20×6年度股东大会会议资料

日期：20×7年4月14日

各位股东：

根据会议安排，下面由我向会议作20×6年度董事会工作报告，请各位股东审议。

一、20×6年工作回顾

20×6年是公司发展进程中非常重要的一年。过去的一年中，在政府有关部门的关心指导下，在全体股东的大力支持下，公司董事会带领经营班子和全体员工，上下齐心，团结奋斗，深入贯彻落实科学发展观，以切实保障股东利益和促进公司可持续发展为宗旨，拓宽思路，稳扎稳打，努力缓解经营压力，较好完成了经营与发展任务。全年完成发电量182.51亿千瓦时、上网电量168.99亿千瓦时，实现营业收入62.75亿元、净利润

6.63亿元，每股收益0.33元/股，均超额或达到年度预算目标。

一年来，公司董事会主要做了以下几方面的工作：

（一）完善公司治理，提高规范运作水平（略，下同）

（二）加强董事会自身建设，发挥战略决策作用

（三）切实加强经营管理，确保完成全年预算目标

——强化安全生产管理，全面完成年度经营任务。

——加强在建电力项目管理。

——运用科学的管理手段，提高管理效率。

（四）大力实施脱硫减排，节能降耗成效显著

（五）切实加强对金融资产的管理，有效维护公司利益

（六）积极开展一些重大问题研究，探索公司持续发展的有效途径

二、20×7年面临的形势和对策

进入20×7年，对公司而言机遇与挑战并存。存在的有利因素从宏观层面看，党的十七大报告全面描绘了我国未来发展的宏伟蓝图，提出了全面建设小康社会奋斗目标的新要求。国民经济的持续良性增长，必将给公司实现又好快的发展提供机遇。从微观层面看，公司的产能将进一步扩大，全资的台州电厂五期工程和萧山电厂天然气发电工程都将在20×7年全部建成投产，参股的滩坑水电站工程也将有一台机组建成投产。（略）

但与此同时，我们必须看到公司的发展面临很大的挑战，一些政策性、体制性问题以及市场环境的不利因素对公司改革发展的制约作用较为明显。从宏观层面看，当前全球经济竞争更加剧烈，国际金融市场风险增大，各种不确定因素和潜在风险增加。国家加大宏观调控力度，实行稳健的财政政策和从紧的货币政策，存款准备金率和贷款利率节节攀升，致使财务费用大幅增加，资金保障更加困难，投融资难度和风险加大。从微观层面看，包括煤炭在内的重要原材料、生产要素价格不断上涨。（略）

面对变化了的形势，需要我们进一步理清思路，统一认识，确定在近期和今后一段时间内公司工作的基本方略，明确工作重点，把握工作节奏，以创新的精神，高昂的斗志，继续开创公司的新局面。在具体实践中，要把握好以下三个方面：

（一）要坚持以规范管理为基础（略，下同）

（二）要坚持以改革发展为动力

（三）要坚持以企业文化为支撑

三、20×7年的工作安排

20×7年是公司在新的起点上，实现又好又快发展的关键一年。公司将以党的十七大精神和中央、全省经济工作会议精神为指导，深入贯彻落实科学发展观，深化各项改革，增强发展动力，创新体制机制，夯实安全基础，狠抓内涵提升与外延拓展，全力推进公司的持续协调发展。

今年公司重点做好以下几项工作：

（一）加强制度建设，进一步提高和完善公司治理（略，下同）

（二）夯实安全生产基础，努力提高发电效益

（三）推行精细化管理，提升管理新内涵

（四）大力推进“上大压小”工作，优化产业结构

（五）加强投资综合管理，实现投资效益的最大化

（六）抓好重大问题的研究与实践，促进公司新发展

（七）加强党建和人力资源管理，提供发展新保障

各位股东，进入20×7年，在新的形势下，公司董事会将在股东大会的正确领导下，科学分析新机遇新挑战，着力解决新问题新矛盾，认真履行职责，振奋精神，扎实工作，全力以赴带领公司经营班子和全体员工做好全年度的各项工作，不断开创公司改革发展的新局面。

20×6年度监事会工作报告（略）

20×6年度独立董事述职报告（略）

20×6年度财务决算报告（略）

20×6年度利润分配方案（略）

20×6年度审计工作总结报告及下年度聘请会计师事务所的议案（略）

20×7年度财务预算报告（略）

资料来源 http：//www.guosen.com.cn.

8.2 董事会

董事会依照法律规定必须由公司设置，由股东推选的董事组成。董事会是公司的常设权力机构，对股东大会负责，实行集体领导，是股份公司的权力机构和领导管理、经营决策机构，是股东大会闭会期间行使股东大会职权的权力机构。董事会具有如下特征：第一，董事会是股东会或企业职工股东大会这一权力机关的业务执行机关，负责公司或企业业务经营活动的指挥与管理，对公司股东会或企业股东大会负责并报告工作。股东会或职工股东大会所做的关于公司或企业重大事项的决定，董事会必须执行。

1）董事会的职权

董事会的职权范围如下：①召集股东会会议，并向股东会报告工作；②执行股东会的决议；③决定公司的经营计划和投资方案；④制订公司的年度财务预算方案、决算方案；⑤制订公司的利润分配方案和弥补亏损方案；⑥制订公司增加或者减少注册资本以及发行公司债券的方案；⑦制订公司合并、分立、解散或者变更公司形式的方案；⑧决定公司内部管理机构的设置；⑨决定聘任或者解聘公司经理及其报酬事项，并根据经理的提名决定聘任或者解聘公司副经理、财务负责人及其报酬事项；⑩制定公司的基本管理制度；⑪公司章程规定的其他职权。

2）董事会的召开

董事会分为定期会议和临时会议两种。董事会的定期会议应当按照公司章程的规定按时召开，通常每半年至少召开一次。董事会的临时会议仅在必要时召开，根据规定，1/3以上董事可以提议召开董事会临时会议。董事会会议应由1/2以上的董事出席方可举行。

董事会会议由董事长召集和主持。董事长因特殊原因不能履行职务时，由董事长指定副董事长或者其他董事召集和主持。召开董事会会议，应当于会议召开10日以前书面通知全体董事。该通知应载明召开董事会所议事项。

举办董事会会议的可以参考以下步骤：

（1）准备会议议题。召开董事会要有一定目的，首先要确定议题。

（2）准备会议材料。①董事长讲话稿。讲话稿一般由董事长的秘书负责，有时也由筹备处的秘书人员准备。②代议文件。主要指需要在会上讨论、议定的材料。③参阅资料。参阅资料是会议的参考性文件。④交流材料。交流材料是指会议人员互相沟通的材料。

（3）确定与会人员。会议范围要控制，文秘部门要掌握与会人员的数目与基本情况。

（4）会议议程和时间、地点的安排。董事会会议一般会安排在公司内部的会议室召开，时间由秘书与董事长和其他董事协商决定。会场一般以圆桌会议的形式布置。

3）董事会的表决

董事会的议事方式和表决程序，按照《公司法》和公司章程执行。

董事会作出决议，必须经全体董事的过半数通过。如果属特别决议，如确定董事长、常务董事长、发行公司债券等等，则需要2/3以上的董事出席，出席董事超过半数同意，方能通过。

股东的责任是选出董事及审计员。他们同时应确认公司管理体系的有效性及恰当性。股东属公司成员，董事则扮演着管家的角色。董事会负责公司管理，承担公司事务的全部责任而不能推卸责任。根据法律，所有董事，无论在公司中的分工如何、职位高低或是否担当执行董事都一律对公司事务负有不可推卸责任。董事会的任务是制订公司总体计划，提出行政方针政策、监督措施以及负责对股东或其他相关利益机构的通报工作。通常董事会是通过总裁把公司的目标要求及政策方针传达到执行董事的。但最重要的责任在公司董事会，因此，董事会必须密切关注总裁的工作。

【知识链接8－2】

董事会

深圳市××生物工程股份有限公司于20×7年4月26日在本公司会议室召开第三届董事局第十六次会议。会议应到董事7名，实到董事7名。公司董事张×民先生、刘×军先生、戴×祥先生，独立董事张×周先生、徐×龙先生、熊×熊先生、黎×民先生均亲自出席会议。会议的召开和表决程序符合《公司法》和《公司章程》的规定。会议由公司董事局主席张×X民先生主持。

经会议审议，通过了如下决议：

一、审议通过了20×6年度总经理工作报告。

该议案表决情况：同意7票，反对0票，弃权0票。

二、审议通过了20×6年度董事局工作报告。

该议案表决情况：同意7票，反对0票，弃权0票。

三、审议通过了20×6年度财务决算报告。

该议案表决情况：同意7票，反对0票，弃权0票。

四、审议通过了20×6年度利润分配预案。

经深圳大华天诚会计师事务所审计，公司20×4年度实现净利润22 664 451.78元，其中母公司实现利润20 570 926.80元，按10%提取法定盈余公积金2 057 092.68元，按5%提取法定公益金1 028 546.34元，加上以前年度未分配利润18 237 634.59元，实际可供股东分配的利润为37 816 447.35元。

分配预案：20×6年度暂不进行利润分配，也不实施公积金转增股本。

原因：由于公司各项业务发展需要补充大量流动资金，公司经营性现金流量状况仍然需要进一步改善，公司拟将未分配利润用于补充因经营规模扩大而需要的流动资金。独立董事认为，公司将未分配利润用于补充因经营规模扩大而需要的流动资金，有利于公司的可持续发展，同意公司将20×6年度利润分配预案提交公司股东大会审议。

该议案表决情况：同意7票，反对0票，弃权0票。

五、审议通过了20×6年度报告正文及摘要。

该议案表决情况：同意7票，反对0票，弃权0票。

六、审议通过了关于重大会计差错更正的议案。

该议案表决情况：同意7票，反对0票，弃权0票。

七、审议通过了关于计提八项减值准备的议案。

该议案表决情况：同意7票，反对0票，弃权0票。

八、审议通过了关于核销应收账款的议案。

该议案表决情况：同意7票，反对0票，弃权0票。

九、审议通过了关于续聘深圳市大华天诚会计师事务所为公司财务审计机构的议案；

本公司董事局决定继续聘请深圳大华天诚会计师事务所为本公司20×7年度财务审计机构，20×7年度是该事务所为本公司提供审计服务的第6个年度。20×6年度会计师事务所审计报酬总额为人民币78万元。独立董事通过了解深圳大华天诚会计师事务所的基本情况，认为公司续聘会计师事务所及确定会计师事务所的决策程序符合相关规定。

该议案表决情况：同意7票，反对0票，弃权0票。

十、审议通过了关于修改公司章程的议案。

该议案表决情况：同意7票，反对0票，弃权0票。

十一、审议通过了总经理工作细则。

该议案表决情况：同意7票，反对0票，弃权0票。

十二、审议通过了关于聘任公司高级管理人员的议案。

1.经总经理刘×军先生提名，决定聘任戴×祥先生为公司副总经理；同时，同意戴×祥先生因工作变动辞去财务总监职务。

2.经总经理刘×军先生提名，决定聘任尚×民先生为公司副总经理；同时，同意尚×民先生因工作变动辞去营销中心总经理职务。

3.经董事局主席张×民先生提名，决定聘任黄×先生为公司财务总监。该议案表决情况：同意7票，反对0票，弃权0票。

十三、审议通过了20×6年度内部控制审计报告。

该议案表决情况：同意7票，反对0票，弃权0票。

十四、审议通过了20×6年度内部控制评估报告。

该议案表决情况：同意7票，反对0票，弃权0票。

十五、审议通过了关于召开20×6年度股东大会的议案。

该议案表决情况：同意7票，反对0票，弃权0票。上述第二、三、四、五、九、十项议案须提交公司20×6年度股东大会审议。特此公告

深圳市××生物工程股份有限公司

董事局

20×7年4月27日

8.3　经理会

经理会是指具有经理身份的人研究和决定企业经营管理事宜的会议。经理会主要落实董事会已确定的企业目标和方针，并通过具体的管理经营活动体现出来，经理会受董事会的控制，在不违背董事会所确定的目标和原则的前提下，有权决定和处理企业管理经营活动中所遇到的一切问题。

经理会一般由负责全面工作的经理以例会的形式召集，也可由任何一名经理或部门领导提议召开，研究决定公司的经营管理方案，制订公司年度经营计划和投资方案，拟订公司内部管理机构设置方案，拟定公司的基本管理制度，制定公司的具体规章等。

经理会议的参加者是各个部门的经理，会议的内容往往是讨论、研究企业在经营管理各方面的事务，因此，提高经理会议的效率就显得尤为重要。

经理会在会前要布置好会议室。会议通常采用圆桌，如果参加会议的人较多也可以使用U形桌。会中应该考虑发言时间分配比例要均衡。结束经理会议时要注意：一要预留出足够的时间做结语，会议一般都要做总结发言，指出会议的重要内容；二是要准时结束会议，形成良好习惯。

【知识链接8-3】

公司经理会摘要

20××年2月22日，公司总经理樊进超同志主持召开了“公司经理会”。会议主要针对各主管领导提交的议题，就公司20××年的工作任务及重点进行了认真的分析讨论，进一步明确了20××年的工作任务和要求。其主要内容概括如下：

会议强调，20××年将是公司发展关键性的一年，同时也将是公司重大转折之年。因此，公司要求各主管领导、部门经理一定要统一思想，团结一致，相互支持，增强管理意识，确保公司20××年各项工作任务的圆满完成。

会议结合20××年已取得外地工程合同额约8 000万元的情况，公司要求各项目部要调整好工作思路，确保高质量地完成年度工程任务，进一步拓展外地市场。

会议在研究加强管理问题时，就公司“员工手册”的修订、北京项目部的日常管理、事业部“管理办法”的制定、员工培训、工资酬薪改革等问题进行了讨论，并提出具体要求。

通过这次会议，使班子成员更进一步明确了20××年的工作重点，更加明确了各项工作的标准和要求，增强了2005年工作的计划性和针对性，为全年工作开展提供了依据和保障。

8.4　企事业单位工作会议

工作会议是指企业、事业单位内部为了自身的健康、有效运转而召开的工作会议，包括各级办公会议和委员会会议。其目的是为了落实工作任务，合理配置和调整资源，分析、解决有关矛盾，协调机构及人员的关系。其根本目的是为了收集信息、寻找对策、提高效率和服务质量水平。

工作会议一般指企事业讨论或研究某项工作或任务的会议。这类会议的规模一般不大，与会的人员也不是太多。

会场的布置包括会场四周的装饰和座席的配置。较重要的会议，根据需要可在场内悬挂横幅。门口张贴欢迎和庆祝标语。会场可摆放适量的青松盆景、盆花。桌面上的茶杯、饮料等应擦洗干净，摆放整齐。

座席的配置要适合会议的风格和气氛，讲究礼宾次序。主要有以下几种配置方法：

（1）圆桌形，即使用圆桌或椭圆形桌子。这种布置与会者和领导一起围桌而坐，从而消除不平等的感觉，适用于10～20人左右的会议，如图8-1所示。

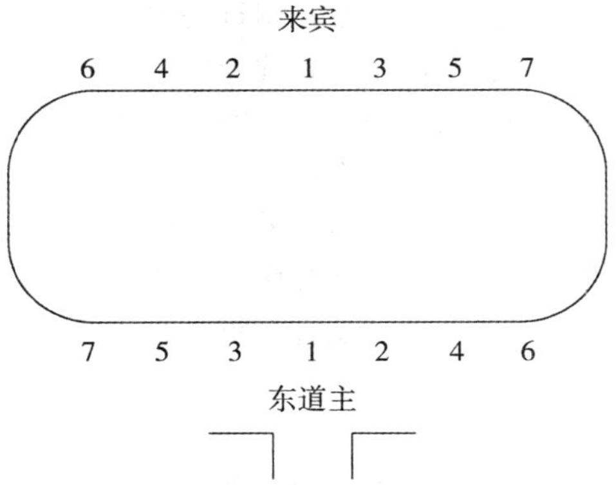

图8-1 圆桌形座席

（2）口字形，即用长方桌围成一个很大的口字型。这种形式比圆桌型更适用于较多人数的会议，如图8-2所示。但比较严肃正规的会议，为突出与会者的等级，表现最高领导者的权威性，可采用口字型安排，中心在一头，如图8-3所示。有些重要会议，为体现东道主与来宾平等相处和对来宾的尊重，虽然也采用口字型配置，但中心在两面，如图8-4所示。

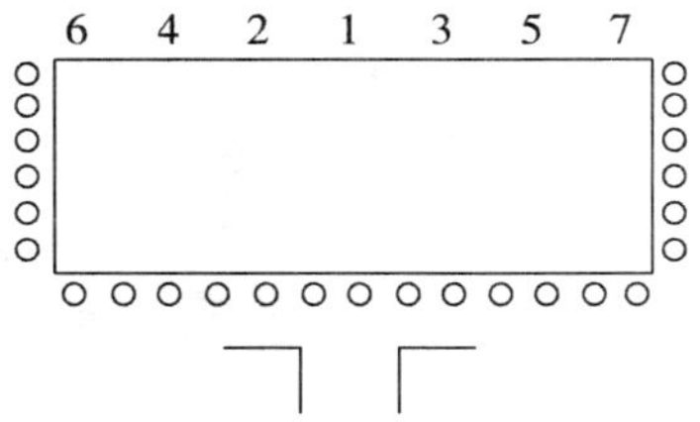

图8-2 口字形（1）

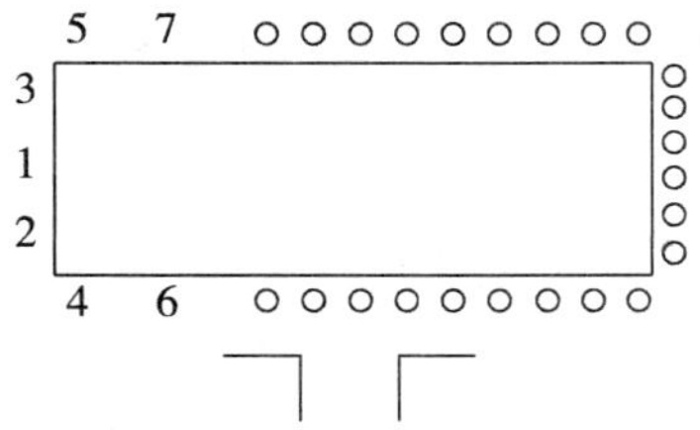

图8-3 口字形（2）

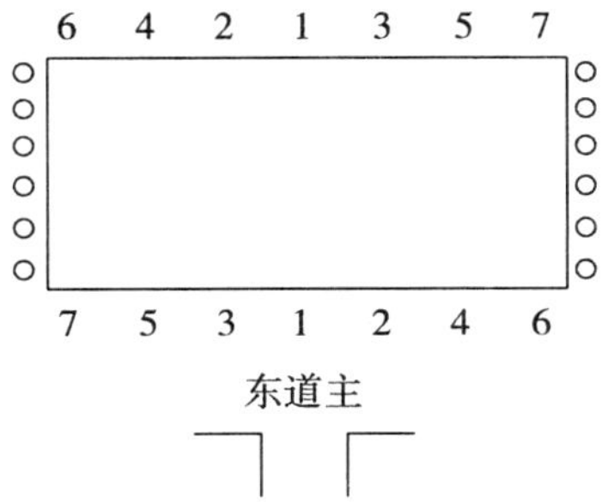

图8-4　口字形（3）

[知识掌握]

8.1　简述常见会议的程序。

8.2　常见会议中会务人员需要做哪些服务与管理工作？

8.3　在网上或图书馆搜集一些常见会议与活动的典型案例，制成课件分小组做成果展示比赛。

[知识应用]

案例分析

探解北京奥运会开幕式轮廓　演员需求超过三万人

1988年汉城的“手拉手”、2000年悉尼的土著文化、2004年雅典的爱琴海元素……都充分体现了奥运主办国民族文化的深厚积累。从申奥宣传片到雅典奥运会闭幕式上的8分钟，张艺谋无疑显示了其在阐述中国文化方面的功力，他如此描绘开幕式轮廓——开幕式要做到三个展示：五千年的灿烂文化、当代的精神面貌、奥林匹克精神和中国人宽大的心胸。

对中国元素的体现，要有很多设置，包括灯光、音乐、舞美，都要围绕中国文化这一主题。

关键词　点火

开幕式3个半小时，其中最重要的，无疑是点火环节。张艺谋在做客央视演播室时透露，圣火将于当晚23时30分点燃，而之前的彩排，肯定看不到点火，而且有不超过10人知晓北京奥运会的点火方案。据悉，北京奥运会点火方式的基本构思已完成，但最终如何点火，将逐级上报批准后才能确定。至于谁来点燃主会场的圣火，是象征着更快的飞人刘翔，还是象征着更高的小巨人姚明，或者是其他，恐怕只有到最后那一刻我们才能知晓。

关键词　焰火

焰火作为奥运会开幕式上的主角之一，历来都是最吸引观众和摄像师们镜头的元素之一，而在作为北京奥运会开幕式的视觉特效总设计、曾于2001年担任过上海APEC（亚洲太平洋经合组织会议）景观焰火总设计的蔡国强的眼中，中国古代四大发明之一的火药及其所延伸出的焰火在某种程度上代表了中华灿烂文明，而在2008年北京奥运会的开幕式上，现代的“鸟巢”上空燃放的焰火将向世界展现“中国的古老文化走到今天走到未来”的历程，展现中国人民推动自己文化往前的脚步。不过，由于国家体育场“鸟巢”是由贴膜的特殊钢材结构建筑，对焰火的安全性和环保要求很高。而且，如果说其他体育场像一只碗，那么“鸟巢”就是一只加上了半封闭盖子的碗。因此，在北京奥运会开幕式上，将会以高科技打造绚烂且环保的开幕式焰火表演。

关键词　音乐

既然要打造一场视听盛宴，除了精彩的文艺演出和绝妙的焰火表演，音乐当然必不可少——2004年，冰岛精灵比约克的歌声让人揣摩了许久；1996年的亚特兰大邀请到了加拿大的实力唱将席琳·迪翁演绎那首经典的“梦的力量”；1992年巴塞罗那本土男高音携手莎拉·莱曼的演出，仿佛再现了欧陆盛世的华美和气派……北京奥运会开幕式音乐总设计陈其钢做客央视演播室时并没有透露由谁演唱北京奥运会主题歌，但按照中国惯例，类似主题歌一般不会只让一名歌手来演唱。而据悉，北京开幕式音乐设计团队几乎动用了全国精英，包括设计、创作方面的人才。另外，陈其钢还表示，2008年，北京奥运会的音乐一定要做到有自己的个性和追求。另据悉，在将近3个多小时的开幕式演出过程中，几乎每一秒都将被音乐覆盖。

关键词　排练

如此盛大的群体性表演，排练将是一个必不可少的环节。据悉，北京奥运会开闭幕式在本月将由创意阶段全面转入制作实施阶段，并开始排练。北京奥运会开闭幕式运营中心主任王宁在做客央视演播室时透露，一部分排练工作目前已在京郊一处排练场拉开序幕；今年9月至12月，奥运会、残奥会开闭幕式中超过千人的大场面也将展开排练；2008年3月国家体育场“鸟巢”完工后，开闭幕式部分项目将进入国家体育场实地排练；2008年5月底至6月初，开幕式将全面转入“鸟巢”进行排练；2008年7月底和8月初将安排彩排和预演，直到8月8日付诸实施。而据北京奥运会开闭幕式运营中心初步测算，北京奥运会和残奥会的开闭幕式一共四个仪式的演员需求将超过3万人。

资料来源　根据http：//2008.sohu.com有关资料整理。

问题：搜集北京2008奥运会开幕式与闭幕式信息，列出北京2008奥运会开幕式与闭幕式的程序与内容，思考为什么这样设计安排？

分析提示：主要考查学生搜集会议信息与整理会议信息的能力，同时培养学生筹划大型会议与活动的能力。

实践训练

假如你是神州公司的总经理王小姐，神州公司准备在本市的东方大厦召开大型的新产品订货会。参加的有本单位、外单位的人员。总经理让秘书部门负责安排，会上要放映资料电影，进行产品操作演示，而公司没有放映机。租借放映机的任务交给了总经理秘书王小姐。会议召开的时间是8月9日上午10点整，而资料放映的时间是10点15分。王小姐打电话给租聘公司，要求租聘公司在9日上午9点45分必须准时把放映机送到东方大厦的会议厅。

9日上午，会议开幕前，神州公司的秘书们正在紧张地做着最后的准备工作。王小姐一看表，已经9点50分了，放映机还没有送到。王小姐马上打电话去问，对方回答机器已送出。眼看着各地来宾已陆续进厂，王小姐心急如焚，怎么办？

要求：掌握会议的策划、安排与危机处理。实训拟分组进行，每组学生分别扮演你们设置的不同角色，要求各司其职，轮流模拟演示。

第9章

商务活动

[学习目标]

在学习完本章之后，你应该能够：了解商务活动的类型；明确商务活动中秘书的工作；熟知常见商务活动的程序；掌握常见商务活动的服务与管理。

【引例】

开业典礼方案

——广州××酒业有限公司开业庆典剪彩

时间：20××年4月30日上午9时

地点：广州伟拓酒业有限公司

活动名称：广州伟拓酒业有限公司开业庆典剪彩

活动简介：

广州伟拓酒业有限公司于4月30日在公司所在地隆重举行公司开业剪彩仪式，届时会有广州的各界商业人士、新闻媒体及市府领导出席。届时大家可以了解到公司代理的各种酒业产品，同时公司准备了丰盛的晚宴款待各位嘉宾，另外还有内容丰富的娱乐活动请大家共享欢乐。

时间安排表：

9：30—10：00醒狮，礼仪小姐迎宾

10：00—10：30开业典礼正式开始，邀请胡总经理致辞，邀请嘉宾剪彩

10：30—11：00参观公司

11：30—13：30公司在步步高大酒店设宴，请嘉宾共进午餐

17：00—18：00在度假村酒店星光厅迎宾

18：00晚宴正式开始入席

18：10司仪邀请胡总经理致辞，致辞完毕晚宴正式开始

19：00—20：30精彩节目表演及黄金抽奖活动

20：30—2：00世纪之星夜总会

这一案例表明：开业典礼等常见商务活动有一定的模式，通过借鉴成功案例，我们可以掌握常见会议与活动的服务与管理工作。

9.1 开业庆典

开业庆典是商业性组织为庆祝开业而举办的一种商业活动，它选择特殊的日期举办，邀请特定的人员参加，旨在向社会和公众宣传本组织，提高本组织的知名度及美誉度，展现优良形象及良好风范，广泛吸引潜在客户。随着社会主义市场经济体制的建立，开业庆典这一商业性活动被广泛应用，尤其是酒店、商场等经营性企业经常借助这一活动的开展向社会展示经济实力。

1）临时工作小组的成立

开业庆典临时工作小组的成员及其职能如下：

（1）成立庆典活动临时指挥部，设立部长一人，副部长若干人，负责全程指挥与决策。

（2）成立临时秘书处，辅助决策，综合协调，沟通信息，办文办会办事。

2）开业庆典活动目标的确立

活动目标是指通过举办本次活动所要实现的总体目的。活动目标具体表现为：向社会各界宣布该组织的成立，取得广泛的认同，扩大知名度，提高美誉度，树立良好的企业形象，为今后的生存发展创造一个良好的外部环境。

3）活动主题的确定

活动主题是指活动开展所围绕的中心思想，一般表现为几个并列的词语或句子，例如，“宾至如归，热情服务”，既要求短小有力，又要求形象鲜明，以便于给人留下深刻的印象。开业庆典活动主题的作用具体表现为：

（1）通过舆论宣传，扩大公司的知名度。

（2）向公众显示该公司的实力，并展示产品或服务。

（3）通过邀请目标公众，争取确定良好合作关系，为今后的发展打下坚实的基础。

4）场地的选择

开业庆典选择场地应考虑以下几个因素：

（1）开业地点一般设在企业经营所在地、目标公众所在地或租用大型会议场所。

（2）场地是否够用，场内空间与场外空间的比例是否合适。

（3）交通是否便利，停车位是否足够。

（4）场地环境要精心布置，用彩带、气球、标语、祝贺单位条幅、花篮、牌匾等烘托喜庆热烈的气氛。

5）时间的选择

开业庆典选择时间应做好以下几方面的考察工作：

（1）关注天气预报，提前向气象部门咨询近期天气情况，选择阳光明媚的良辰吉日。天气晴好，更多的人才会走出家门，走上街头，参加典礼活动。

（2）考察营业场所的建设情况、各种配套设施的完工情况、水电暖等硬件设施建设等情况。

（3）选择主要嘉宾、主要领导能够参加的时间，选择大多数目标公众能够参加的时间。

（4）考虑民众消费心理和习惯，善于利用节假日传播组织信息。比如各种传统的节日、近年来在国内兴起的国外的节日。借机发挥，大造声势，激励消费欲望。如果外宾为本次活动主要参与者，则更应注意各国不同节日的不同风俗习惯、民族审美趋向，切不可在外宾忌讳的日子里举办开业典礼。若来宾是印度或伊斯兰国家的人则要更加留心，他们认为3和13是忌数，当遇到13时要说12加1，所以开业日期和时间不能选择3或13两个数字。

（5）考虑周围居民生活习惯，避免因过早或过晚而扰民，一般安排在上午9：00—10：00之间最恰当。

6）宾客的邀请

开业庆典邀请宾客要注意以下两方面的问题：

（1）确立邀请对象：邀请上级领导以提升档次和可信度；邀请工商、税务等直接管辖部门，以便今后取得支持；邀请潜在的、预期的未来客户，是为企业经营的打下基础；邀请同行业人员，以便相互沟通合作。

（2）邀请方式：电话邀请，还可以制作通知，发传真，更能够表明诚意与尊重的方法是发邀请函或派专人当面邀请。邀请工作应该提前一周完成，以便于被邀者及早安排和准备。

7）舆论宣传的开展

开业庆典可选择的舆论宣传渠道及各自的特点：

（1）企业可以利用报纸、杂志等视觉媒介物传播。这些媒介物具有信息发布迅速、接受面广、持续阅读时间长的特点。

（2）自制广告散页传播，向公众介绍商品，报道服务内容或宣传本企业本单位的服务宗旨等，所需费用较低。

（3）企业可以运用电台、电视台等大众媒体，这种传播方式效率最高，成本也最高，要慎重考虑投入与产出。

（4）在企业建筑物周围设置醒目的条幅、广告、宣传画等。

【案例分析9-1】

开业庆典程序

庆典时间：2017年×月×日上午9：38分至11：38分（2小时）

活动地点：香牌坊九眼桥店门前

活动主题：香牌坊开业庆典

庆典程序：

1.主持人邀请来宾上主席台

2.主持人介绍公司基本情况及九眼桥店概况

3.主持人宣读嘉宾名单（包括新闻单位）

4.主持人邀请香牌坊董事长致欢迎词

5.主持人邀请九眼桥九店总经理致欢迎词

6.主持人邀请来宾代表致贺词

7.主持人宣布剪彩仪式正式开始

【现场气氛：军乐队奏乐、放礼花、舞狮、大平腰鼓队开始表演】

8.主持人宣布开业庆典仪式结束并邀请来宾参观香九眼桥店

分析：井然有序的庆典程序对于庆典的成功举办具有重要意义。

9.2　开幕式与闭幕式

开幕式、闭幕式是各种会展活动正式开始前和结束时的礼仪和庆祝活动。通过开幕式、闭幕式，可以起到扩大影响、提高社会知名度、树立主办单位良好社会形象的作用。

开幕式、闭幕式一般在活动现场举行。现场可摆放花卉、悬挂彩旗和标语，也可根据内容需要播放音乐、表演舞蹈、敲锣打鼓，以体现热烈隆重的气氛。时间较长或规模较大的开幕式和典礼，可设主席台并摆设座位；时间较短和规模较小的，一般站立举行，但事先应划分好场地以便维持现场秩序。主持人、致辞人和主要贵宾应面向群众代表，如场面较大，应安置扩音设备。涉外的重要开幕式，还应悬挂有关国家的国旗。

签到是举行开幕式、闭幕式的重要环节，既表示对来宾的欢迎，又可以留作纪念。一般用簿式签到。签到用的笔墨也应一并准备齐全。签到处要有醒目的标志，并安排礼仪人员接待。庆祝性的开幕式典礼还要给来宾和领导准备胸带和胸花。

会标是开幕式、闭幕式等典礼活动现场最引人注目的装饰，其大小要与会场大小相协调，色彩要与主题相一致。会标的文字一般应当揭示活动的主题，有时也可以反映主办单位和活动的日期。

1）开幕式程序

开幕式可以按照以下的步骤进行：

（1）大型活动的开幕式前可安排乐队奏乐、表演歌舞等，以增加欢快的气氛。

（2）来宾签到留念，并由礼仪人员为来宾佩戴胸花和来宾证，然后引入主席台贵宾区。陌生的来宾应由工作人员向主办单位领导介绍。

（3）司仪介绍出席开幕式的领导人和主要来宾，并宣布仪式主持人。

（4）主持人宣布仪式开始。重要的开幕式应奏国歌，涉外活动奏各国的国歌。

（5）致辞。一般由大会主持人致开幕词，或先由主办单位领导人发表主旨讲话，然后由来宾代表致贺词，最后由主办方身份最高的出席者致开幕词。

（6）剪彩。国内的剪彩仪式，剪彩时身份最高的人员居中，其他剪彩人员，按身份高低先左后右顺序排列；双方联合主办的剪彩仪式，则按主左客右的惯例排列。剪彩时播放音乐，参加人员鼓掌祝贺。

（7）举行参观、植树、文艺体育表演等活动。

（8）请领导来宾留言或题词。

大型活动开幕式程序与会议开幕式程序有所不同，请看下面大型活动开幕式程序实例与会议开幕式程序实例。

【知识链接9-1】

××××博览会开幕式程序

时间：2002年×月×日上午9：00

地点：××市展览中心广场

9：00开幕式开始，大会主持人宣读主持词

各位领导、各位嘉宾，女士们、先生们：

早上好！欢迎大家在金秋十月光临××市，参加×××博览会的开幕式仪式。我们希望通过这次博览会，为×××制造商、经销商、配件供应商构建一个全球交易平台，为中国××业沟通国际开拓空间。相信在各方的努力下，这场盛会一定能成为全球业界年年聚会的大舞台。

现在，让我们先介绍应邀出席这次盛会的领导和嘉宾：(略)。另外，出席开幕式的还有中央和省各有关部门的领导、外国驻华商务机构代表，国内包括港澳台地区商务机构代表，外国著名跨国公司、著名企业驻华代表，国内参展企业代表，××市、镇各级领导，共500多人。我们对各位嘉宾的光临，表示热烈的欢迎！

现在，有请××××博览会组委会主任、××市市长××先生致开幕词，请大家欢迎！

9：05××市长致开幕词。

9：15主持人："恭候中国国际贸易促进委员会××省分会会长××先生讲话，请大家欢迎"。

9：20××先生讲话。

9：30主持人："恭请××协会理事长××女士讲话，请大家欢迎"。

9：35××女士讲话。

9：40主持人："现在进行2002年中国××××博览会开幕式剪彩仪式。有请剪彩仪式的主礼嘉宾：(宣读名单，每介绍一位，礼仪小姐引导该嘉宾走上剪彩礼台，全场鼓掌)。请礼仪小姐为各位主礼嘉宾送上金剪（新闻记者拍照)。请各位主礼嘉宾为首届中国××××博览会的开幕剪彩。"

9：50礼成（鸣放礼花、礼炮)。

9：55主持人："首届中国××××博览会开幕式结束，请各位嘉宾移步到××展览中心场馆内参观。谢谢！"

【知识链接9-2】

××大学首届教师职工代表大会开幕式程序

1．主持人向全体代表报告应到代表数、因事和因病请假的人数、实到代表数，是否符合法定或规定的人数，能否开会。

2．主持人介绍大会执行主席、参加会议的上级组织的领导和兄弟单位的代表。

3．主持人宣布："××大学首届教职工代表大会现在开幕"。

4．全体起立、奏国歌。

5．校党委副书记、校工会主席××同志致开幕词。

6．××市教育党委副书记××同志讲话。

7．××市教育工会代表、××市教育工会副主席××同志讲话。

8．兄弟院校代表、××大学党委副书记兼校工会主席×××同志讲话。

9．教职工代表××同志致辞。

10．学生代表××同学发言致辞。

11．主持人宣布："开幕式到此结束。休息五分钟，请来宾退席。"

12．休息后进行会议的正式议程。

2）闭幕式

精心策划的闭幕式能使人留下难忘的印象。闭幕式中的签到、介绍领导人和来宾、宣布仪式开始等程序与开幕式基本相同。不同的程序主要是：

（1）举行一般的会议，由主办单位的领导人致闭幕词，闭幕词一般要对会议或者活动进行总结，对会议精神的贯彻落实提出要求和希望，最后宣布会议或者活动圆满结束。

（2）党的代表大会闭幕时应齐唱国际歌。

（3）系列性活动或系列性会议的闭幕式，常常举行交接仪式，由主办单位向下次会议或者活动的主办单位移交主办权。举行交接仪式事先要设计好象征交接的物品或造型，如火炬、旗帜、钥匙等。

（4）节、展、月等大型活动，闭幕式后还可举行文艺和体育表演，以示庆祝。

9.3 会见工作

会见，即与别人会面、相见，多指外交场合，也称会晤。通常是指主人会见客人。会见是总称，现在民主国家一般都这样笼统地指称。但在具体报道和表述某一会见时，习惯上尊者、长者或身份、级别、地位高者会见卑者、小者或身份、级别、地位低者，叫“接见”或“召见”；反之，则称为“晋见”；外交上，会见也称“拜见”或“拜会”。君主制国家，拜见君主，又称“谒见”“觐见”。凡会见后原主人的回访称回拜，以示礼尚往来。

会见就其内容和性质来说，有礼节性的，也有实质性的。与会谈相比，礼仪性更强些。礼节性的会见时间较短，话题较宽泛，气氛也较轻松活泼；实质性的会见则往往涉及双边的政治、经济、军事、文化及其他内容中的一方面或多方面交换意见，因而时间较长，话题较集中，气氛比礼节性会见严肃。

在为领导安排会见时，秘书人员必须做的具体工作有以下几方面：

1）客人提出会见要求

会见如果是客人提出，秘书人员应将对方要求会见的目的、人数、人员姓名、职务以及会见内容及时报告给领导，在领导的统一筹划与安排下尽早给对方回复，以便约定会见时间，如因故不能会见，应向对方婉言解释。

2）主人（我方）提出会见要求

如果我方主动提出会见要求，即会见邀请，秘书人员需要安排好以下事务工作：

（1）确定主方参加人员。首先确定参加会见的主要领导，然后指定陪同人员。参加人不宜过多，只要求有关人员参加即可。

（2）确定会见时间及地点。时间的确定应考虑双方各自的时间安排以及方便程度，合理定时，一般可安排在客人抵达的第二天或宴请之前。地点一般可选在客人所住宾馆的会议室，也可选择主人所在地的会客室。

（3）准备会见材料，帮助领导拟定会见时谈话的话题及内容。

（4）安排座次。会见应选择桌椅、茶几或沙发，并摆放在适当的位置，安排宾主对称而坐。座位的安排视人数多少不同，习惯上按国际上通行的右为上，把主客安排在主人右手一侧。常见的安排法如图9-1、图9-2、图9-3所示。

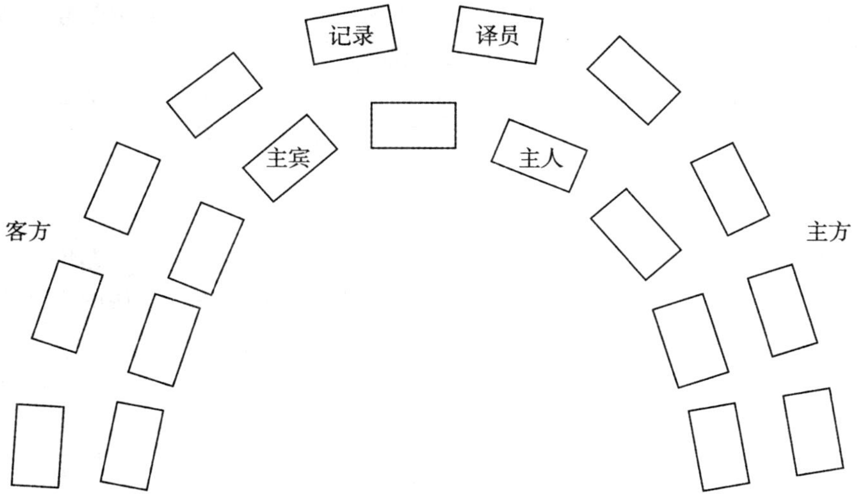

图9-1　会见图（1）

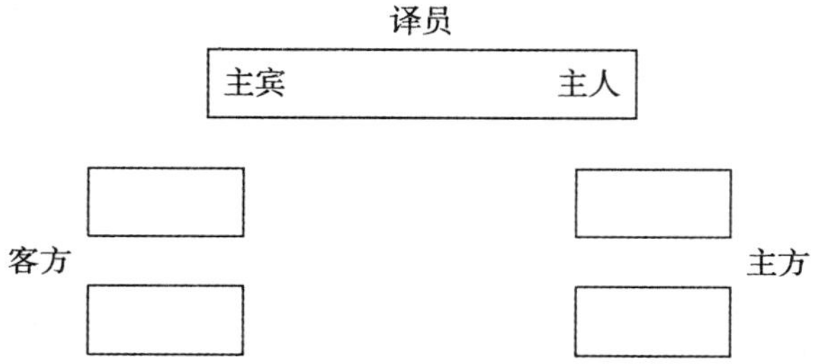

图9-2　会见图（2）

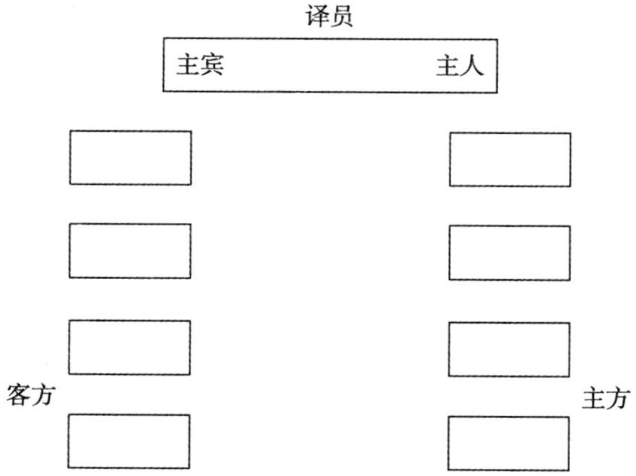

图9-3　会见图（3）

（5）约妥会见时间。主人主动将会见人姓名、会见目的、时间以及具体安排事宜告知对方，并要求回复。得到肯定回复后，约妥会见时间。

（6）安排具体会见事务。布置会见场所，准备会见时的饮料（茶水、咖啡等），安排会见人员食宿、交通车辆和具体事宜。此外，要发布新闻，要事先约定新闻单位参加。

（7）会见迎接。会见时，主人提前半小时到达，通常由秘书人员在大楼门口迎接，主人在会客室迎接；对一些特殊或重要客人，主人应到门口迎接。

（8）引见介绍。客人进入会客室后，秘书人员要做好引见、介绍工作。秘书人员引见时，常以手势示意，且让客人走在前面。宾主初次见面需作自我介绍，秘书介绍的内容包括身份、姓名、单位（在外事场合要介绍国家和地区）。客人落座后，秘书人员要及时端上茶水和其他饮料，而后退出，会见正式开始。

（9）会见拍照。会见时如需摄影，一般要在主客会面握手时或主客就座寒暄前拍摄。仪式隆重的会见，摄影是在主客进入会客厅前，由秘书人员到特定的地方拍摄，如参加摄影的人数多，秘书人员应事先准备，摆放好摄影架，排好合影图，引导客人按图就座或站立。常见摄影图如图9-4所示。

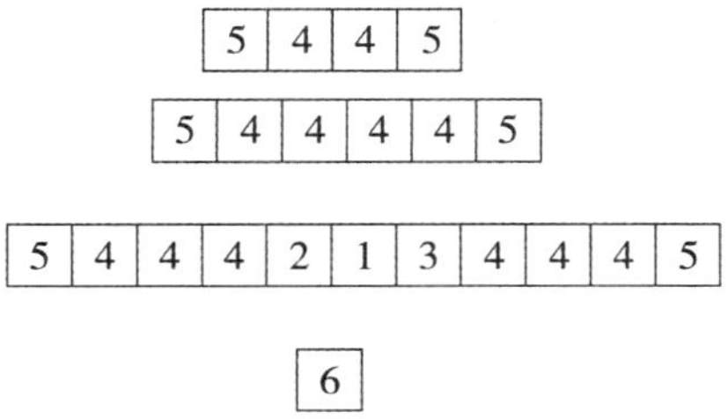

图9-4　摄影图

注：1表示主人；2表示主宾；3表示第二主宾；4表示客陪同人（或主客陪同插排）；5表示主陪同人；6表示摄影师。

（10）会见结束。秘书人员应微笑着把客人送到大门口，为表示尊重对方，可送到小轿车前握别，挥手且送客人远去后退回。送客时，秘书人员也不能忘记向对方的秘书人员致意、告别。

（11）整理会见纪要。会见结束后，秘书人员要根据会见记录及时整理会见纪要，总结会见成果。

9.4　会　谈

会谈，是指在正式访问或专业性访问中，双方或多方就某些重大的政治、经济、文化和军事等共同关心的问题交换意见，或就具体业务进行谈判的活动。

（1）会谈活动的特点。其包括：①参加会谈的双方或多方其主要领导人的级别、身份原则上是对等的，所负责的事务也是对口的。②会谈的内容一般来说，政治性和业务性都较强，也较为保密。代表团身份和规格很高的国事会谈，还要悬挂双方国旗。

（2）会谈用品的配置和摆设程序、在每个座位前桌面的正中摆放一本供记事的便笺，便笺的下端距桌面的边沿约5厘米，紧靠便笺的右侧摆红铅笔和黑铅笔，便笺的右上角摆上一个饮品垫盘，盘内垫小方巾，如需要，则在主要宾客处每人放一个烟缸和烟盘，其他人每两人放一套（摆在两个座位之间处）。便笺、垫盘、烟具等物品的摆放要整齐划一，均匀协调。如果是国事会谈，中、外方主要领导人面前的桌子上要摆两国国旗，或在厅内上侧桌前处竖两国国旗。

（3）会务工作人员服务程序。当主人提前到达活动现场，会务工作人员应将其迎至厅内周围的沙发上就座，用小茶杯上茶。在主办单位通知外宾从住地出发时，服务员在工作间内将茶杯沏上茶。当主人到门口迎接外宾时，把茶杯端上，放在每人的茶杯垫盘上。宾主来到会谈桌前服务员要上前拉椅让座。当记者采访和摄影完毕，服务员分别从两边为宾主双方递上毛巾，先给主要宾客递上，然后按礼宾程序进行。宾主用后，应立即将毛巾收回。

会谈中间如果上牛奶咖啡、干果等，应先把牙签、小毛巾（叠成长方形）、奶罐垫盘、咖啡杯垫盘上桌，然后把已装好的糖罐、奶罐（加勺）、干果盘依次上桌。

会谈活动一般时间较长，可视宾客用水的情况，及时续水，续换铅笔等。如果会谈中间休息，服务员要及时整理好座椅、桌面用品，续水，增补便笺、铅笔等。在整理时，注意不要弄乱和翻阅桌上的文件、本册等。

会谈结束时，要照顾宾客退席。然后按工作程序做好收尾工作。

（4）会谈的安排。其一般程序是：双边会谈通常用长方形、椭圆形或圆形桌子，宾主相对而坐，以正门为准，主人在背门一侧，客人面向正门。主谈人居中，如会谈桌呈竖一字形排列，以进门的方向为准，客人居右方，主人居左方。译员的座位安排在主持会谈的主宾和主人的右侧，其他人按礼宾次序左右排列。记录员一般是在会谈桌的后侧另行安排桌椅就座，如参加会谈的人数较少，也可安排在会谈桌边侧就座，如图9-5、图9-6所示。

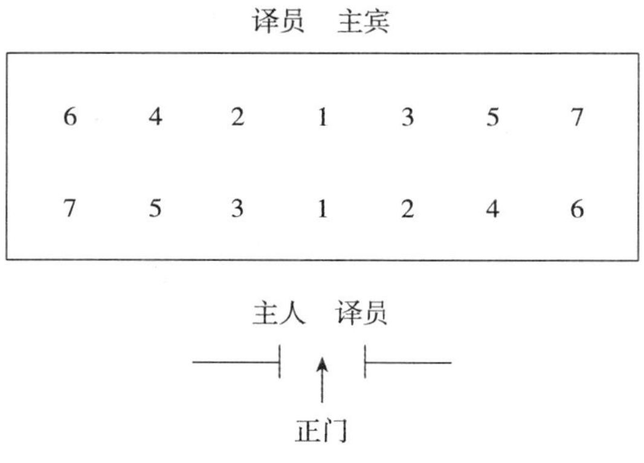

图9-5 会谈图（1）

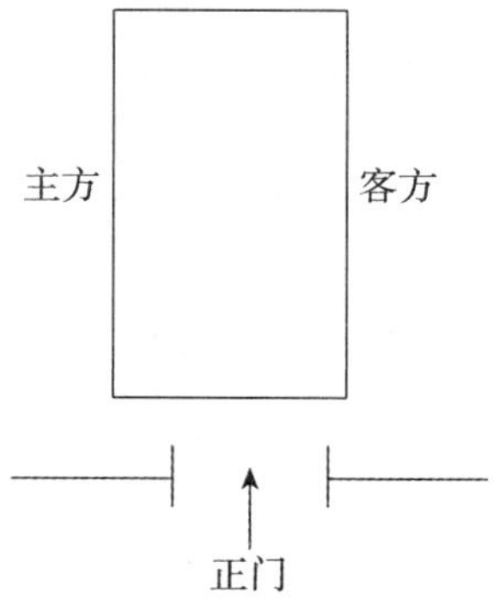

图9-6 会谈图（2）

多边会谈可摆成圆形、方形等，如图9-7所示。

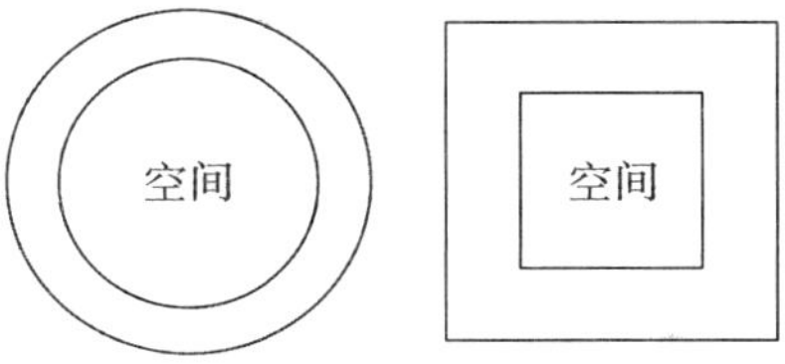

图9-7　会谈图（3）

小范围的会谈，一般不用会谈桌，只设沙发，双方座位按会见座位安排。

9.5　签字仪式

签字仪式，通常是指订立合同、协议的各方在合同、协议正式签署时所正式举行的仪式。举行签字仪式，不仅是对谈判成果的一种公开化、固定化，而且也是有关各方对自己履行合同、协议所做出的一种正式承诺。

1）位次排列

从礼仪上来讲，举行签字仪式时，在力所能及的条件下，一定要郑重其事，认认真真。其中最为引人注目者，当属举行签字仪式时座次的排列方式问题。一般而言，举行签字仪式时，座次排列的具体方式共有三种基本形式，它们分别适用于不同的具体情况。

（1）并列式。并列式排座，是举行双边签字仪式时最常见的形式。它的基本做法是：签字桌在室内面门横放。双方出席仪式的全体人员在签字桌之后并排排列，双方签字人员居中面门而坐，客方居右，主方居左，如图9-8所示。

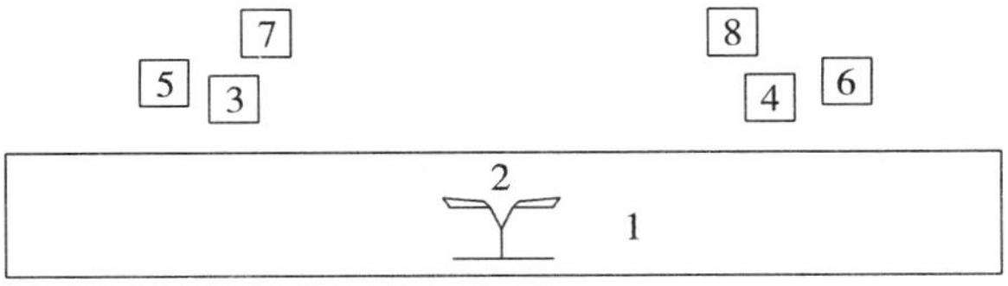

图9-8　签字图

1表示签字桌；2表示双方国旗；3表示客方签字人；4表示东道国签字人；5表示客方助签人；6表示东道国助签人；7表示客方参加签字仪式人员；8表示东道国参加签字仪式人员。

（2）相对式。相对式签字仪式的排座，与并列式签字仪式的排座基本相同。二者之间的主要差别，只是相对式排座将双边参加签字仪式的随员席移至签字人的对面，如图9-9、图9-10所示。

（3）主席式。主席式排座，主要适用于多边签字仪式。其操作特点是签字桌仍须在室内横放，签字席仍须设在桌后面对正门，但只设一个，并且不固定其就座者。举行仪式时，所有各方人员，包括签字人在内，皆应背对正门、面向签字席就座。签字时，各方签字人应以规定的先后顺序依次走上签字席就座签字，然后即应退回原处就座。

2）基本程序

在具体操作签字仪式时，可以依据下述基本程序进行运作：

（1）宣布开始。此时，有关各方人员应先后步入签字厅，在各自既定的位置上正式就位。

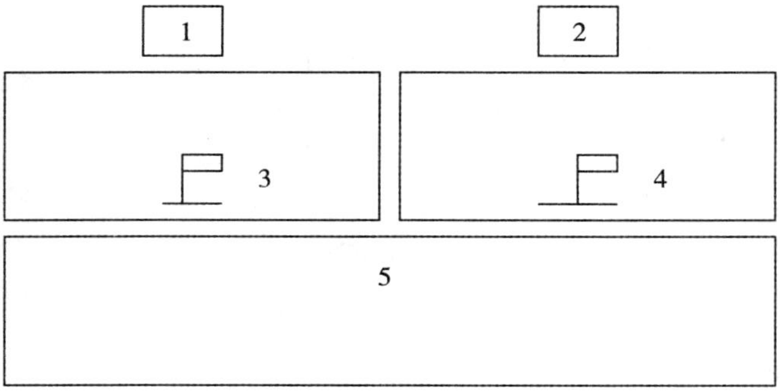

图9-9　签字图

注：1表示客方签字人席位；2表示东道国签字人席位；3表示客方国旗；4表示东道国国旗；5表示参加签字人员席位。

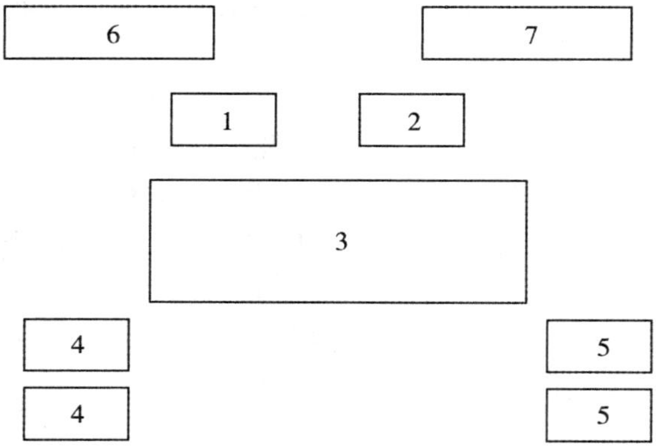

图9-10　签字图

注：1表示客方签字人席位；2表示东道国签字人席位；3表示签字桌；4表示参加签字人员席位；5表示东道国参加签字人员席位；6表示客方国旗；7表示东道国国旗。

（2）签署文件。通常的做法，是首先签署应由己方所保存的文本，然后再签署应由他方所保存的文本。依照礼仪规范，每一位签字人在己方所保留的文本上签字时，应当名列首位。因此，每一位签字人均须首先签署将由己方所保存的文本，然后再交由他方签字人签署。此种做法，通常称为“轮换制”。它的含义是：在文本签名的具体排列顺序上，应轮流使有关各方均有机会居于首位一次，以示各方完全平等。

（3）交换文本。各方签字人此时应热烈握手，互致祝贺，并互换方才用过的签字笔，以志纪念。全场人员应热烈鼓掌，以表示祝贺之意。

（4）饮酒庆贺。有关各方人员一般应在交换文本后当场饮上一杯香槟酒，并与其他方面的人士一一干杯。这是国际上所通行的增加签字仪式喜庆色彩的一种常规性做法。

9.6　座谈会

座谈会是人们为了交换意见及看法或为了纪念某一特殊日子及事件而进行的一种会议形式。会议规模不大，与会者人数不多。

会前要求服务人员将会场布置成带有漫谈气氛的场所。有些正式的、高规格的座谈会需要悬挂横幅，说明会议主题，座位一般有圆形、椭圆形、回字形、长方形等，如图9-11、图9-12、图9-13与图9-14所示，如有必要，还应根据主题布置鲜花、盆景等。会议开始前30分钟，准备好茶水、毛巾等，并调节好空调设备与灯光。

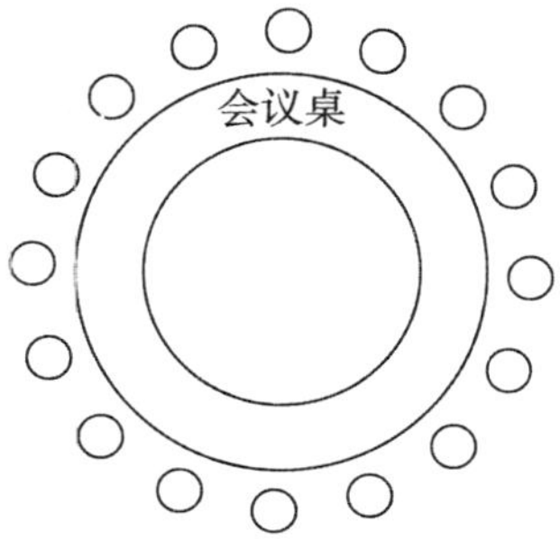

图9-11　圆形

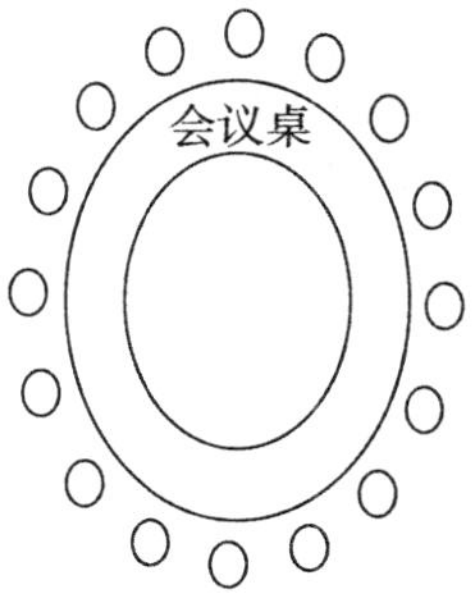

图9-12　椭圆形

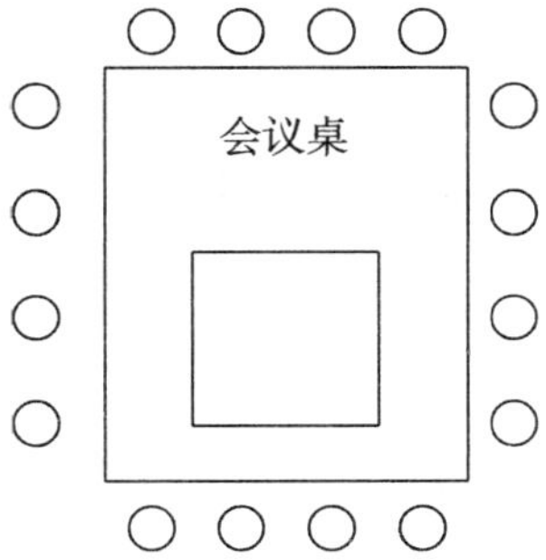

图9-13　回字形

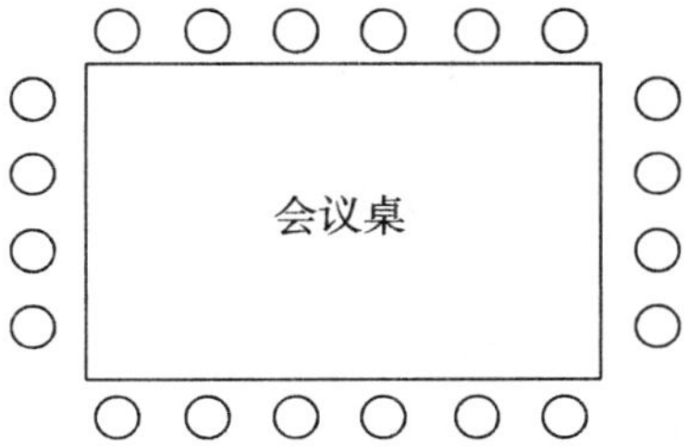

图9-14　长方形

会议进行中，做到勤添茶水，注意会议是否有其他需要等。

会议结束后，先撤下茶水、毛巾，然后清扫整理场地，最后关闭电源及门窗等。

9.7　宴会

宴会是国际国内社会交往中一种通行的较高层次的礼仪形式。一般把政府机关、社会团体举办的有一定规模的酒宴，称为宴会；私人举办的规模较小的称为筵席。

宴会常用于庆祝节日、纪念日，表示祝贺、迎送贵宾等事项。宴会的场面一般比较庞大、隆重，能使人得到一种礼遇上的满足。不同的宴会有着不同的作用，概括地说，宴会可以表示祝贺、感谢、欢迎、欢送等友好情感。通过宴会，可以协调关系，联络感情，消除隔阂，增进友谊，加强团结，求得支持，有利于合作等。

宴会种类复杂，名目繁多。按规格分：有国宴、正式宴、便宴、家宴；按餐型分：有中餐宴会、西餐宴会、中西合餐宴会；按用途分：有欢迎宴会、答谢宴会、国庆宴会、告别宴会、招待宴会；按时间分：有早宴、午宴和晚宴；其他如鸡尾酒会、冷餐会、茶会都可列为宴会。

宴会具有很重要的礼仪作用，也有严格的礼仪要求。宴请宾客是一种较高规格的礼遇，所以主办单位或主人一定要认真、周到地做好各种准备工作。

1）准备宴会

宴会开始之前必须要明确宴请的对象、宴会目的、范围以及形式。

（1）对象。首先要明确宴请的对象，主宾的身份、国籍、习俗、爱好等，以便确定宴会的规格、主陪人、餐式等。

（2）目的。宴请的目的是多种多样的，可以是为表示欢迎、欢送、答谢，也可以是为表示庆贺、纪念，还可以是为某一事件、某一个人等等。明确了目的，也就便于安排宴会的范围和形式。

（3）范围。宴请哪些人参加，请多少人参加都应当事先明确。主客双方的身份要对等，主宾如携夫人，主人一般也应以夫妇名义邀请。哪些人作陪也应认真考虑。对出席宴会人员还应列出名单，写明职务、称呼等。

（4）形式。宴会形式要根据规格、对象、目的确定，可确定为正式宴会、冷餐会、酒会、茶会等形式。目前世界各国礼宾工作都在改革，逐步走向简化。

2）选择时间、地点

主人确定宴会时间，应从主宾双方都能接受的角度来考虑，一般不选择在重大节日、假日，也不安排在双方禁忌日。选择宴会日期，要与主宾进行商定，然后再发邀请。地点的选择，也要根据规格来考虑，规格高的安排在国会大厦、人民大会堂或高级饭店。一般规格的则根据情况安排在适当的饭店进行。

3）邀请

宴会一般都要用请柬正式发出邀请。这样做一方面出于礼节，一方面也是请客人备忘。请柬内容应包括：活动的主题、形式、时间、地点、主人姓名。请柬要书写清晰美观，打印要精美。请柬一般应提前两周发出，太晚了不礼貌。

4）安排席位

宴会一般都要事先安排好桌次和座次，以便参加宴会的人都能各就各位，入席时井然有序。席位的安排也体现出对客人的尊重。桌次地位的高低，以距主桌位置的远近而定。以主人的桌为基准，右高、左低，近高，远低。

座次的高低，考虑以下几点：①以主人的座位为中心，如果女主人参加时，则以主人和女主人为基准，近高远低，右上左下，依次排列；②把主宾安排在最尊贵的位置，即主人的右手位置，主宾夫人安排在女主人右手位置；③主人方面的陪客，尽可能与客人相互交叉，便于交谈交流，要避免自己人坐在一起，冷落客人；④译员安排在主宾右侧；⑤席次确定后，座位卡和桌次卡放在桌前方，桌中间。

5）拟定菜单和用酒

拟定菜单和用酒要考虑以下几点：①规格身份、宴会范围；②精致可口、赏心悦目、特色突出；③尊重客人饮食习惯、禁忌；④注意冷热、甜咸、色香味搭配。

6）宴会中主人的礼仪

宴会中，主人应当注意以下几方面的礼仪常识：

（1）迎宾。宴会开始前，主人应站在大厅门口迎接客人。对规格高的贵宾，还应组织相关负责人到门口列队欢迎。客人来到后，主人应主动上前握手问好。

（2）引导入席。主人请客人走在自己右侧上手位置，向休息厅或直接向宴会厅走去。休息厅内服务人员帮助来宾脱下外套、接过帽子，待客人坐下后送上饮料。主人陪主宾进入宴会厅主桌，接待人员引导其他客人入席后，宴会即可开始。

（3）致辞、祝酒。正式宴会一般都有致辞和祝酒，但时间不尽相同。我国习惯是在开宴之前讲话、祝酒、客人致答辞。在致辞时，全场人员要停止一切活动，聆听讲话，并响应致辞人的祝酒，在同桌中间互相碰杯，这时宴会正式开始。西方国家致辞、祝酒习惯安排在热菜之后，甜食之前，至于冷餐会和酒会的致辞则更灵活些。

（4）服务顺序。服务人员侍应，要从女主宾开始，没有女主宾的，从男主宾开始，接着是女主人或男主人，由此向顺时针方向进行。规格高的，由两名服务员侍应，一个按顺序进行，另一个从第二主人右侧的第二主宾至男主宾前一位止。

（5）斟酒。斟酒在客人右侧，上菜在客人左侧。斟酒只需至酒杯2/3即可。

（6）用餐时，主人应努力使宴会进行得气氛融洽，活泼有趣。要不时地找话题进行交谈。还要注意主宾用餐时的喜好，掌握用餐的速度。

（7）客人用餐完毕，吃完水果后，在客人告辞时，主人应热情送别，感谢他的光临。

7）赴宴的礼仪

宴会是否成功，主人处于主导地位，主人要根据客人的需要、习惯、兴趣安排一切，而应邀赴宴的客人的密切配合也是绝不可忽视的。

（1）应邀。接到邀请后，不论能否赴约，都应尽早作出答复。不能应邀的，要婉言谢绝。接受邀请的，不要随意变动，按时出席。确有意外，不能前去的，要提前解释，并深致歉意。作为主宾不能如约的，更应郑重其事，甚至登门解释、致歉。

（2）掌握到达时间。赴宴不得迟到，迟到是非常失礼的，但也不可去得过早。去早了主人未准备好，难免尴尬，也不得体。

（3）抵达。主人迎来握手，应及时向前响应，并问好、致意。

（4）赠花。按当地习惯，可送鲜花或花篮。

（5）入席。在服务人员的引导下入座。注意在自己的座位卡入座，不要坐错了位置。

（6）姿态。坐姿自然端正。不要太僵硬，也不要往后倒靠在椅背上。肘不要放在餐桌上，不要托腮，眼光随势而动，不要紧盯菜盘。

（7）餐巾。当主人拿起餐巾时，自己便可以拿起餐巾。餐巾要打开放在腿上，千万不要别在领口，挂在胸前。餐巾是用来防止菜汤滴在身上和用来擦拭嘴角的，不可用来擦餐具，更不要用来擦脖子抹脸。

（8）进餐。进餐时要文明、从容。闭着嘴细嚼慢咽，不要发出声音，喝汤要轻啜，对热菜热汤不要用嘴去吹。骨头、鱼刺吐到筷子上、叉子上，再放入骨盘。嘴里有食物时不要说话。剔牙时，用手遮住。就餐时，不得解开纽扣，松开领带。

（9）交谈。边吃边谈是宴会的重要形式，应当主动与同桌人交谈，特别注意同主人方面的人交谈，不要总是和自己熟悉的人谈话。话题要轻松、高雅、有趣，不要涉及对方敏感、不快的问题，不要对宴会和饭菜妄加评论。

（10）退席。用餐完毕，应起立向主人道谢告辞。

【知识链接9-3】

总经理在新年联谊会上的祝酒词

各位来宾、各位朋友：

大家晚上好！今天，我们在这里欢聚一堂，隆重举办“20××年恒信之夜员工联谊会”，希望大家开心愉快。

20××年，在董事局和局党组的正确领导下，在局有关处室的大力支持下，在全体员工的共同努力下，传承“恒以达业，信以至诚”的企业宗旨，公司以实践运筹财政为中心，完成全年收益预算任务，实际完成国有资产收益13 626万元，超额完成238万元。在确保国有资产保值增值，国有资产收益应收尽收的同时，其他各项工作也是亮点多多，恒信公司开创了喜气洋洋的新局面。

在此，我谨代表公司班子，向长期以来为恒信公司的成长和壮大默默耕耘、无私奉献的各位员工致以诚挚的谢意，向长期以来支持大家工作的员工家属致以崇高的敬意。当然，这需要各位回去以后认真转达，不能打折，更不能自己“贪污”了。

瑞猴呈祥，金猴送福，20××年是党中央国务院全面实施振兴东北老工业基地战略决策的第一年，打赢新时期的辽沈战役是720万沈阳人的根本利益和福祉所在。公司将结合市委市政府制定的“东北振兴，沈阳先行”战略，突出“一个中心”即以实践运筹财政为中心，实现“四个突破”，即在思想观念上实现新的突破，在新一轮国有资产管理体制改革过程中实现新的突破，在项目运作上实现新的突破，在提高公司核心能力上实现新的突破。让我们抓住这不可多得的机遇，奋发向上，开拓进取，努力实现恒信公司的再次飞跃，开创更加美好的明天。

爆竹声中一岁除，春风送暖入屠苏。古人在新年来临的时候，阖家欢饮屠苏美酒；今天，在这快乐分享的时刻，在这祝福、关怀的时刻，在这希望、美梦成真的时刻，让我们斟满庆功酒。

（开启香槟，每名员工端起酒杯）

在这里我祝愿大家：新年快乐，佳节如意！

我提议：为了恒信公司美好的明天，为了各位来宾和朋友的健康，干杯！

资料来源　根据http：//www.china-qg.com/有关资料整理。

9.8　招标投标会

1）招标与投标的含义

招标（invitation to tender）是指招标人（购货人）发出招标通知，说明拟采购的商品名称、规格、数量及其他条件，邀请投标人（供货人）在规定的时间、地点按照一定的程序进行投标供货，并与条件最优越的投标人达成交易的行为。

投标（submission of tender）是指投标人（供货人）应招标人的邀请，按照招标的要求和条件，在规定的时间内向招标人递价，争取中标，达成交易的行为。

2）招标投标业务的基本程序

招标、投标业务的基本程序包括：招标前的准备工作、投标、开标、评标、决标及中标签约等几个环节。

（1）招标前的准备工作。准备工作又可细分为以下几个步骤的工作：①发布招标通告。凡采用“选择性招标”或“谈判招标”方式时，一般颁发招标通知，如采用“公开招标”或“两段招标”时，则应在国内报刊或有权威的杂志上刊登招标广告。招标通知与招标广告的内容基本相同，一般是指招标项目的内容、要求和投标须知等。②预审投标人资格。资格预审是公开招标前的一项重要工作，它是预先确定投标人的资格条件，确保其在各方面有投标能力的关键工作。所谓资格预审包括招标人对投标人的基本情况、财务状况、供应和生产能力、经营作风及信誉进行全面预先审查。预审合格方能取得投标的资格。③编制招标文件。在物资采购的招标中，招标文件又称“标书”“标单”，内容较为简单。其主要列明招标商品的各种交易条件同一般买卖合同的条件类似，唯独价格条件由投标人投标时递价。招标单上还须列明投标人须知，例如投标人资格、投标日期、寄送投标单的方法等。

（2）投标的基本程序。标准的投标程序如下：①研究招标书。投标人在接到招标通告以后，应搜集和了解招标人及其所在地的有关情况，研究招标书中提出的贸易项目或商品，是否投标适合本公司经营。同时，还应就商品的报价，做好充分的准备。因为投标实际上是一项有效期较长的发盘，在决定中标人前不得撤销投标，所以在决定价格时要考虑到物价上涨，币值变动及各种费用变化的因素。②编制投标书。投标人研究了招标书并决定参加投标后，应按照招标书的规定和要求，认真编制和填报投标书。编制投标书是投标过程中一项十分严肃的工作，随意填写标书，往往会造成不良后果，会给自身的信用带来影响，并造成经济损失。③提供银行保函或缴纳投标保证金。为了防止投标人投标后撤标或中标后不签订合同，招标人往往要求投标人投标时提供银行出具的保函或提供一定比例或金额的投标保证金（或称投标押金）。如果投标人中途撤标或中标后拒不签订合同，投标人支付的保证金由招标人没收。没有中标的投标人的保证金在开标、中标后应全额退还。④递送投标书。投标文件编制完毕，经审核校对无误，应用密封件挂号寄给招标人，邮寄时间要充分保证能在投标截止前寄达。为了保密或能按时送达，投标人一般采用专人送标书的办法。这样，送标书的人还可以直接参加开标活动，并借机了解和搜集其他投标人的情况。

（3）开标、评标

①开标。它是指招标人在指定的时间和地点，将寄来的投标书中所列的标价和提出的交易条件进行比较，然后择优选定中标者。

公开开标是招标人按照规定的时间和地点，当众拆开密封投标文件，宣读内容。开标时允许投标人记录，但不得查阅标书。开标后，投标人不得更改任何投标内容。

②评标。开标后，招标人对各个投标书中提出的条件进行评审、比较，选择最有利者为中标人的过程称为评标。

评标的主要程序为：①审查投标文件。②评议标书。评标的方法有三种：打分法、投票表决法和集体评议法。③投标人的资格复审。如果招标人认为在所有投标人中不能选定中标人可以宣布招标失败，拒绝所有投标，并重新招标。凡是出现下列情况之一者，招标人即可拒绝全部投标：所有标价与国际市场的平均水平相差太大；所有投标内容与投标文件不符；参加投标的厂商太少，缺乏竞争性。

（4）中标签约

招标人选定中标人之后，应书面通知中标人在限定的日期（一般为15至30天）内到招标人所在地签订合同。在签订合同时，招标人还通常要求中标人缴纳履约保证金。

（5）使用招标、投标方式应注意的问题

在招标、投标过程中应注意以下几方面问题：

①认真审阅招标文件，避免遗漏。按照国际投标的一般做法，投标文件是中标签订合同的一部分。由于对招标单的内容不完全清楚很难中标，即使中标也会给未来履约带来麻烦，或可能造成经济损失。

②在招标通告中规定须通过代理人进行投标时，必须事先在招标人所在国家选定代理人，并与其签订代理协议，订明我方投标的具体条件、代理报酬和不中标时应支付的手续费。

③投标前，要了解招标国家对招标的规定和习惯做法。同时，还要落实货源。通过投标方式成交的货物，往往数量比较大，交货时间比较集中，如不能按时履约，将会造成不良影响，并须承担招标人因此而造成的经济损失。

[知识掌握]

9.1 怎样组织开业典礼？

9.2 怎样做好会见与会谈工作？

[知识应用]

案例分析

按昨天下午下班之前定好的日程安排，老总今天上午9点30分到10点15分与大地公司的刘总会谈，确定联合开发新产品的一些原则问题；从10点30分到11点30分跟海洋公司的李总见面，解决产品代销过程中的一些问题。10点15，海洋公司的李总已经到了，总经理秘书于雪请李总在会客室稍等，自己以给客人加水的名义来到老总的办公室，向老总暗示另外的客人已到；可老总对于雪的暗示一点反应也没有，还是从足球到汽车，前五百年后八百年地与刘总在穷侃，似乎完全忘了另有约会。到10点40分了，见李总等得有些不耐烦了，于雪只好又一次来到老总办公室，她递给了老总一张纸条。纸条有这么几种写法：

a. “老总，李总已到。您已经超过30分钟了！”

b. “老总，李总已到。还让李总等多久？”

c. “老总，李总已到。李总已经等得有些不耐烦了，我怎么答复人家？”

d. “老总，李总已到。您去接待李总吧，刘总我来接待。”

e. “老总，李总已到。我怎么向他解释？”

问题：对于于雪的以上几种写法，你认为哪种写法比较合适，请说明理由，并对其他几种写法进行评析。

实践训练

如果你是天地职业学院10周年校庆的秘书组成员，今年是天地职业学院（以贵校为例）建校10（或5周年、20周年）周年，学校领导经过研究，决定举办10周年校庆活动，学校对内增强全体师生员工对学校的自豪感和荣誉感，对外显示学校的实力和发展前景。学校早在一年前就成立了校庆筹备委员会，设有秘书组、新闻组、接待组、信息组、联络组等，每组的组长都由学校的中层以上干部担任，筹备会给予他们充分的权力和空间，自主设置校庆项目及相关事宜，重大项目需由校庆筹备委员会讨论审核。秘书组要负责庆典仪式的活动和筹划，制定议程，拟定邀请重要来宾的名单，并撰写相关文书，直接接受筹委会领导、协调、监督。新闻组负责庆典活动的新闻发布会的筹划及新闻采访活动安排。接待组主要工作由该校的文秘教师负责筹划，具体工作由文秘专业的学生承担，要求统一着装，负责宾客迎接、来宾签到、纪念品赠送、茶水服务、参观解说等，并要求在大门口列队迎送客人。信息组组织编写校史，校友录及学校宣传册。联络组主要负责联络各界校友，组织校友会。对于10周年校庆，学校领导非常重视，制订了一整套方案，专门拿出80万元经费用于筹划庆典。在庆典仪式上安排了剪彩活动，校庆日晚上还将举行盛大的庆祝晚会。同时，为使校庆活动更具学术气氛，校庆期间还将举行“学校发展战略研讨会”和“职业教育学术报告会”，既体现隆重热烈，又让人觉得意蕴深刻。请你拟出参与校庆活动的重要领导和来宾名单，编制一份校庆活动庆典仪式的程序，并与同学一起模拟演示庆典仪式的大会场景。

要求：掌握庆典筹备方式、议程安排及庆典的规范服务，了解庆典活动的类型，理解庆典活动的整体策划，组织并能熟练应用与庆典活动相关的技能。本项目可选择模拟会议室、教室、学校大礼堂及其他空旷场地进行。重要领导和来宾名单的单位、职务、姓名可由学生自己拟定。校庆活动庆典仪式的程序应结合情景内容，但不包括庆祝晚会、学术报告会、学校战略研讨会内容。完成后，由全班学生集体讨论。庆典仪式场景模拟由全班学生完成。实训拟分组进行，每组学生分别扮演校方领导、接待人员、重要领导、来宾，要求各司其职，轮流模拟演示。

第10章 开放参观与商务旅行

[学习目标]

了解开放参观与商务旅行的知识；掌握开放参观的准备与接待工作；能够完成上司商务旅行的准备性工作。

【引例】

青岛啤酒是享誉中外的国际知名品牌。始建于1903年的青岛啤酒厂设立了专门的接待开放室，为参观者走近青岛啤酒、了解青岛啤酒提供了一个独具魅力的“视角”。青岛啤酒厂利用中国最早的德式啤酒厂房建立了青岛啤酒博物馆，开放了传统的啤酒生产线，开发了青岛啤酒藏书馆、百年青岛啤酒创业展及独立的生产工艺参观路线等，并设计开发出参观长廊，做到生产、参观互不影响，用现代的手法集中表现了青岛啤酒的企业形象、企业文化、啤酒生产工艺及产品包装展示等内容。青岛啤酒厂的接待室每年要接待大量国内、欧美、日本以及东南亚的参观者和旅游团队，他们就为目睹一下这个百年企业的风采，亲口品尝一下刚下生产线的青岛啤酒。为了能使参观者对企业产生兴趣，企业在组织整个开放参观活动时要选择好时机，围绕所确定的主题进行策划和组织，精心做好展示工作，安排好细节问题，从策划、组织到结束的全过程的每一个细节都要周密考虑，包括人员的具体安排、生活小细节安排、资料和纪念品发放的安排、接待和陪同的安排等。

10.1 开放参观活动

10.1.1 概述

1）什么是企业开放参观活动

企业或组织为了让公众更好地了解自己，通常由行政部门人员，尤其是秘书人员负责组织一些对外开放参观活动。所谓开放参观活动，就是企业邀请外部人员或内部员工家属来到企业，对企业的生产和工作进行参观和了解，以达到宣传企业、扩大影响的一种商务活动方式。企业的开放参观活动是项繁杂的工作，但它可以使公众对企业产生兴趣和好感，增强并扩大企业的知名度和美誉度。

2）企业开放参观活动的意义

一个组织或企业开展一些准备有序、接待热情的开放参观活动，将会为自身创造良好的社会形象，给公众留下美好而深刻的印象。

在企业开放参观活动中，常常组织员工家属、新闻工作者、社会公众、学校师生和其他企业国内兴趣的公众等到企业参观和考察，以了解企业的生产经营状况。在国外，这种活动多在社区内进行，绝大多数的企业为了与社区公众融洽相处，增强员工对企业的归属感和自豪感，一年中常常指定几个特定的日子安排员工家属和社区公众参加企业的开放参观活动，尤其是邀请学校的学生。举办这种活动的目的就是要企业可以利用这些机会向公众进行宣传，表明自己的存在是有利于社会的，以期得到公众的理解和支持；抓住这些机会表明公司的政策是对外开放的，展示公司的美好愿望和结交朋友、增加新顾客的理念，说明公司经营良好、内部管理有序、资金运作合理，以扩大企业或组织的社会认知度。

【案例分析10-1】

日本丰田汽车公司开放参观

丰田汽车公司于2017年6月28日向公众开放了豪华轿车雷克萨斯的专用生产线。该生产线位于日本爱知县的田原工厂，采用了目前世界上最先进的设备，在安装各零配件时具有更高的装配精准度。丰田还大力加强了其检查检验系统。报道说，为了确保产品质量，丰田对于该生产线的全体员工实行定期的技能认定制度，每4个月重新进行一次技能考核。6月28日当天，丰田公司发表的数据显示，截至6月26日，其5月17日投放市场的雷克萨斯混合动力车的预订量已经达到5 300辆，约为其月销售目标的18倍。

案例来源　根据http：//auto.sohu.com/20070630/n250846117.shtml有关资料整理。

3）企业开放参观活动的目的

任何一次对外开放参观活动，都应确定一个明确的目的，即想通过这次活动让参观者留下怎样的印象、取得什么效果、达到什么样的目的。企业对外开放参观活动的主要目的有以下几点。

（1）扩大组织的知名度，增加组织的透明度，提高美誉度。让公众了解组织的宗旨、功能、优点、特色，展示企业优良的工作环境，显示组织的存在有利于社会、有利于公众。

（2）促进组织的业务扩展，加强和业务单位的合作关系。通过组织公众参观企业的厂区、生产流程、产品，让公众产生信任感，便于推销产品、谋求投资或相互协作、促进业务。

（3）和谐组织与社区的关系，表明企业是社区理想的一员。组织社区公众参观本组织完善的设施、优良的工作环境、可靠的安全系统，表明组织对社区公众不产生危害，以求得社区公众的理解和支持。

（4）增强员工或家属的自豪感。组织员工或家属参观企业先进的设施、设备，使员工家属感到企业价值，理解自己的家人，产生自豪感并全力支持员工的工作，从而更好地激发员工的工作热情。

一般来讲，每次参观的目的一定要明确，不能要求一次参观达到多种目的。贪多求快反而会使公众糊涂，参观的效果也就大打折扣了。

4）企业开放参观活动的内容

企业的对外开放参观活动就是要让参观者通过对企业的看、听、比、想，对本企业的历史和现状、全貌和特点有一个深刻的了解，从而增强对企业的了解和认同。这样企业的开放参观活动，就需要根据自己对外开放参观的目的来进行一定的设计和布置，安排开放参观的内容。企业开放参观的内容通常有以下三种。

（1）情况介绍。其包括口头介绍，书面介绍和影像介绍。不少企业是三者并用，事先要准备好图文并茂，印刷精良的宣传小册子发给观众，同时辅之以电影，录像片或幻灯片，再配合口头讲解。

（2）现场观摩。它是指让参观者参观工作现场，如：生产经营设备和工艺流程；厂区环境或营业大厅；员工的教育和培训设施；组织科技开放（实验）中心；组织的服务、娱乐、福利卫生等设施，给人以眼见为实的感觉。这种场合一般只配合必要的介绍和解释，更多让事物或员工的实际行动来说明，让来宾自己去评价。

（3）实物展览。参观组织的展览室可以陈列资料、模型、样品等实物，可对参观起到补充说明的作用。

企业的开放参观与旅游参观的最大不同点在于参观者往往是某一类人的团体，而很少是单个人，所以判断他们的目的、需要、地域等情况就比较容易。秘书人员应事先了解参观者参观的目的和要求，然后根据他们的不同情况在开放参观中进行有针对性的内容开放，这样不但使企业节省人力、物力，同时也能使参观者感到重点突出、印象深刻。假如不分对象，那么一样的安排内容，只能是事倍功半的效果。

【案例分析10-2】

可口可乐成为亚特兰大的景点

亚特兰大是风靡全球的饮料——可口可乐的最早产地。亚特兰大的“可乐城”用多种形式介绍可乐自打入市场以来的发展变迁，包括商标设计、广告宣传及生产情况等，是人们来到亚特兰大不可不逛的景点。如果你有收集可口可乐相关产品的爱好，这里你更是不可错过！重要的是在这里，所有的可口可乐都可以免费畅饮！除了我们所熟悉的可乐味道之外，还有许多奇奇怪怪味道的饮料，如泰国的荔枝汽水、意大利的麻辣汽水、日本的梅之味等等，让每个人的舌尖迷失在可乐的世界里。这个地方也是小孩最向往的地方，因为在所有的饮料中，可口可乐是小孩的最爱！

10.1.2 开放参观活动的前期准备

企业开放参观活动的时间相对于企业其他商务活动来讲，一般时间较长，来宾比较多并且人员构成复杂。企业开放参观是展示自身形象的良好机会和窗口，因此，企业必须认真做好每一项筹备工作，精益求精，慎之又慎，保证在任何环节和任何来宾身上不出纰漏。开放参观活动的筹备工作包括很多方面，如选择适宜的时机、成立专门的筹备小组、准备相关的介绍材料、做好介绍和接待的准备工作等。开放参观活动是完整的一盘棋，需要秘书有缜密的头脑、良好的协调能力，以及灵活应变能力，从而周密地完成前期筹备工作。

1）选择开放参观的时机

企业开放参观的时间最好安排在一些特殊的日子里，如企业的周年纪念日、企业的开业庆典日、社区节日等。在这些特殊的日子里邀请公众或相关人员进行参观，可以增添特别的意义，也可激发公众更大的兴趣，从而获得更强的开放效果。在选择参观日期时应注意不要和重要节日或企业的重要活动、接待活动发生冲突。因为在重要节日，大部分公众都有自己的安排；在企业举办重要的活动或有重大的接待任务时，参观者一方面看不到日常工作的场面，另一方面也会给接待工作带来极大的麻烦，从而严重影响企业的形象和参观效果。所以企业应合理安排开放参观活动的时间，同时还要考虑气候的因素，较理想的开放日一般选在晚春和早秋季节为宜。

2）成立专门机构

开放参观活动能否获得成功，在很大程度上取决于活动前的筹备工作是否全面，但一般开放参观活动准备及接待工作较为烦琐、繁重，不可能由一两人完成，这需要成立专门的筹备机构来统筹安排开放参观活动。一般情况下，在专门机构中应至少有一名决策层的领导来做总的协调人，由相关部门的负责人和行政、人事部门的人员来共同组成，企业常常会指定1～2名秘书人员来负责承办活动中的各种具体事项。

由于开放参观活动涉及的方面较多，很多工作需要公司内其他部门及人员的配合才能完成，因此秘书人员必须随时与有关部门及人员进行沟通，加强合作与联系。

【案例分析10-3】

感悟清华

世界上有许多大学都是“开放型”的，游客市民可以随意出入，有的大学甚至连大门都没有。我国著名高等学府清华大学也不定期举办“感悟清华”系列开放参观活动。暑假是广大中学生了解社会、接触社会的极好机会。“感悟清华”系列活动借鉴国内外先进教学模式，利用暑假时间将素质教育理念融入暑假社会实践的教育活动中。活动旨在针对不同年龄、不同需求的青少年，通过形式多样的参观活动，进一步弘扬清华精神，让更多优秀大中学生走进清华、感悟清华、了解清华，为参与活动的中学生展翅腾飞蓄能，规划人生之旅。为此清华大学专门成立了接待服务中心，邀请清华大学知名教授、招生咨询专家、教育与管理学者、全国重点中学校领导、高考状元、清华优秀学生共同参与，全国各地的中学生都可以自由报名参加。

活动内容包括参观校史展、校园、图书馆、科技园、实验室；观看有关清华大学历史、传统文化的音像片；举办清华教授报告会，清华大学招生讲座，高考状元交流会等，让中学生真正感受到自己是一名在校清华学子，吃在清华大学学生食堂，住在清华大学学生宿舍，活动在清华大学各大场所，让他们真正零距离感受清华，体验清华精神，找到正确的人生目标。

3）准备介绍材料

（1）准备宣传小册子。秘书可以为参观者准备好印刷精良的宣传小册子。这类小册子以简明生动、深入浅出的语言介绍参观内容，并配有一定的图表和数据，尽量做到图文并茂，考虑一般公众的文化水平和接受能力，最好不要涉及深奥的专业术语。秘书应在参观之始将小册子发给来宾，使来宾快速阅读后对参观内容有大致了解，参观时还可以边看实物边对照，能集中注意观看，免去记录的麻烦。这些小册子可供来宾日后参考，并通过来宾之手转送未能亲自参观之人，还能成为十分有用的传播媒介，从而扩大企业的知名度和美誉度。

（2）放映视听材料和观看模型。有些组织结构复杂、技术尖端、时空跨度大，为了帮助公众理解，在观摩实物前，秘书可以放映事先准备好的有关录像片、幻灯片或电视片，并进行简单介绍。有的企业规模庞大且设施分布广，来宾不可能每处都去、每物都看，还有的地方不便于来宾进入，企业可以事先制作模型，让来宾观看，可以根据自己的需要选择几处认为重要的地方实地观看。

4）做好解说及接待准备

（1）挑选并培养导游或解说人员。一座极普通的房子，如果介绍是某个伟人或创业者曾经工作生活过的地方，马上会引起参观者极大的关注和一连串的联想，对房子各处都会留心观察。可见在开放参观活动中，介绍和解说的作用是十分重要的。

介绍和解说是开放参观活动中的一个重要组成部分。介绍和解说能将抽象化为形象，能够用具体生动的事例来说明问题，同时还能将呆板化为幽默。幽默能给人留下深刻的印象，但要注意的是，必须是真正的、健康的幽默，否则会适得其反。介绍和解说分文字的和口头的，在对外开放的展品或地方，以精练、简短的文字形式标注其历史、特点，能使参观者在最短的时间里对该事物有一个大概的了解；而口头介绍更为常用和重要，通过口语的特有长处，天上地下、历史未来，能够使参观者的思维自由驰骋，赋予了参观事物以生命力。

为此，在开放参观活动中，挑选并培训导游或解说人员就显得尤为重要了。首先对导游及解说人员进行认真挑选，一般选择有旅游专业知识、形象良好的年轻女士担任，有的企业直接选派相关秘书人员担任此项工作；人员选定后要进行专门的培训和练习，使他们熟悉整个参观流程和参观点，并熟悉每一参观点的解说内容。当然，语言流畅、口齿清晰则是解说人员必须具备的基本功。参观点的所有员工都要佩戴印有企业名称和个人姓名的标牌，并有礼貌地向参观者说明工作情况，耐心热情地回答参观者提出的各种问题。

【案例分析10-4】

解说使展览更成功

青岛啤酒厂展厅内最显眼的位置陈列着建厂初期的一台啤酒机，经导游解说得知是德国西门子公司迄今尚能正常工作的历史最悠久的一台啤酒机，从而立刻引起了参观者极大的关注和兴趣，参观者对青岛啤酒悠久的历史、良好的设备性能的敬慕之情油然而生。

（2）确定邀请对象，制作并寄发请柬。每一次开放参观活动前应该先确定邀请对象。一般性参观常邀请员工家属、社区代表或一般市民等，其目的主要是增强员工的企业自豪感和归属感，从而增进企业与员工家属间的相互了解。社区是企业重要的社会资源，和谐相处，有助于共建互动，形成共同发展的良好环境；有助于优化企业的发展空间；同时也能更好地与公众融洽相处。

特殊性参观一般邀请与本企业有特殊利害关系的团体和公众，如政府官员、行政主管部门、同行业领导和专家、媒体记者等。他们的到来会给企业的开放参观活动带来重大的影响，主要是他们的身份和地位在社会上有着较大的影响，可以使企业得到广泛的宣传，提高企业的知名度，从而达到树立企业形象的目的。

邀请对象确立后，就应制作并寄发专门的开放参观活动请柬，以示对被邀请者的尊重。请柬可以由秘书人员自行设计和制作，一般采用红色或较为鲜艳的彩色纸，封面可采用花边、图案等装饰，以表示喜庆和对对方的尊敬，措辞宜简洁、文雅、热情、庄重，如果请柬上能配以企业参观活动中的标志性物体或企业的象征物等，则效果更佳。

请柬寄出或送出后，秘书人员应进行确认回复，以确保请柬能按时、准确地送达相关被邀请人的手中，并为下一步参加开放参观活动确认好具体人数，以保证活动的后续工作顺利开展和完成准备。

【案例分析10-5】

职工家属参观电视台

某市电视台每年春节期间都要请职工家属到电视台参观。电视台对这项参观活动十分重视，不仅秘书人员要做大量的准备工作，如印发通知、安排会场、准备茶点等，而且台长还要亲自向家属介绍电视台的日常工作状况和新一年的工作规划，充分肯定家属们对电视台工作的支持，并致以衷心的感谢。职工家属被邀参观整个电视台的工作环境和条件，更特别注意的是自己家属所在的工作岗位，当他们看到家属的工作环境、了解了他们工作的重要性后，再不为别人家过节能团聚而自家亲人总是不在身边而怨恨了。

(3) 确定参观内容，选择参观路线。当邀请对象确定后，负责此次开放参观接待的秘书应根据参观者的身份和人数的不同来确定参观内容，并选择相应的参观路线。

参观的内容应根据邀请对象的不同，依据前面所介绍的参观主题选择适合对方需要的，并能突出、宣传自己特点的项目，可以分别选择现场观摩、介绍、实物展览等不同的参观内容或综合利用几项内容，以收到开放参观的预期效果。比如，在前面清华大学的参观活动案例中，其参观者主要是来自全国各地的中学生朋友和他们的家长，餐馆的主要内容就是参观校史、标志性建筑以及来自校园内的专家、教授和优秀大学生的讲座、报告，让他们真正零距离感受清华，体验清华精神，迸发出学习的动力和激情，而在日本丰田公司的展览管理主要是让参观者深刻地领略丰田汽车的管理和技术水平，零距离地感受丰田汽车卓越的性能，其参观的内容主要包括实物展览以及现场的模拟驾驶等。

参观内容确定后，秘书人员还应选择好参观路线。路线的确定主要从三个方面综合考虑：一是能引起参观者的兴趣；二是能保证参观者的安全；三是对企业或组织单位的正常工作秩序干扰最小。参观路线应有明确的路标。在参观活动前，需要事先采取安全措施，安全人员应在必要的地方设置信号或障碍，以防意外发生。

秘书人员在确定参观内容和参观路线时，应随时加强保密工作意识。商业秘密是企业的生命线，秘书在筹备工作中一定要牢固树立内外有别、保守秘密的思想，哪些话可以讲，哪些资料可以提供，哪些现场可以参观，做秘书的一定要心中有数，切不可在接待中热情过度，把不该让对方了解的事情透露出去。如果无意间泄漏了商业秘密，将可能给企业带来致命的影响。

(4) 设立接待服务处。

企业的开放参观活动时间一般为半天或一天左右，时间持续较长，往往会涉及企业中更多的人和事，因此接待工作要比日常接待复杂得多，这就需要设立专门的接待服务处。接待服务处一般由秘书承担主要的接待服务工作。

接待服务处的工作内容主要包括来宾的迎送，在开放参观活动现场迎接或送别来宾；来宾的引导，由专人负责为来宾引路，将其送到参观活动的起点，并负责解答来宾的咨询或疑问；同时要准备好休息室，备足茶水，供参观者中途小憩。休息时要有足够大的空间，能够容纳参观活动的所有人休息。服务人员要经过专门的培训，人数也应该符合参观人员的服务需求，有的大型参观活动的休息场所还配有义务人员和通信设备等，保证参观人员在休息室能够轻松、有序、愉快地度过。

【案例分析10-6】

青岛啤酒厂在接待处设立休息室

在青岛啤酒厂参观活动的最后一站是青岛啤酒馆，在这里安置了舒适的酒吧式桌椅，参观者能够随意放松和休息，并同时向每位参观者提供刚刚下线的鲜啤和生啤，来宾在参观的同时，沁人心脾的新鲜青岛啤酒给大家留下了深刻的印象。

（5）准备特殊的参观用品

有些企业在参观时，参观人员需要穿戴特殊的用品，如卫生服、安全帽等。秘书人员在接待准备工作中，应在参观者到来之前就准备好足够的特殊参观用品，以满足参观人员的使用。

【案例分析10-7】

参观无菌操作间需特别装扮

在新加坡跳跳龙食品有限公司的开放参观日里，由于其大部分的加工车间是无菌操作，因此参观人员要穿戴事先经过紫外线杀菌的工作帽、口罩、工作服等，才能进入车间现场参观相应的生产流程和设备。

（6）准备礼品或纪念品。为了增强参观的宣传效果，还可以为每位参观者赠送纪念品，秘书人员应根据情况事先准备。纪念品应简单适用、突出特点，具体来说：一是具有宣传性，可以在礼品及其外包装上加印本企业的标识、产品图案、广告用语等；二是具有荣誉性，使之有一定的纪念意义，使所有者对其珍惜、重视；三是具有独特性，最好是本企业或组织单位制作的，也可以是代表本企业特色的产品或礼物，能让人一目了然，甚至过目不忘。

【案例分析10-8】

参观清华备有纪念品

在“感悟清华”的开放参观活动中，专门成立了一个纪念品销售点。礼品主要是针对前来参观的中学生和家长制作的各种文具，每件文具上都印有“清华大学”的字样，尤其是印有“我要读清华”语句的文具盒、笔记本等更是成为前来参观的中学生们的必购纪念品。这些纪念品不仅给他们以后的学习带来极大的激励作用，更为他们指明了奋斗目标。

10.1.3 开放参观活动的接待

在开放参观活动中，当日的各项服务工作是秘书人员的重要工作之一。在开放参观活动中，组织者及负责接待的相关秘书人员应热情、主动做好接待工作。秘书应做的具体工作有：引导参观者进入公司；引导参观，做好解说和接待工作；做好餐饮服务工作；解答参观者的提问。

（1）引导参观者进入公司。参观者到来前，公司负责本次参观任务的秘书人员作为第一接待者应在大门口迎接参观者，这是开放参观活动接待工作的第一件事，其目的是显示主办方的热情、主动，给对方留下良好的第一印象，同时也能准确了解来宾的身份和人数。参观者到来时，秘书人员应热情问候，走在参观者的左前方并引导其进入公司。切不可怠慢参观者或把参观者直接“晾”在那里，视而不见，那样是极不礼貌的。

（2）引导参观，做好解说和接待工作。实物参观前可以先将事先准备好的宣传小册子发给参观者，让参观者对参观内容有一个总体的了解，并放映相关的电影、录像或幻灯片进行必要的解说，来帮助参观者更加详细地了解公司的情况、清楚公司产品的特色。之后，由专门的导游或秘书人员陪引参观者沿参观路线进行参观，逐一观摩实物。在重要的参观对象面前，作一定的停留，引导者或专门负责陪同的秘书作讲解，讲解时要根据培训的内容，重点针对公众关心或不易理解的问题进行讲解。最好将参观者分为5～6人一个小组，这样即使场地嘈杂，也能让参观者看清事物、听清讲解。如果企业设置了较明显的路标为参观者导向，那么也可以安排专人在参观者最感兴趣的地方做集中讲解。

参观主要是通过事物或展览来传递信息，秘书人员要注意讲解，并要注意随时加强保密意识。这是企业的生命线，秘书在筹备工作中一定要牢固树立内外有别、保守秘密的思想，哪些话可以讲，哪些资料可以提供，哪些现场可以参观，秘书人员一定要做到心中有数，切不可在接待时热情过度，把不该让对方了解的事情透露出去。如果无意间泄露了商业秘密，将可能给企业带来致命的影响。

秘书人员要注意讲解时应避免长篇大论、滔滔不绝，给人以吹嘘、华而不实之感，从而使参观者产生逆反心理。

（3）做好餐饮服务工作。有的企业开放参观活动持续时间较长，作为组织者在安排好参观的同时，也要认真做好参观中的餐饮工作。从接待服务处的茶水、饮料到招待参观者的工作便餐，再到高级别的宴请，每一个的细节都代表了公司的形象，更透视着企业的管理水平和综合素质。

在企业的开放参观活动中，为节省时间，餐饮服务大部分以工作便餐为主。安排工作便餐的原则是让参观者吃好又不浪费，合理安排时间又不影响参观。

首先要搭配好菜单，尽量准备一些有本地风味、合乎时令、客人喜爱的菜肴，并注意色香味形、荤素搭配，少上昂贵菜肴，尽量照顾南北不同参观者的口味，不能有触犯参观者个人、民族、宗教禁忌的菜，做到简单、丰富、节俭、适宜。

其次要定好就餐方式和时间，可根据参观者的身份、数量，酌情选择中式宴席、中餐西吃自助餐等形式。参观时间一般为一天和大半天的，就餐时间一般选择在中午，在参观路线的中间安排好餐厅或相应的休息室；参观时间在半天左右的，就餐时间一般安排在参观结束后，也可以根据参观者的要求灵活安排。

再次，在参观者较多的情形下，安排餐饮时要事先安排好桌次和座次。引用圆桌，每桌不宜超过10人，且人数宜为双数。圆形餐厅居中为上，横排时以右为上，纵排时以远为上，有主席台时以临台为上。每张桌子的具体排位，面门为主，右高左低，各桌同向，负责餐饮服务的秘书应先安排好相关的准备和接待工作，必要时可以在餐厅门口画上桌次示意图，现场安排座次引导员，每张桌上放置桌次牌及用餐者名签。

如果参观者是些“名人”“要人”或与企业有着特殊关系的人员，应安排比普通餐饮服务更高的接待规格，尽可能做到舒适、周到、细致，对于事先安排好的开放参观接待可以在请柬上注明就餐地点以及就餐时的桌次和座次，以示对来宾的尊重和重视。

（4）解答参观者的提问。在接待开放参观的活动过程中，秘书人员应耐心解答参观者提出的各种问题，所以秘书对整个公司历史和文化的了解以及对整个参观流程和各个参观点的熟悉就尤为重要了，这需要平时系统培训和日常接待锻炼。同时秘书人员应加强保密意识，对涉及公司秘密的问题要随机应变作出巧妙的回答，不该说的绝对不能说，既要做到不泄露公司机密，又要给对方留足面子。

10.1.4 开放参观活动的结束

1）分发纪念品和征求来宾意见

为了使参加活动产生持久的宣传效果，进一步给参观者留下美好而深刻的印象，在参观活动结束前可以赠送每位参观者事先准备好的、代表本企业形象或特色的小礼品或纪念品。

开放参观活动是企业的一个大型商务活动，它不但是企业树立形象、化解矛盾、争取公众的手段，同时也是采集信息的重要渠道。所以当开放参观活动结束后，以座谈会的形式或利用“留言簿”征求参观者的意见，并认真听取他们对企业的看法和建议，一方面表示了对参观者的尊重，另一方面也为企业开放参观活动的改进、提升提供了重要依据。尤其是参观活动中些“名人”“要人”应邀而来，他们的到来对本次的开放参观将会产生重要的影响。首先是因为他们的地位与声望在社会上有着广泛影响；其次是他们通过参观，了解企业的现状与实际工作环境，可以给本企业带来实质性的帮助与指导。所以对他们的到来，一是通过新闻媒介进行传播，使自己的企业得到广泛宣传；二是认真、仔细征求他们的意见，这不但是对企业的具体指导，同时也是激励公司员工努力工作、增强企业自豪感的最好例证；三是馈赠代表本企业特色的礼物，也可以极大提高自己产品的知名度。天津自行车厂在美国总统里根夫妇访华时，曾赠送两辆“飞鸽”自行车给他们，从而使世界掀起一股“飞鸽”热，这便是很好的例子。

2）做好欢送工作

当企业开放参观活动结束后，并不意味着负责此项工作的秘书已经完成工作，秘书人员还应做好以下几项工作：

（1）准确掌握参观者离开的时间。一般来讲，当参观者到来时，负责接待的秘书人员就应准确了解其参观后离开的时间安排，并提前落实好票务和相关的交通工具。当参观活动结束后，负责欢送的人员必须在参观者登机、上车、上船前到达指定的地点等候、送别，如有欢送仪式，则应在仪式开始之前到达。

（2）欢送的规格。欢送的规格应根据参观者的身份、地位，以及与企业业务关系的重要程度等因素来综合考虑。一般来说，欢送参观者的规格、陪车的次序以及鲜花方式等礼仪应与迎接时相同，如有特殊情况需临时变更的，必须向客人解释清楚，并向对方道歉。

（3）与参观者道别。参观活动结束后，秘书人员应礼貌送别参观者，提醒并帮助参观者拿好自己的物品，并根据参观者身份的尊贵程度，将其送到电梯间、公司大门口或将其送上车。当与参观者送别或参观者乘坐交通工具离去之前，秘书人员应与参观者一一握手道别，以礼貌谦和、热情大方的态度欢迎其再次光临，要一直等到客人所乘坐的交通工具开出视线后再转身离去；和领导一起送别参观者时，要比领导稍后一步。

【案例分析 10-9】

对外开放参观的日本东京都厅

东京都厅就相当于北京市政府，这里全天对外开放，任何人都可以随意出入。在都厅玻璃门上贴着“适温空调 28℃简装工作”的“夏日生活方式”通告书。现在地球温暖化，环境污染等问题日益严重，为了保护生态环境日本政府于是出台新的工作制度，就是办公室空调最低温度设置在 28℃！而且日本人上班都必须是西装革履，考虑到不能让大家都汗流浃背的工作，于是号召穿简装，就是不用非穿西服，衬衫领带就可以了。

通告下面的文字是：实施时间为6月1日到9月30日。另外“全厅集体定时退厅日”的星期三，原则上在18点15分停止空调工作。然后是给到这里参观的人的说明：东京都作为防止地球温暖化工作的一环，办公室实施“适温空调28℃”和“简装工作”，并呼吁市民和事业人员共同响应，所以也希望东京都厅的人都穿着简装，而且这一措施在八都县市（琦玉县、千叶县、东京都、神奈川县、琦玉市、千叶市、横滨市、川崎市）同时实施。

10.2 商务旅行

10.2.1 商务旅行前的准备工作

商务旅行是现代企业、单位商务活动中的一项重要内容。商务旅行主要是指企业领导因谈判、签约、考察交流、沟通信息等商务活动而做的旅行。秘书在商务旅行中应该为领导做好一系列的服务工作，以保证商务旅行的顺利进行。

【案例分析10-10】

秘书高慧陪同领导出国进行商务旅行，出发之前她准备了一些旅行的必需品，包括日程表、访问国家的相关资料、出国手续、现金、信用卡等。她将现金、信用卡放入自己的背包中，下飞机后，在等出租车的时候小高感觉被撞了一下，等她回过神来时，发现自己的背包不见了。这时，小高感觉到事态的严重性，现金、信用卡全部被窃，正常的商务活动无法进行。小高立即向领导汇报了情况，在征得领导同意后，与公司驻该国的办事处取得联系，向他们支取了一部分费用，解了燃眉之急。小高在此次活动准备中出现了哪些失误？

1）商务旅行计划和旅程表

（1）商务旅行计划。掌握对企业发展有益的信息，寻找更好的营销伙伴，使企业在国际市场上保持不断进取的地位，是领导的商业性旅行中一项极为重要的工作。秘书要为领导的商务旅行提供一流服务，除为领导筛选相关住处资料及做好其他准备工作外，很重要的一项工作就是制订一份合理的旅行行程、工作计划，使领导在有限的时间内，有条不紊、高效率地完成预订任务。

在制订商务旅行计划前，首先要了解公司差旅费用、交通、住宿标准的有关规定。一份商务旅行计划至少应包括以下内容：①出差的时间，启程及返回日期，接站安排。②出差的路线、终点及途经地点和住宿安排。③会晤计划（人员、地点、时间）。④交通工具的选择。⑤需要携带的文件、合同、样品及其他资料。⑥领导的特别要求。⑦旅行区的天气状况。⑧行程安排，约会、会议计划，会晤主题。⑨差旅费用。

（2）制定旅程表。当安排完订房订票的工作后，就要着手制定旅程表了。旅程表是按预定的日程表和领导的计划要求、意见而制定的。旅程表的内容一般比旅行计划更加详尽，一份周密的旅程表主要包括六项内容：①日期。日期包括离开公司的日期，旅行中转的日期，旅行中各种重要活动的日期，返回的日期和到达的日期。②时间。包括目的地的抵达时间和中转时间，开展各项活动的时间，就餐、休息的时间等。③地点。本次出差的目的地（包括中转地点），旅行过程中开展各项活动的地点、食宿地点等。④交通工具。出发、返回时的交通工具，停留地的交通工具等。⑤具体事项。商务活动内容，访问、洽谈、会议、宴请娱乐活动以及私人事务活动等。⑥备注。记载提醒领导注意事项，如应提醒抵达目的地需要中转的中转站或中转机场，需要注意的一些当地风俗习惯和礼仪等，当地的联系人姓名、住址、电话号码，企业名称、所在地、电话号码，以及中国驻该国大使馆所在地及电话号码等。

商务旅程表应一式三份（或几分），一份存档，一份给领导及家属，一份秘书存留。一般的商务旅程安排见表10-1。

表10-1 ××总经理差旅日程安排表

日期	时间	交通工具	预定行程	备注
×月×日（周×）	9：00—10：30	××班机（南京禄口机场）	从南京往西安，住××宾馆，预订××日西安至北京的火车票	8：00派车去总经理家接
	14：00—15：30		参观西安××公司，洽谈合作事宜	××总经理秘书机场接
	18：00—20：30		参加××公司晚宴	
×月×日（周×）	9：00—10：40		商务谈判	
	14：30—15：00		关于合作事宜签约	
	19：30—20：00	火车	从西安往北京	

（3）制订商务旅行计划、编制旅程表的注意事项。要编制一份切实可行的旅程计划，秘书必须注意以下几点：①要明确领导旅行的意图、目的地、旅行时间、到达目的地后的商务活动计划。②了解领导对交通工具及食宿的要求，熟悉公司对出差的有关规定。③向公司所在国家的有关服务机构或向旅行目的地享有盛誉的旅游机构索取有关资料，了解当地乃至全国交通（航空、航海、铁路、公路）工具运行情况，旅行路线，旅馆环境情况，目的地的货币，外汇管理规则，经商特点及有关护照、签证、健康规定等常识，需要中转时，尽量选择衔接时间在2～4小时的班机，将因中转而导致的时间浪费情况减少到最低限度。④制订行程计划时，若能直接利用定期航班的航线来设计旅行路线则尽量做到。⑤编排计划时，在时间一栏中必须考虑时差的变化，买机票（车票、船票）时也要注意时差。⑥拟订几个旅行方案，与领导共同讨论，最后选定最佳方案。⑦旅行行程工作计划表制作要清楚，离开和到达的时间都应以当地时间为准。秘书应熟悉国际时间的计算方法。

2）秘书应为领导商务旅行应做的准备

秘书在商务旅行前应为领导做好下列准备：

（1）选择交通工具，预订车票、船票或机票。秘书通常采用电话、传真或网上预订的方式订票。预订之后要及时确认并取票，取票后要认真核对车票、船票或机票上的姓名拼写（机票）、车次（航班）、座位等。选择交通工具要考虑以下因素：商务旅行的目的地、旅行的原因、在目的地停留的时间、旅行费用、企业旅行规定、领导的喜好。不同旅行方式之间的比较见表10-2。

表10-2　　不同旅行方式的比较

旅行方式	优点	缺点
汽车旅行	灵活——没有限定的时刻表 容易得到——大多数人有车或会开车 直接——旅行能直接抵达目的地 费用——费用相对较低	停车困难，停车费较昂贵 有压力——旅行者长途驾驶到达目的地时，会感觉到疲劳和压力 无法有效利用时间——开车前往目的地同时，不能进行其他工作
火车旅行	费用低——个人旅行乘火车比乘汽车更便宜 压力较小——旅行者能休息，还可以在乘车期间做其他工作 没有寻找停车位置等问题	不灵活——要按固定的时间表和路线 热线或旺季时的票价昂贵 有时无法直接抵达目的地
乘船旅行	能运输汽车——适用于长时间旅行，并可携汽车、行李、样品 有定期渡轮 可选择船种——气垫船、水翼船、渡船	速度慢——乘船旅行经常是缓慢的 在商务旅行中不受欢迎
飞机旅行	速度——最快的旅行方式 轻松——压力小，提供餐饮 距离——常是唯一有效的长途履行方法 目的地范围广泛	费用——昂贵的旅行方式 不直接——常需结合其他旅行方式到达目的地 行李限制——必须为重而大的行李交付额外的费用

（2）预订宾馆及房间。领导出差，安排住什么档次的宾馆，秘书要考虑领导的喜好、习惯以及公司的规定。还要掌握订房的基本程序，可通过查找旅行手册、电话咨询和网上搜索等方式获取宾馆的预订信息。

订房时应提供的信息如下：①住宿者的姓名；②抵达时间及大概离开时间；③需预定的房间类型及特殊要求。

房间要根据领导的要求预订，尽量不要在一楼，并且最好住在有足够安全保障的宾馆，如房门有锁死插销、提供代客泊车业务和电话号码保密服务等。一定要拿到宾馆确认预订的传真或其他书面形式的证明，并将其附在领导携带的旅行计划后面。要注意预订后的确认，以防止客房房源紧张，被他人提前入住。

（3）准备必备的文件资料及领导随身携带的用品。领导出差要随身携带哪些东西，秘书一定要替领导想好。临行前秘书还要将这些用品按公与私分别列出清单，请领导过目，避免遗漏。表10-3提供一些可能需要的用品。

（4）申请预支差旅费。秘书人员在确知领导即将出差后，可根据公司的相关规定，到财务部门申请预支差旅费。差旅费包括往返及当地的交通费、住宿费、餐费，以及其他可能的活动经费。差旅费的携带方式：现金、信用卡或支票。

表10-3 商务旅行用品一览表

商务活动文件资料	差旅相关资料	办公用品	个人用品
谈判提纲	目的地交通图	笔记本电脑	护照
合同草案	旅行指南	光盘或磁盘	签证
协议书	请帖	微型录音机及磁带	身份证
演讲稿	介绍信	照相/摄像机	信用卡
有关讨论问题的信件	通顺路	文件夹	替换衣服
备忘录	对方的向导信函	笔、笔记本	洗漱用品
日程表	日历	公司信封及信纸	急救药物
科技、产品资料	世界各地时间表	邮票	旅游箱
公司简介		手机	车船票、机票
对方公司相关资料		名片	
		现金、支票	

3）出国（境）商务旅行的准备工作

（1）出国（境）旅行的手续及准备。

①办理各种必要的出国（境）手续。

a.撰写出国申请。出国申请的内容应包括出国事由、出国路线、出国日程安排（包括出国时间、在国外活动时间、地点、回国时间等）、出国组团的人数。申请书后面要附出国人员的名单和外国公司所发的邀请函，出国人员名单要写清姓名、年龄、性别、职务、职称等内容。

b.办理护照。护照是一个国家的公民出入本国国境或在国外旅游或居住时，由本国发给的证明该公民国籍和身份的合法证件。凡是出国人员，均应持有本国政府发给的护照。我国的护照分为外交护照、公务护照和普通护照三种。普通护照又分为因公、因私两种。秘书人员替领导办理护照要做好以下工作：携带主管部门的出国任务批件，出国人员证审批件，所去国有关公司的邀请书，2寸正面免冠半身相片等，因公出国人员的护照应到外交部或其授权的机关办理，因私出国人员的护照由公安部授权的机关办理；认真填写有关卡片和申请表；拿到护照后，应检查姓名、出生年月、地点是否填写正确，并在签字表上签名。

c.办理签证。签证是一个国家在本国或外国公民所持的护照或其他旅行证件上的签注、盖印，以表示允许其出入或经过本国国境的证明。一般商务旅行，办理签证要交上护照并填写一份签证表，取得签证后，检查签证的有效期并签字盖章。

d.办理“黄皮书”。“黄皮书”即《国际预防接种证书》，因其封面通常为黄色而得名。它是世界卫生组织为了保障出入境人员的身体健康，防止某些疾病传染的证明。出国人员在办理了有效护照和签证后，应持单位介绍信到所在地的卫生检疫部门进行卫生检疫和预防接种，并领取“黄皮书”，拿到“黄皮书”后，要认真查验。

e.办理出境登记卡。在办妥上述各项手续后，秘书在携带出国人员的护照、户口簿、居民身份证办理临时出国登记手续。

f.订购机票（船票、车票）。秘书人员可以通过国内各航空公司及售票代理点办理购票手续，也可以在外国航空公司驻我国办事处购买。购买国际机票须出示护照。拿到机票

（船票，车票）后必须对票面查验。查验的程序一般是：查验姓名的拼音是否与本人护照或其他有效证件中的拼音相符；全部航程的每班航班是否都有乘机联，每一联的黑粗线框内容是否与原旅行计划相一致；每次航班起飞和降落的时间，机场名称；是否在订座栏内填好“ok”；是否有涂改或填写不清楚的地方；是否盖有公章。如果所到之处对方有接待，这时候就可以向对方发出通知，最好以书面形式通知，内容包括：航班号或车次，启程地点，到达口岸名称和时间，前往的人数。

g.办理保险。秘书可通过代理人与保险公司办理保险，适用于意外事故，如医疗及行李丢失等。

②出行前的准备。

a.编制几种旅程方案，供领导选择，选定最佳方案后，将其打印成文。

b.了解外汇信息，办理外币兑换。

c.准备随身携带物品，包括服装、拖鞋、洗漱用品等。

d.根据旅行目的，为领导准备必须携带的各种文件，如谈判合同、协议书、科技或产品资料、演讲稿等。

e.检查相关物品：护照、签证、“黄皮书”、国际机票、外语名片（切不可忘记）、外币及其他必需的出国文件、证件等。

f.收集所到国的背景资料。在国际交往中，无论是出国考察或是商务洽谈，都会遇到各种不同的情况，掌握所到国家或地区的文化、习俗、礼节等常识可以使我们在处事中既能维护尊严，不卑不亢，又不失礼仪之邦的风范，以礼相待。

（2）办理出入境手续。

①边防检查。出入国境人员要持护照填写出入境登记卡，交护照，检查签证。边防人员确认无误后，在护照内也该上注明出入境口岸和日期的验讫章。有的国家入境时就要求填好一式两份的出入境卡，入境时收走一份，另一分夹在护照内等办理出境手续时再收走。

②海关检查。填写海关申报单，包括姓名、性别、职业、国籍、护照号、发照日期、入境口岸、入境日期、逗留地址、行李件数以及所带物品的数量，大多数申报单还要求填写外币旅行支票、信用卡的数量等。然后携带行李连同申报单一起到海关处结关。海关人员根据申报单进行检查。

③安全检查。禁止携带武器额、凶器、爆炸物和剧毒物等，所以在准备行李、礼品时应避免携带违规、违禁物品，以减少麻烦。

④健康检疫，即交验“黄皮书”，对未接种的旅客会采取隔离，强制接待等措施。

10.2.2 商务旅行过程中秘书人员的工作

商务旅行过程是商务旅行的重要组成部分。一次商务旅行的成败，除了事前充分的准备以外，整个过程也是十分重要的。所以，在整个商务过程中秘书要为领导做好服务，以确保商务旅行的顺利进行。

1）旅行过程中秘书人员的主要工作

在一般情况下，领导商务旅行会带秘书一同前往，那么秘书在整个旅行过程中要做好以下工作：

（1）旅途中秘书的工作，其包括以下几点：

第一，负责携带、看管相关物品。与领导一同出差，秘书人员应主动替领导拎包，对于携带的一些文件，如机密商函、参考资料、活动资金等，秘书应该谨慎保管，以确保万无一失。

第二，听从领导安排，及时与公司保持联系，协助处理相关事务。在商务旅行过程中，单位的一些重要事务需要领导决定，这个时候，秘书应听从领导安排，保持和公司的联系，了解公司的情况，对于一些重要的事件，请示领导以后，根据领导的意图协助单位同事进行处理。

第三，照顾领导饮食起居，确保商务旅行的顺利进行。秘书要了解领导饮食起居的习惯，在商务旅行过程中，应注意食宿卫生、安全等，在出发之前应准备一些常用药品，如晕车药、清凉油、人丹等，以备急用。

（2）抵达目的地后秘书的工作。其包括以下几点：

第一，如果抵达目的地后无人接站，秘书一方面要招呼出租车或者引导领导去预订的酒店；另一方面，要检查并带好行李，以防丢失。在一切安排妥当之后，要和对方公司联系人取得联系。如果抵达目的地之后，对方公司派人接站，此时秘书应自觉地让领导走在前面并主动为双方作介绍，对于表示感谢等话语，应由领导来说。

第二，如果事前预定的酒店对工作不便，秘书要请示领导，得到领导允许后再对酒店进行调换，以确保酒店的路程距离、住宿环境等各方面条件都有利于工作。

第三，在酒店住下后，秘书要迅速了解酒店周围的交通、邮电、医院等情况，以备不时之需。

第四，一切安排妥当之后，秘书要将领导所住的酒店、联系方式等告知公司和领导的家属，以便取得联系。

【知识链接10-1】

安全旅途小常识

1.钱财、信用卡、证件分开放，文件资料锁进箱中。

2.乘出租车，不要坐在副驾驶的位置，应坐在后座。

3.乘飞机不要坐在机头和机尾处，最好坐在紧急舱门旁。

4.坐船要尽量选择上层舱。

5.走路遇墙角拐弯应绕开走。

6.随时与公司保持联系，让大家知道你在哪里，在做什么。

7.身边带好身份证及其他证件，如果遇到特殊情况，可以让帮助、援助你的人知道你的姓名。

8.不独自一人在夜间出门。

9.不随意暴露领导及自己的身份和商务旅行的目的。

2）出国商务旅行过程的注意事项

秘书在陪同领导出国旅行时，要注意以下几个方面：

（1）尊重东道国礼俗。①邀请对方要郑重其事，不可草率随意，最好事先用请柬联系。②受邀去主人家做客，应带一些小礼品，如鲜花、小工艺品、字画等。③受邀赴会要恪守时间，切忌迟到。④安排日程要尽量避开对方的节假日。⑤了解所到国家的流通货币，临行前办好手续。⑥在国际交往中要注意个人卫生，穿着打扮。⑦举止大方，端庄稳重，言谈态度诚恳、大方、语言亲切得体。⑧在国际商务活动中要注意所到国家的礼俗和禁忌。

（2）掌握各个国家的谈判风格。各个国家的谈判风格不大相同，要想取得商务旅行、商务谈判的成功，了解各个国家的谈判风格十分重要。这个时候，秘书要通过各种渠道，收集、整理相关资料，为领导的谈判工作做好必要的准备。

【知识链接10-2】

部分国家谈判风格

1．美国人一般态度热忱，外露奔放，重视律师，崇尚合同。在商业谈判中作为买者，他希望对方按他的要求作“一揽子”说明；作为买方，他希望卖方提出“一揽子”条件。美国人还是讨价还价的高手，认为货好不可降价。

2．英国人一般态度严肃，不喜夸夸其谈，思想比较保守。对新鲜事物很谨慎，对建设性意见反映积极；遇到纠纷，不会轻易道歉。英国对出口的商品可能会延迟交货，也有点傲慢和自负。

3．与法国人约会，必须事先约定时间并准时赴约，但他们却可能迟到。通常8月份是法国的假期，不谈生意。法国人在谈判中比较重视人际关系。法国企业中的决策者个人的权力较大，但在签订合同时比较草率，急于出成果，有时不太认真审核细节，从而导致在实施过程中引起误会、争议和改约。

4．德国人对本国产品极有信心。喜欢明确表示他希望达成的交易，详细规定谈判中的议题，对谈判中的概述和报价非常清楚，签订合同前十分重视细节，一经签订，就会严格信守合同。德国人工作起来废寝忘食，但对家庭生活生看得很重，一般不在晚上进行谈判。

5．日本人的言行举止有严格的礼仪约束，交换名片时，不能遗漏谈判班子的任何成员。他们往往通过中间人谈条件和办事，比较重视附属材料，如翻译资料、样品、工作模式、图解、绘画等。

6．与阿拉伯人谈判，一般节奏比较缓慢，要花很长时间才能做出最后决策。在阿拉伯国家谈判时，有时会有他们的亲朋好友前来喝茶交谈，使谈判中断，只有等客人走后，谈判才会继续。

10.2.3 商务旅行结束后秘书人员的工作

商务旅行回来，秘书的工作是要将此次商务旅行的结果进行总结，对相关事宜进行善后处理。

（1）沟通信息。无论秘书是否陪同领导旅行，领导返回后，要把领导不在公司期间发生的事情及处理结果，依照事情的轻重缓慢，简明扼要地向领导汇报。同时，秘书要向有关部门通报领导回来的消息。

（2）整理材料。商务旅行结束后，秘书要撰写旅行总结，以便领导向有关方面（董事会、上层领导）汇报。整理领导带回的各类资料与物品，资料按程序登记后归档，物品根据领导的指示进行处理。

（3）财务报销与结算。商务旅行结束后，秘书人员应根据公司财务的相关规定，对领导在商务旅行过程中的相关费用进行报销，并与财务部门进行结算。

（4）送感谢信。商务旅行结束后，秘书要以自己公司以及参加商务旅行全体代表的名义向这次差旅过程中热情接待的有关方面发送感谢信，表示感谢之情。感谢信不要太长，时间越早越好。

（5）总结经验。秘书在商务旅行结束后，要进行小结，总结经验教训，以便下次领导商务旅行时做参考。

[知识掌握]

10.1 开放参观活动要注意哪些事项？

10.2 在经理商务旅行前，秘书需要做哪些准备工作？

[知识应用]

案例分析

创业之初的微软公司没有正式的办公室，后来因为新人不断加入，盖茨才在亚帕克基市中心租了一套四个房间的办公室，里边还是空荡荡的，什么家具也没有。但是，为了接待即将来访的惠普公司人员，盖茨马上动员刚刚加入微软公司的几个新人，连夜去寻找办公设备。他则亲手安装终端设备，几天之后微软公司算是有了一间正规的办公室。

微软公司当时基本上都是年轻人，搞业务，搞推销都是一把好手，可是弄起内务，弄起管理方面的杂事，没有人能有耐心。第一任秘书是个年轻的女大学生，除了自己分内的工作，对任何事情都是一副不闻不问的冷漠劲儿。盖茨深感对公司这些粗粗拉拉、风风火火的年轻人来讲，应该有一位热心肠、事无巨细地把后勤工作都能揽下来的总管式女秘书，不能总让这方面的事情分他的心，他有更重要的工作需要他倾尽心力。他要求总经理伍德立即解雇现任秘书，并限时找到他要求的那种类型的秘书。

尽管盖茨去公司外见到年轻漂亮的女性是一副赏心悦目的样子，在公司内见到她们却好像有些害怕和不可思议，有时甚至躲得远远的。

不久，盖茨在自己的办公室招见了伍德，问他需要的女秘书找到了没有。伍德一连交上几个年轻女性的应聘资料，盖茨看后都连连摇头。他看中女秘书的干练、稳重、能干，他对花瓶式的当摆设的年轻女性没兴趣。“难道就没有比她们更合适的人选？”盖茨失望地责问伍德。伍德犹犹豫豫拿出一份资料递到盖茨面前，“这位女士做过文秘、档案管理和会计员等不少后勤工作，只是她年纪太大，又有家庭拖累，恐怕……”不等伍德说完，盖茨已经一目十行地看完了这份应聘资料，“只要她能胜任公司的各种杂务而不厌其烦就行。”

就这样，盖茨的第二任女秘书、42岁的露宝上任了。她是四个孩子的母亲，她出来应聘时并没有寄予太大的希望，在长年操持家庭后她希望重新走向社会，重新追寻自我的价值。露宝觉得这个公司的气氛有点古怪，与别的不同。一般的公司请秘书一定要年轻漂亮身材苗条的女性，而自己这么大的年龄居然得以录用，真是令人不可思议。

几天之后的早上，露宝坐在自己的位置上，看到一个男孩子直闯董事长盖茨的办公室，经过她面前时只是“嗨！”地打一声招呼，像孩子对待母亲似地那么自然。然后他摆弄起办公室的电脑。

因为先前伍德曾特别提醒她，严禁任何闲人进入盖茨的办公室操作电脑，她立刻告知伍德说有小孩闯进了董事长的办公室。伍德表情淡漠地说："他不是小孩，他是我们的董事长。"

露宝回到自己的办公室，过了几分钟，还不死心，又跑去问伍德："对不起，请问盖茨几岁了？""21岁。"

露宝喃喃自语地陷入沉思，一个给人如此幼嫩印象的董事长办实业，遇到的困难恐怕会很多吧！她以一个成熟女性特有的缜密与周到，考虑起自己今后在娃娃公司应尽的责任与义务。

露宝发现微软公司不同于其他公司，尤其是盖茨和艾伦，行为颇异于常人。他们通常是中午到公司上班，一直工作到深夜，每周7天，莫不如是。假如偶然要在第二天早上会客，他们就在办公室睡到天亮。

关心盖茨在办公室的起居饭食，成了露宝日常工作的一项内容，这使盖茨感到了一种母性的关怀和温暖，减少了远离家庭而带来的种种不适感。

露宝在工作上也是一把好手。盖茨是谈判高手，不过第一次会见客户时，也会使人产生小小误会。客户见到盖茨时，总不免怀疑眼前的小个子是不是微软公司的董事长。他们伺机打电话到微软公司核实，露宝接到这样的电话，总是和蔼可亲地回答："请您留意，他是一个年纪看上去十六七岁、长一头金发、戴眼镜的男孩子，如果您见到的是这样的形象，准没错，自古英雄出少年嘛。"露宝的话化解了对方积郁在心头的疑虑。

露宝把微软公司看成一个大家庭，她对公司的每个员工，对公司里的工作都有一份很深的感情。很自然，她成了微软公司的后勤总管，负责发放工资、记账、接订单、采购、打印文件等等。

露宝成了公司的灵魂，给公司带来了凝聚力，盖茨和其他员工对露宝有很强的信赖心理。当微软公司决定迁往西雅图，而露宝因为丈夫在亚帕克基有自己的事业不能走时，盖茨对她依依不舍，留恋不已。盖茨、艾伦和伍德联名写了一封推荐信，信中给予露宝的工作能力以很高的评价。临别时，盖茨握住露宝的手动情地说："微软公司留着空位置，随时欢迎你。你快点过来吧！"

3年后，1980年冬季的一个寒夜，西雅图的浓雾持续不散，因缺得力人手而心情难舒的盖茨独坐在办公室发愁。这时，一个熟悉的嗓音伴着一个熟悉的身影来到他的面前："我回来了。"

是露宝！她一直无法忘掉和盖茨相处的日子。她对朋友说："一旦你和盖茨共过事，就很难长久离开他，他精力充沛，平易近人，你可以无忧无虑，很开心。"

问题：露宝对你有何启示？

实践训练

1.拟写一个开放参观活动的方案。

要求：（1）开放参观活动需要做的准备工作。（2）参观具体项目的主要内容包括参观项目、参观人数、负责人以及工作人员、起止时间、交通工具、饮食住宿、安全保密、费用预算。

2.拟写一次开放参观活动的接待工作。

3.公司王总要到日本去看望一个和公司合作关系较好的某公司总经理大泉，请你为王总拟定一个活动安排表，并为大泉总经理准备一份适宜的礼物。

4.王总从日本看望大泉总经理回国后，作为王总的秘书，你如何替王总到财务部门进行商务费用结算，并写出商务费用报销的步骤。

5.五洲实业公司的苏明先生将于6月11日至21日到某地出差。他通常都住在当地一家四星级旅店里，喜欢单人套房，房间里要有外线电话，凭窗可俯瞰波涛汹涌的大海，同时，他还想要一件能够召开会议的接待室。请你帮他在这个旅馆里预订他想要的房间，收费转到公司的账上。公司地址是：××市实区路87号。账号：×××××。

6.北京某公司赵明经理将于7月8日乘飞机前往重庆，参加为期三天的会议。会后，他还要去成都某公司参观考察，预计7月16日返京。

作为秘书，请你为赵经理作相应准备，请列出准备事项。

第 11 章

商务会议与会展

[学习目标]

在学习完本章之后，你应该能够：了解商务会议和会展业的基本理论知识；明确会议与商务会议、会展的异同；熟知商务会议工作程序；掌握商务会议与会展的服务工作。

【引例】

李铭的困惑

李铭从大学文秘专业毕业后在某市××局办公室工作三年了。工作期间，李铭在大学所学的专业知识得到很好的锻炼和发挥。他能够妥善处理办公室事务、熟练拟写文稿、组织安排会议及其他办公室工作，并能够为领导的决策提出很好的参谋建议。他的勤奋态度和工作能力多次受到领导好评。就在局领导决定提拔李铭为办公室主任之际，李铭不甘于机关秘书的单调，跳槽到天骏旅游服务有限公司，成为市场部经理秘书。

本以为凭着自己出色的工作能力，做一个部门秘书应该是得心应手。但是，当他接受几项工作任务，并认为自己完成得较好时，经理却不仅没有表扬李铭，反而委婉提醒李铭的工作需要改进。例如不久前，某公司要举行成立30周年庆祝大会，同时要举行公司新址揭牌仪式。会展部接到设计此次庆祝大会（包括揭牌仪式）策划方案的任务。经理要求李铭拿出方案初稿。李铭认为，自己三年来做了不少会议方案，这项工作小菜一碟。就在他按照以往工作思路熟练拟写好会议计划并交给经理，经理看了他的计划，没有同意，而且把李铭的策划方案的工作交给另外的同事。李铭觉得很失落，也很不服气。特别是当有的同事看了他的方案后，含蓄地说："到底是机关出来的啊。"这使李铭既委屈又失望，不由得对自己的工作前景迷茫起来。

这一案例表明：行政会议与商务会议因为目的、性质的差异，在策划、具体操作等方面存在很多不同之处，而李铭正是没有理解这些不同，犯了经验主义的错误，一味照以往机关会议的惯例来做，当然不能取得令人满意的效果。

11.1 商务会议与会展业

1）商务会议、会展、会议产业的含义

（1）商务会议。所谓会议，广义来说，也可以叫聚会，是指将人们组织起来，在一起研究、讨论有关问题的一种社会活动方式。通常会议必须具备几大要素：商议的目的、组织者、两人或两人以上的社会聚合。

商务会议本质上与会议并无不同之处，只是举办的形式、目的有所不同。现代意义上的商务会议，是以商业活动运作模式来承办会议，其中含有明显的商务特征。以商务营运为手段，以盈利为目的，是商务会议与普通会议的最大不同点。

（2）会展。会展是指集会议、展览、大型活动等为一体的有组织、群众性社会活动的简称。狭义的会展仅指会议和展览会（含博览会）；广义的会展除展览会和会议外，还包括运动会（大型国际体育活动）、节事活动（大型纪念和庆祝活动）和奖励旅游等。

会展具有强大的经济功能，如各种交易会、博览会、产品展销会等；同时也具有较强的政治功能。体育方面的奥运会、亚运会，国际经济组织和其他组织举办的如《财富》全球论坛、亚太经济合作组织年会，还有我国自行举办的商业性会议，如国际投资论坛、博鳌论坛等，无疑都具有一定的政治功能。

因此，会展以一个新兴的行业，正逐步发展成为新的经济增长点。会展涉及工业、农业、商贸等诸多产业，对结构调整、开拓市场、促进消费、加强合作交流、扩大产品出口、推动经济快速持续健康发展等发挥重要作用，在城市建设、精神文明建设、和谐社会构建中显示出其特殊的地位和作用。

（3）会议产业。伴随会展日益发展起来的会展业是新兴的服务行业，是目前发展潜力大的行业之一，由此而形成了会议产业。在国外，会议产业一直得到政府和实业界的重视，对推动经济发展起到了强大的促进作用。一位外国市长这样评价，“如果在我这个城市开一个国际会议，就好比有一架飞机在我的头顶上撒美元”。

2）会展业对经济发展的带动效应

（1）共赢效应。通常，会展业带来的直接收入有场租费、搭建费等，还能拉动或间接带动数十个行业的发展，刺激并提高购物、餐饮、住宿、娱乐、交通、旅游等相关收入，促进各大产业的发展，对城市或区域发展和社会进步产生重大影响。据有关统计表明，一个好的会展对经济拉动效应能达到1：9，甚至更高。

（2）获得优质资源。会展把信息、技术、商品和人才聚集起来，使各行业优化配置资源，在产品、技术、生产、营销等诸方面获取较大优势，增强综合竞争力。博鳌效应就是其中的一个最典型范例，海南省穷乡僻壤的博鳌，建成国际会议中心后，吸引了众多海内外会议组织者、参会者，成为热门旅游景点。

（3）增加就业机会。随着近年来办展活动的增多，会展业不仅能提供会议服务行业就业机会，而且能拉动并促进其他相关行业就业。

（4）经济发展的“风向标”。会展紧扣经济，展示经济发展成果，会展经济的发展将直接刺激贸易、旅游、宾馆、交通、运输、金融、房地产、零售等行业的市场景气，大型和专业性会展往往是产品或技术市场占有率及盈利前景的晴雨表，推动商品贸易、投资合作、服务贸易、高层论坛、文化交流等各方面的发展与进步。

11.2　商务会议承办

11.2.1　商务会议策划

1）商务会议财务核算

商务会议财务核算应考虑下列各个因素：

（1）会议成本。通常人们所说的会议成本核算，有一个固定公式，即会议成本=2×参加会议职工每小时平均工资的3倍×与会人数×开会时间。但这仅仅是单位内部会议成本的计算方法，主要是计算开会消耗的资源。商务会议的成本核算，不同于内部会议。商务会议带有营销性质，必须按照财务成本核算方法来计算，才能在报价时确保有盈利。因此，商务会议成本核算是会议承办前期准备的重要工作之一。成本核算应该包含的项目有：①交通费用；②会议场地费用；③住宿费用；④餐饮费用；⑤视听设备、办公用品费用；⑥嘉宾、发言人、娱乐节目、演员等费用；⑦其他支出。

（2）会议收入。商务会议，顾名思义，就是以商业营运手段运作会议，所以，在计算、压缩成本的同时，也要争取收入，力争有较大经济效益，如销售现代奥运会吉祥物，就是一笔可观的收入。

通常，会议收入的渠道有：①会议赞助收入；②会议广告收入；③与会者、参展商、联合主办方交费；④文件资料汇编（音像）出版收入；⑤宾客游览费、活动费；⑥会议附加物售卖收入（标志、吉祥物）；⑦其他。

（3）商务会议预算例表（示例见表11-1、表11-2）。

表11-1　**商务会议预算总表**

序号	收入项目	金额	支出项目	金额
1	会议赞助收入		固定支出项：	
2	会议广告收入		承办者报酬	
3	与会者、参展商、联合主办方交费		承办者开支	
4	文件资料汇编（音像）出版收入		会议营销支出	
5	宾客游览费、活动费		办公费用	
6	会议附加物售卖收入（标志、吉祥物）		…	
7	其他		…	
8	…		可变费用：	
9			交通费用	
10			会议场地费用	
11			住宿费用	
12			餐饮费用	
13			视听设备、办公用品费用	
14			嘉宾、发言人、娱乐节目、演员等酬劳	
15			其他支出	
16			…	
17				
18				
19				
20				
	总计		总计	

表11-2 20××年________会议详细预算表

<table>
<tr><td colspan="2">会议名称</td><td colspan="4"></td></tr>
<tr><td colspan="2">会议时间及会期</td><td colspan="2">年 月
会期 天</td><td>会议召开的具体地点</td><td></td></tr>
<tr><td colspan="2">参加会议总人数</td><td colspan="2"></td><td>会议总预算金额</td><td></td></tr>
<tr><td colspan="6">会议支出的各分项预算金额</td></tr>
<tr><td colspan="2">支出项目名称</td><td>数量</td><td>单价</td><td colspan="2">支出金额</td></tr>
<tr><td rowspan="7">场地租赁费</td><td>礼堂</td><td></td><td></td><td colspan="2"></td></tr>
<tr><td>大型会议室（100～200人）</td><td></td><td></td><td colspan="2"></td></tr>
<tr><td>中型会议室（30～80人）</td><td></td><td></td><td colspan="2"></td></tr>
<tr><td>小型会议室（20人以下）</td><td></td><td></td><td colspan="2"></td></tr>
<tr><td>展览厅</td><td></td><td></td><td colspan="2"></td></tr>
<tr><td>其他会议场所</td><td></td><td></td><td colspan="2"></td></tr>
<tr><td></td><td></td><td></td><td colspan="2"></td></tr>
<tr><td rowspan="6">场地装饰费</td><td>会议横幅</td><td></td><td></td><td colspan="2"></td></tr>
<tr><td>会议标牌</td><td></td><td></td><td colspan="2"></td></tr>
<tr><td>鲜花</td><td></td><td></td><td colspan="2"></td></tr>
<tr><td>展览布置</td><td></td><td></td><td colspan="2"></td></tr>
<tr><td></td><td></td><td></td><td colspan="2"></td></tr>
<tr><td></td><td></td><td></td><td colspan="2"></td></tr>
<tr><td rowspan="6">会议材料费</td><td>复印费</td><td></td><td></td><td colspan="2"></td></tr>
<tr><td>印刷装订费</td><td></td><td></td><td colspan="2"></td></tr>
<tr><td>翻译费</td><td></td><td></td><td colspan="2"></td></tr>
<tr><td>寄送费</td><td></td><td></td><td colspan="2"></td></tr>
<tr><td></td><td></td><td></td><td colspan="2"></td></tr>
<tr><td></td><td></td><td></td><td colspan="2"></td></tr>
<tr><td colspan="2">会议通信费</td><td></td><td></td><td colspan="2"></td></tr>
</table>

续表

支出项目名称	数量	单价	支出金额
会议车辆使用费			
会务人员补助费			
参会人饮食补助费			
参会人员住宿补助费			
纪念礼品费			

申请单位：　　　　负责人：　　　　　　　　　年　月　日

承办人：　　　　　联系电话或手机：

注：多次会议要分开填，每个会议填本表一张。

2）制订策划方案

作为商务会议，进行策划时首先考虑的是符合客户的要求。大致可以依照以下程序进行策划：①充分了解主办方要求；②设计符合主办方要求的主题、宗旨；③找出有创意的闪光点；④设计有特色的会议模式；⑤设计公关活动模式；⑥设计媒体报道方式；⑦安排时间进程；⑧制订实施计划。制订策划方案的最终目的是，根据策划方案制订出详细的实施计划，要求方法措施有效，步骤合理，确保策划方案的执行。

11.2.2　商务会议服务工作

细致入微的会议服务是商务会议的特色。无论我们已经多么精心地为会议做了前期策划和准备工作，总会有意外的事情发生。“一位来宾晕倒了；酒店重复预订了早餐；参加宴会的来宾超过了预订的人数。”诸如此类，随时都会发生，因此，现场做好应对准备就显得非常重要。

我们主要应该做好下列服务工作：①来宾管理。其主要是指接站、签到、安排食宿、预订返程车（机）票等。②现场组织协调。事前充分做好细节安排，现场加以人、财、物全面协调，使会议各步骤措施落实到位。③会场安全。一般来说，可以交由专门的保安部门负责，承办方要细心谨慎，确保万无一失。④活动服务。提供种类多样的活动服务是商务会议一大特色。目前各会议公司提供的活动服务主要有娱乐活动、景点参观游览、休闲游戏、户外拓展活动等。

【知识链接11-1】

心怀慈善的“两人桌”计划

首届夏季达沃斯年会的第二天，一项“两人桌”计划在参会人员中正式启动。所谓“两人桌”计划，就是提倡一个人在食用健康食品时，要想到桌子对面还有一个需要提供食物帮助的人。每餐只要捐出20美分，这些捐助能同时使世界上另一个挨饿的人吃上营养食品。在此次夏季达沃斯年会及全球青年领袖峰会上，组委会为与会者提供的均是健康午餐，约有1 500位代表在这里就餐。会议期间，他们午餐捐出的金额可以供45个学生食用一年的营养校餐。这些捐助将通过联合国世界粮食计划署转交给需要帮助的人群。32家企业首先宣布他们将为员工和客户提供健康食物，同时向世界上饥饿人群捐助20美分健康食物。这些企业包括：AIM服务公司、日本全日空航空、英国天空广播公司等。

资料来源　葛玉广．会议及其附加活动可以如此精彩［EB/OL］．［2007-11-27］．http：//www.meetingschina.com/Manazine.

11.2.3　商务会议评估工作

当我们花了大量的时间和精力组织了一个会议或展览会，一定想知道所做的工作是否达到了预定的目标，与会者是否得到了他们想要的东西。因此，会议评估是一项非常重要的工作。

做一个简单的评估很容易，只需要问几个问题就可以了，但做一个正式的评估就要做大量细致的工作，而且花销也比较大。一般说来，正式的评估包括三个部分：①调查问卷表；②数据分析与报告；③新的行动措施。

每一次评估工作都会增加办会的经验，使下一次会做得更好。如果仅仅是为了评估而评估，而不是为了获得反馈意见从而改进工作，那么评估的工作就是浪费时间、精力和财力。因此，真心想要提高会议和展览会质量，不仅要做评估，而且还要做非常正式的评估。

【知识链接11-2】

不同阶段的效果评估

一、会前效果评估

在会议举行前，以下因素会影响会议效果：①欠缺目标或目标不准确；②欠缺议程；③与会者人数太多或太少；④会议时间、地点不当；⑤开会的通知时间不当；⑥开会通知的内容欠周详；⑦会议场地设备欠佳；⑧与会者没有作充分准备；⑨未定明会议的终止时间以及每一项议题的时间分配；⑩以前的会议太多，使与会者一听说要开会，都感到厌烦；⑪开会次数太少，使每次会议的议题过多。

二、会中效果评估

在会议进行中，影响会议效果的有如下因素：①与会者离题；②主持人离题；③资料不充足，决策偏颇；④少数人垄断会议；⑤主持人未能总结会议的成果；⑥与会者不表明真正的感受或意见；⑦与会者之间争论，与会者与主席争论，与会者欠缺热心；⑧设备器材发生故障，会议超出预定时间。

三、会后效果评估

会议结束后，经常会出现以下情况，应注意避免：①欠缺会议记录；②对决议落实不力；③不对会议的成败得失进行总结；④不解散已完成任务的委员会或工作小组；⑤与会者对会议感到不满。

会后效果评估问卷

（一）目标

1．此次会议的目标是什么？

2．会议目标是否达成？是□　　否□　　部分达成□

3．哪些目标没有完全达成？为什么没有完全达成？(确切理由)

(二) 时间

1．会议目标是否是最短时间内达成？是□　　否□　　不能确定□

2．倘若目标并非在最短时间内达成，为什么没有在最短时间内达成？(确切理由)

资料来源　根据http：//www.17u.net有关资料整理。

【知识链接11-3】

中国图像图形学学会学术会议评估表见表11-3。

表11-3　**中国图像图形学学会学术会议评估表**

年　月　日

会议名称	中文： 英文：					
承办单位						
会议召开	时段：　年　月　日至　年　月　日			举办地：城市：　　地点：		
	规模：　人		其中境内代表：　人		境外代表：　人	
会议主题						
主题/特邀报告	报告人：			报告题目：		
主题/特邀报告	报告人：			报告题目：		
主题/特邀报告	报告人：			报告题目：		
主题/特邀报告	报告人：			报告题目：		
主会场	个	分会场	个	会议参观	□有　□无	
论文报告	篇	其中口头报告	篇	张贴报告	篇	
论文集	□有　□无	页	出版社			
附加展览	□有　□无	展览规模	面积　m^2	展位	个	
大会主席		PC主席				
OC主席		秘书长				
会议涉及领域：			学术水平评估：			
会议组织情况：			会议特色和经验：			
经费平衡情况： 节余： 赤字： 支付给学会情况：			代表及各界反应：			
总体评价： (评价标准：A为非常优秀，超过预期目标且有特别创新之处；B为优秀，完全达到预期目标，会议效果很好；C为良好，基本达到预期目标，会议效果尚可；D为一般，未完全或者勉强达到预期目标，会议效果不很理想；E为差，没有达到预期目标，会议效果较差。)						
填表人		签字			年　月　日	

限于本页填写，不附另页。承办者提交的附件有：会议纪要、文集封面、前言、目录复印件。

资料来源 根据http：//www.csig.org.cn有关资料整理。

11.3 会展业的组织经营

会展业从大的方面讲如奥运会、世博会都是；从小的方面理解，每天都在发生的小的展览、论坛、会议也是，各类会议公司是会展业的一个重要部分，因为是他们在策划、组织和运作这些会议和展览。好的品牌会展公司重要体现在综合实力，如策划、设计、媒体宣传、公关等等。会展业，根据产业的定义，可以将其定义为：利用各种会展资源，以会展场馆设施为条件，为社会提供会展活动策划、咨询、组织、场地、技巧、配套设施和其他个性服务的经营单位的集合。

目前，我国会展产业已经成为一个独立的经济部门，其国民经济行业分类代码为：L7491。作为一种产业的经营，自然离不开各类营销策略与手段。

11.3.1 会展的营销分析

会展业的经营实质就是营销会议、展览、活动等产品。因此我们首先要对会展产品进行分析。分析会展产品，大概可以从这几个方面着手：

1）会展议题是会展产品的核心和卖点

【知识链接11-4】

2015CMRA年会议题最终确定

经主办方精心筹备谋划，日前最终确定2015CMRA年会议题共35个，囊括“十三五产业发展规划”“固废进口形势”“国际贸易发展 ”“精尖技术装备 ”“资本市场运作”五大方面，其中开幕式1个、主论坛7个、专题论坛27个。

第十五届再生金属国际论坛及展览交易会（简称：论坛及展览）于2015年11月7日至9日在中国浙江宁波拉开帷幕。作为中国再生金属产业年度顶级盛会，本届论坛及展览，旨在全力打造“政策宣贯、贸易对接、技术推广、风采展示、引资引智”五大平台，将围绕行业关注的多方面、多层次的热点话题，深入分析展开研讨。

届时，工信部节能与综合利用司、环境保护部固废管理中心的有关领导，将围绕如何“谋划十三五推动再生有色金属产业规范化集约化发展”“中国固体废物进口形势分析和政策趋势”做主旨演讲；国际回收局、美国废料回收工业协会、中东回收局等国际行业组织，也将对如何“推动全球再生有色金属产业发展”“发达国家废金属贸易现状分析”及中外贸易协调融合发展前景做深入的研判，并对先进技术装备重点推介；广发证券研发中心金融专家，还将对企业如何借助资本市场做“新三板融资与A股市场管理”的精辟阐述及实操案例分析；厦门大学东南亚研究中心资深专家也将做“东南亚投资环境分析，助推‘一带一路’战略实施”的系统研判。

届时，将有来自全球40个国家（地区）及相关产业企业的近千名精英汇聚一堂，共享年度产业盛宴，共谋发展大计，共商未来愿景。

分析提示：一个好的主题，是会展营销的良好开端，也是会展成功的前提和基础。

2）会展举办地

这是会展产品的重要部分，是吸引人们参会参展的重要因素。以奥运为例，自从各国认识到奥运所蕴藏的巨大商机，奥运会举办地的争夺就风起云涌，并且有愈演愈烈之势。因此，选择一个适当的举办地也是会展营销的重要内容。

3）会展活动分析

会展期间，与之相关的各种活动，都属于会展产品的范畴。了解并掌握会展活动的类型、模式，可以极大提高会展营销的绩效。

【案例分析11-1】

黑暗中碰撞思想的火花

在中国夏季达沃斯的会议议程中，有一个名为Dialogue in the Dark（黑暗中的对话）的活动，与会者将置身黑暗的环境中进行交流。

由于大连的会场状况非常好，首届新领军者年会进行了6场“黑暗中的对话”。在首届新领军者年会前一天的青年领袖会议期间，20多名参会者被带入一个完全黑暗的屋子里，他们进行了一场“黑暗中的对话”的预热。参与者在被要求关闭手机声响，把手表放在口袋里后，在工作人员的带领下陆续步入了一条漆黑的走廊。活动主持人鸣响钟声后，人们静默祈祷，大家一番自我介绍，于是知道黑暗中的人分别来自世界各地。参与者还需要在黑暗中寻找一个位置，黑暗中感觉到大家围着一张圆桌子而坐。接下来是做游戏，每人先领到两个塑料盖一样的东西，一大一小，大的形状好似一枚大印章，小的如同一个药瓶盖。大家要凭手感和直觉说出自己手上东西的形状和尺寸，然后互相交换和重新搭配、安装。第二个游戏是用餐，先分给每人两个茶杯、三个碟子、四把小勺，每人每种物品只留一个，其余要推到桌子中央。大家要在黑暗中自己倒茶、泡汤和从罐子里取饼干。游戏期间，尽管彼此完全看不见面孔和衣着，但不断的欢声笑语，让人们忘记了恐惧。游戏结束后，大家在黑暗中起立，从黑暗中缓慢地触摸着木板廊壁前行，当一道微光出现在前方时，有人欢呼起来。

在会场外间，早已摆放好椅子，大家围坐成一个圆圈，在光明地带分享着黑暗中的体验。主持人和参与者都认为，1个多小时的“黑暗”经历让他们感受到了愉快、自由、平等与和平的气氛，也切身体验了一下残疾人的生存状况和关爱残疾人的重要。其实，黑暗中第一个游戏玩的是“俄罗斯套娃”，在黑暗中拆装它，不仅需要大家的密切合作，也是对个人与团队信念和意志的考验。这就是达沃斯论坛设立“黑暗中的对话”的意义所在，让人们体验健康、光明是甜美和值得珍惜的；而走出黑暗和战胜困难，则需要自强不息和相互搀扶的精神。

资料来源　葛玉广. 会议及其附加活动可以如此精彩［EB/OL］. 2007-11-27.http: //www.meetingschina.com/Manazine.

分析：在会展过程中，富有创意和特色的活动是不可缺少的元素，不仅可以作正式会议的补充，还能使与会者兴趣盎然。

11.3.2　会展业经营策略与手段

1）营销策略

（1）市场调查和定位策略。要想成功举办会展，市场调查是必不可少的。市场调查的对象，一方面是有参展需求的参展商，一方面是有了解这些展会信息的人群，找到“买与卖”的结合点。

掌握了市场信息，就要定位会展，是走综合性的会展道路还是走专业性的会展道路。综合性的会展道路是指将各个产业、行业与内外贸结合的交易会、博览会或大型国际会议；专业性会展是指以某一个产业或者行业为依托举办的交易会、博览会或大型会议。

（2）实行品牌策略。中国会展业缺乏品牌意识，无序竞争使整个行业的效率低下，恶性循环。在国外，多年的市场竞争已经实现了优胜劣汰，打造出不少品牌会展，如汉诺威工业博览会、科隆国际博览会、法兰克福国际博览会等等，许多出色的品牌展览公司都有自己独家的领域。中国必须借鉴国际著名展览公司品牌建设的方法，走专业化、国际化、规模化道路。

（3）进行营销理念创新策略。其具体包括营销理念创新、营销主体创新、营销手段创新、营销内容创新。

2）宣传策略

（1）寻找潜在客户，即预期的参展客商，主要手法有：明确目标（会展商可以通过描述特征来明确客户目标，如性别年龄、经营范围、业务兴趣等）——引起兴趣——提示购买（提供购买信息，如会展时间、地点、付款方式等）。

（2）广告策划。会展广告策划，具体执行可以有两种选择，一种是委托广告公司全面代理，一种是会展公司自己执行。

前者是指选择一家合适的广告公司，由其全面代理会展产品的营销策划、广告宣传及推广促销工作及相应费用。选择广告公司的参考标准是：丰富的行业经验及优秀的策划能力。好的广告公司拥有强大的智力资源优势和传播网络优势，对如何运作、推广展会有较深入的了解，其行为带有科学的投机性，可为企业所用。

后者则是会展的一切推广完全由会展公司自己来做，这就需要大量的组织、管理、广告、宣传、策划、公关、工程等工作人员。其优点是广告费用可以自由支配，利润独享，但缺点是风险较高，与媒体合作的成本也较高，会展营销的专业性也会弱一些。

（3）网络宣传。网络使我们的世界变成“地球村”，网络宣传具有极大的广告效应。会展网站是外界了解会展的最主要的宣传工具，其主要特点是信息容量大，传播范围广，更新速度快，所有关于展会的信息基本上都可以在会展网上找到。因此注重会展网站的建设，对增强其吸引力和权威性以及促进会展业的发展将大有裨益。网络宣传的做法主要有：一方面，完善自身网站的宣传工作；另一方面，加大在相关网站的宣传力度或采取友情链接的方式。

（4）媒体公关宣传。会展业是为交流信息和达成贸易服务的，自身具有很强的社会功能性，再加上它的直接性和集中性以及参加会展人员的广泛性，很容易附加产生“新闻性”，因此也就能吸引众多的新闻媒体对其进行报道。所以，如果我们的会展业能够在提升自己水平的同时，注重新闻效应，适时进行新闻发布，对于会展业来说，无疑是免费作了极佳的广告。

【知识链接11-5】

北京为什么失去2010年世界计算机大会（WCC）举办权

世界计算机大会（WCC）每两年举办一次，是国际信息科技界唯一的综合性科技大会，被誉为国际信息科技界的“奥林匹克大会”。其主办者是隶属于联合国教科文组织的国际信息处理联合会（IFIP），现有一百多个团体会员，在国际信息科技界最具权威性和影响力，中国电子学会于1980年成为其会员。

国际信息处理联合会（IFIP）理事会每年举行一次，其中一项重要议程是确定下一届世界计算机大会的举办地（城市）。2007年8月，在埃塞俄比亚举行的国际信息处理联合会理事会上，有五个城市提出申请举办2010年世界计算机大会，它们是：中国北京、澳大利亚悉尼、南非开普敦、印度新德里、西班牙马德里。在前四个城市做了申办陈述之后，西班牙的马德里自动放弃陈述，退出申办竞争。随后进行的第一轮投票淘汰了开普敦和新德里：第二轮投票由中国北京和澳大利亚悉尼交手。结果43名有投票权的代表，23人支持悉尼，20人支持北京。北京最终以3票之差失去了2010年世界计算机大会的举办权。

承办世界计算机大会，为举办城市提供了难得的学习和交流机会，同时3 000余名参会代表也可为当地带来可观的经济收益。因此，各会员国申办资格的竞争相当激烈。那么，中国北京为什么会以3票之差落选？澳大利亚悉尼为什么能胜出？分析起来至少有以下6个方面原因值得我们吸取经验：

一、政府的支持程度

此次申办，悉尼市政府高度重视，给予了强有力的支持，不但市政府官员带队组成9人的代表团参会，而且悉尼市长在争办函上亲笔签字，表明了悉尼政府的鲜明态度。而北京方面只有中国电子学会副秘书长、国家会议中心销售总监等参会申办，他们没有任何官方签字的申办支持函。

二、资金的支持力度

世界计算机大会作为国际信息处理联合会的学术活动，申报费用、组委会的公务活动等资金支出都由申办城市承担。此外，会议举办城市还要向组委会交纳一定的费用。为此，悉尼在申办陈述报告中承诺向国际信息处理联合会提供10万美元赞助费，以解决大会组委会的资金缺口，而北京没有这方面的支出预算，因此，无法提供资金支持。

三、沟通与联络

悉尼提前做好了与各会议代表的感情沟通和联络工作，争取他们对自己申办工作的支持。在投票的前一天晚上，悉尼代表团以悉尼市政府的名义在亚的斯亚贝巴唯一的豪华酒店（喜来登酒店）设酒会招待所有拥有投票权的会议代表。招待酒会加上送礼品、包专车等费用达3万美元。此次招待会谢绝其他申办城市的代表参加，其他申办城市也没有进行类似的沟通和联络活动。

四、国际组织中的任职比例

中国人在很多国际组织中参与的深度和广度还不够，参会的人数少，担任领导职务的更少。在国际信息处理联合会理事会的11个小组中，只有1人是中国人，而澳大利亚人担任其中5个小组的组长，他们为悉尼的争办做了大量内部工作，这使我们望尘莫及。

五、国际会议的周期性

第十六届世界计算机大会2000年曾在中国北京举办。尽管组委会十分满意当时的会务组织工作，认为是其历史上最成功的一届，并给代表留下了深刻印象；尽管国际信息处理联合会秘书长对中国十分友好，希望2010年世界计算机大会能再次在北京举办。但是，2006年世界计算机大会刚刚在处于欧亚大陆之间的土耳其举行，20年来世界计算机大会又从未到过澳洲，所以这次悉尼成为首选也是顺理成章的。

六、整体的宣传效益

澳大利亚悉尼在争办中倾力打造城市整体品牌，扩大影响力，为此制作了一套精致的综合宣传片和宣传册，不仅宣传服务接待设施，更侧重宣传国家的综合实力、人文环境、旅游特色等等，从而大大增强了宣传效果；而北京申办团只带来了国家会议中心的宣传资料。相比之下，悉尼的申办组织、策划工作确实更胜一筹。

2010年世界计算机大会的申办工作结束了，从中可以看到我们在申办国际会议的经验、政府支持力度、对国际会议周期性的认识等诸多方面存在差距，也促使我们认识到参与争办国际会议必须需要政府、民间、国际组织等多方面的共同努力，否则就无法在复杂的市场环境和激烈的竞争中获胜。这是一个不争的事实。

资料来源 刘海莹. 中国为什么失去2010年世界计算机大会（WCC）举办权［J］. 中国会展经济信息，2007（87）.

3）服务策略

服务是会展业的生命和根本所在，没有一流的服务就不可能有一流的会展。因此，从立项、招展、办展到会展结束，都必须贯穿良好的服务意识。

（1）做好展前的信息服务，帮助参展商做好展馆、展台的布置工作和展场企业的广告宣传。

（2）设置展场的各类咨询服务，帮助参展商解决会展中遇到的金融、法律、会计等方面的问题，提升参展效果。

（3）举办各类附加活动，如各种洽谈会、主题研讨会，以交流信息、创造商机。

（4）设立海关、商检的绿色通道，为参展商提供便利。

（5）提供运输、保险、翻译等各方面的服务。

（6）建立信息反馈、后续服务。展后要建立参展商、观展商的资料库，保持会后的联络，了解他们的意见和建议，便于日后改进工作。

11.3.3 会展业的组合经营

会展业是第三产业，与酒店、旅游等行业有密切联系，会展参加者向来是旅游业的重要客源，会展营销要注意与酒店、旅游资源的联合开发，如著名的“博鳌效应”，原本是穷乡僻壤的博鳌建成国际会议中心，举办博鳌亚洲论坛，并成为永久会址，使得昔日海边小镇一举成为世界会议中心，带动旅游业、酒店业乃至房地产等行业迅速发展。

11.3.4 会展的人员要求

会展业的快速发展对会展从业人员提出了较高的素质要求。据有关部门的初步统计，目前我国会展业从业人员已达100多万人，其中从事会展营销策划、运营管理等中高层管理人员有10多万人，这些从业人员大都没有经过专门的职业培训和资格认证。这严重制约着我国会展业的健康发展。

承办会展的人员应该具备以下素质：

（1）较为全面的管理知识与技能。组织展览会属于一种项目管理，会展工作人员主要职责包括预算、挑选会址、与饭店和航空公司以及卖主进行谈判、制订活动计划和贸易展览计划、确定餐饮品种、实施饭店及陆地交通的组织工作、进行会后总结等等。这些工作涉及企业管理、市场营销、财务管理、公共关系等多方面知识与技能。展览会项目管理和实施更偏重于人性化的管理，强调富有创意的想象，注重对人与人之间关系的管理，由会展承办人员去完成对参展商和观众的每个环节的服务。所以，展览会项目管理是以客户的满意度为宗旨的，欠缺全面的管理知识与技能是难以办成一个优质的展览会的。

（2）有较强的能力素质。会议策划者应该具有杰出的口头沟通能力和组织能力，具备领导素质，具有灵活应对压力的能力、稳定的心理素质及敏捷的反应能力。

（3）要有良好的心理素质和高昂的工作激情。激情是会展从业人员的基本要求，组织展览会就是自始至终用不同的形式为各种人提供服务，所以这就需要展览人具有开朗外向的性格，善于沟通，助人为乐，富有责任心，这是为参展商和观众提供服务的必要素质。具备了这样的性格，才能充分体现会展工作的所需要的激情。只有对展览工作倾注了激情，才有可能获得展商观众的嘉许，才能让人感受到专业精神，展览会才会显出它的专业性。

（4）要有较宽广的行业知识。较宽广的行业知识是会展从业人员的必备条件。随着会展业的飞速发展，许多青年学生希望进入会展行业谋职，但对社会缺乏足够的了解，对社会政治动态、科技发展、国民经济状况孤陋寡闻，尤其是对工业知识、各行业的产业链毫无概念。曾经有不少大学毕业生在应聘时，无法正确回答“科长大还是处长大”的基本问题；不清楚党委书记和总经理是干什么的，彼此处于什么关系。基本社会生活常识欠缺，必然将成为开展会展工作的极大障碍。

目前，我国的展览会中有 80%是涉及工业、科技方面的专业化和商贸类展览会，仅约 20%为消费类、终端产品类、教育类展览会，以及一些政府背景的大型综合博览会和交易会。这就需要会展工作人员对所从事展览的行业有基本的了解，才有可能做好展览会。

展览人必须对涉及的行业有所了解的另一个重要原因是，工作人员必须接触该行业和招展的需要，必须为参展商邀请到合适对路的专业观众群。当我们策划一个行业的展览会时，需要了解该行业的总体构成，涉及哪些主要领域，该行业的发展方向和趋势，这样才可能有的放矢，做出较正确的策划和市场推广方案；当我们在进行招展时，接触到的绝大多数潜在客户是厂长、总经理、技术负责人、市场销售主管等等，如果你能够与他们交流行业动态，关心他们的产品的研发进展，理解他们的兴趣点，这样就有更多的“共同语言”，更容易取得他们的信任，招展也就相对容易成功，并且能够准确地提供他们所需要的服务。

更重要的是了解了这个行业的产业链，能够有针对性地组织邀请目标客户群，根据参展行业的需求，找到与此有关的各行业领域的专业观众，这是展览组织工作的重中之重。如果会展人员对这个展览会的目标观众缺乏了解，不能有效地做好观众组织工作，那么展览会将很快“夭折”，因为专业观众就是展览会的生命线。

因此，我国已针对会展从业人员开始建立和逐步完善会展管理经理资格培训认证体系，希望尽快培养造就一大批高素质的会展管理人才队伍，以适应我国经济发展的需要。

目前开展的培训与职业资格认证有“会展管理经理”资格认证。其等级有：会展管理员，高级会展管理员，助理会展管理经理，会展管理经理和高级会展管理经理。这些资格认证的条件充分体现了我国会展业对会展工作人员的要求。

[知识掌握]

11.1 常见的会展有哪些?

11.2 会议、商务会议、会展有何联系与区别?

11.3 如何进行商务会议预算?

11.4 我国会展业的现状与发展趋势怎样?

[知识应用]

案例分析

分析引例“李铭的困惑”

问题：商务会议策划应该怎样做呢？李铭今后要往哪些方向努力改进工作?

分析提示：商务会议与行政会议的策划存在巨大的差别，操作时必须注意。

实践训练

中国绿色食品博览会（首届）决定在××省××市举办

中国绿色食品博览会是一项由中国政府主办、××人民政府承办的首届有很大影响的国家活动，它被誉为“中国绿色经济的新起点”。

中国绿色食品博览会是由广大参展省、市中国政府为其广大参展省、市提供的展馆内建立自己独立的展区，或在东道主为其准备的展馆内进行装修及布置展品，以便充分展示参展省、市在绿色食品事业发展方面的成就。

中国×××市位于辽阔的松嫩平原，肥沃的黑土地养育了600万善良、淳朴、勤劳的人民，拥有全国最大湿地自然保护区、众多生态园林、绿色农业基地、文化遗址，形成了一幅幅美丽而有充满生机的自然画卷，是中国××省西部地区与外界经济文化交流的中心。在这里举行汇集国内外绿色食品、生态基地、绿色产业的绿色食品博览会，是××市借鉴、发展高科技、高附加值绿色产业的难得契机，是××市企业进一步提高绿色经济意识，发展绿色营销观念，引进现代企业管理机制的好时机。

要求：按照会展要求策划中国绿色食品博览会方案。

附　录

● 附录1　广州×××厂秘书工作标准

Q/ZD-306.07-2006

1　范围

1.1　本标准规定了秘书科的职责与权限、工作内容与方法、检查与考核等事项。

1.2　本标准适用于秘书科工作。

2　职责与权限

2.1　职责

2.1.1　秘书科在行政部的直接领导下，负责厂公文处理、印章管理、车辆管理、通信管理、行政会议及会议室管理、厂荣誉档案管理、厂保密工作管理、客餐管理、对外接待、外勤事务、协助领导工作督办、干部值班表编排和其他生产、后勤服务等的日常工作。

2.1.2　服务职能：主要为生产服务、行政及厂领导日常工作服务。

2.1.3　参谋咨询职能：主要是收集处理对内、对外各种信息，为厂领导提供决策参考。

2.1.4　“窗口”职能：秘书科是上、下沟通的枢纽，内外联系的纽带，信息收集的中心，具有“窗口”职能。

2.1.5　对不按时完成厂每月下达的工作计划和上级领导临时交办的各项工作负责。

2.1.6　对厂公文处理的及时性、准确性、安全性负责。

2.1.7　对在重要接待工作中因人为过失而造成的不良影响负责。

2.1.8　对小车班所辖车辆行驶的安全性负责。

2.1.9　加强本科室人员环境职业健康安全意识的培训及对本科环境因素、危险源、法律法规的识别评价。

2.2　职权

2.2.1　有权参与每周工作完成情况督办和厂月度计划完成情况的检查考核。

2.2.2　有权安排生产及其他公务用车，拒绝不合规定的用车要求。

2.2.3　有权拒绝未履行正式手续的用印要求。

2.2.4 有权拒绝不合规定的工作客餐要求。

2.2.5 有权拒绝不合规定的通信设备报装要求。

2.2.6 有权根据来宾情况安排接待工作。

2.2.7 有权拒绝任何人因私使用秘书科传真机和外线电话。

2.2.8 有权拒绝任何不合规定的打印、扫描、复印、油印要求。

3 工作内容要求与方法

3.1 及时、准确、安全地完成厂部公文处理工作，主要包括收、发文处理及有关文字拟稿等。

3.2 协助领导做好各部门每周重点工作完成情况督办工作和月、季度各部门工作计划完成情况的检查考核工作。按时按要求向领导提供相关材料。

3.3 联系、安排对外接待工作，主要包括上级领导、兄弟单位及其他相关团体或个人来访接待，力求做到周到、细致、热情。

3.4 做好小车班车辆安全管理和物业公司交通运输合同监管、考核等工作。

3.5 做好生产、后勤服务工作，主要包括厂领导的日常工作服务及事务处理、通信管理、工作客餐管理、外来生产协作单位后勤服务等。

3.6 做好日常事务处理工作，主要包括会务管理、印章管理、复印、油印管理及编制每月厂干部值班表等。

3.7 做好厂荣誉档案管理。

3.8 协助档案管理室做好全厂文书档案管理工作。

3.9 做好上级领导临时交办的各项工作。

4 检查与考核

检查与考核厂和行政部交办的各项工作。

附加说明：

本标准1998年10月首次发布，2001年2月第一次修订，2003年5月第二次修订，2006年9月第三次修订。自发布之日起执行。

修订：×××

审核：×××

批准：×××

解释：秘书科

● 附录2 秘书国家职业资格鉴定案例分析

一、命题思路

案例分析题重点考查考生对秘书理论知识与技能要点的准确把握。此类试题实际是对前面选择题知识要求的强化及对职业现场工作要求的感知。如果说选择题要求考生识记、理解并消化秘书知识要点，那么，案例分析题的考核目标旨在通过模拟现场，考查考生在模拟现场中是否有能甄别秘书基本知识与技能的正确、准确与否，将各个级别的知识技能熟记并融会贯通，以及对秘书工作环节、流程正确把握的能力等。

二、案例分析试题示例

（一）四级

选自2006年11月四级秘书试卷（机考）技能操作卷册第一部分案例分析第2题。

情景1

秘书钟苗身着职业装坐在办公桌前，正在整理文件。这时电话铃响了，钟苗很快拿起电话："喂，请问您找谁啊？"

听筒中传来总经理的声音："钟苗啊，你通知一下，今天下午两点在一楼会议室召开各部门经理会议，讨论下个月的工作安排。我要用一下投影仪，你安排一下。"

"好的。"钟苗答应着放下话筒。（时钟特写：10：00）

钟苗打开计算机主机电源，然后又打开显示器电源。钟苗的手机放在显示器旁（特写）。计算机启动后，钟苗打开邮件发送窗口，在窗口中写"会议通知"。（屏幕特写如下）

> 会议通知
>
> 各部门经理：
>
> 兹定于今日（10月20日）下午2：00在一楼会议室召开部门经理会议，请务必准时出席。
>
> 经理办公室
>
> 2006年10月20日

发送完毕，钟苗想了想，自语道："还是再用电话通知一下保险。"她拿起话筒，拨号。

钟苗："张经理您好。王总让我通知您今天下午两点在一楼会议室开会，具体情况您可以查一下邮箱，我已经给您发过去了。"

放下话筒，钟苗继续拨号："刘经理您好!今天下午两点钟在一楼会议室……"

情景2

会议室。（时钟特写：13：30）

会议室中只有钟苗一人，她正在连接笔记本电脑和投影仪。投影仪通风口处堆着一些文件，几乎挡住了通风口。连接好后，她先打开投影仪电源开关，再打开电脑开关。启动后，投影仪未显示计算机上的信号。

钟苗按下笔记本电脑上的Fn键与F8键，墙壁上显示出图像，但不清楚而且画面倾斜。

钟苗调整机器的支架使画面正常。

钟苗调整投影仪的镜头旋钮，进行对焦，直到墙壁上画面清晰。

钟苗看了一下表，自语道："还有10分钟才开会呢，先把镜头盖盖上吧。"她拿起镜头盖盖住了投影仪镜头。

钟苗坐在自己的位置上，打开"会议记录簿"，在上面写着什么。

案例分析与作答题点提示

本题不仅包括四级秘书的知识内容，同时也涵盖了五级秘书的知识内容。根据四级秘书能力考核目标和本题所示内容，考生可从如下几个"题点"着手：钟苗的服装；电话时间；电话用语；计算机、笔记本电脑操作程序；手机管理；完成领导交办任务；办文即拟写、发送会议通知；办会即会前筹备和会中服务；办事（较杂）；投影仪操作技能。

参考答案

1. 秘书着职业装。(正确)
2. 电话响三声，接听电话及时。(正确)
3. 电话应答语。(错误)
4. 开启计算机程序。(错误)
5. 手机有微波干扰，放在显示器旁边。(错误)
6. 选择发送会议通知的形式。(正确)
7. 会议通知没有写上会议内容。(错误)
8. 会议通知落款日期没有使用中文大写数字。(错误)
9. 按时完成经理交办的任务。(正确)
10. 能提前到会议室做设备调试准备。(正确)
11. 遮挡住了机器通风口，影响散热。(错误)
12. 投影仪与笔记本电脑连接。(正确)
13. 开机程序。(正确)
14. 切换电脑的输出方式。(正确)
15. 解决了画面倾斜现象。(正确)
16. 进行了对焦。(正确)
17. 用镜头盖遮挡镜头，容易导致元器件损坏。(错误)
18. 做好了会议记录准备。(正确)

评分标准

1. 本题满分30分。
2. 每答对1点给2分，答对15点即得满分。
3. 若考生答案与参考答案有出入，只要阐述合理，即可给分，但最多不超过4分。

（二）三级

选自2006年11月三级秘书试卷（机考）技能操作卷册第一部分案例分析第1题。

人物：宏远公司经理办公室主任高叶，总经理李蒙，钟苗，五个部门经理。

物品：挂钟，电话，计算机，U盘，投影仪，会议室茶具，矿泉水，资料，手机，烫伤膏，服装。

场景：高叶办公室，会议室，洗手间，书柜。

情景1

上午，宏远公司经理办公室挂钟指向8：10。电话铃响起三遍后仍无人接听，断掉。电话铃再次响起，只见高叶一身正装匆匆进门，抓起电话：“抱歉，您好，宏远公司高叶。”

电话中：“高叶啊，我是李蒙。”高叶愣了一下马上回应：“啊，李经理您好。不好意思，我来晚了，正要给您回电话呢。昨天您要的那本企业形象策划书不在我手里，我找到再送过去好吗？”

李蒙：“一会儿开会就要用了，你是怎么搞的!快点啊，九点带到会议室来吧!”

高叶："好的好的。"高叶放下电话回身在书架和资料中着急地翻着，自语着："明明放在这里怎么会没了？"

（特写：书柜中的资料摆放无序，有些资料一碰就散落掉下来）

这时有人敲门。听见敲门声，高叶说："请进!"

钟苗进来："哟，找什么呢？这么着急？"

高叶："上周弄出来的那本企业形象策划书找不到了，一会儿开会要讨论呢。"

钟苗："在我这里。你真是贵人多忘事，你让我去加一张图片，我还问你要不要填跟踪卡来着。"说着递过手中的资料和一个U盘。

高叶："对对，看我真是忙晕了。"高兴地接过东西，翻看资料："图片加上了，太好了!幻灯片的模板用的是这里的标志吗？"

钟苗："对，应该没问题。"

高叶："会上要给经理们看的，我再检查一遍。"

钟苗："那我先回去了。"

高叶："好，好，你先去会议室查看一下会议要用的东西和投影仪，我马上到。"

高叶打开电脑，把U盘插上审看着幻灯片。

情景2

会议室里，会议桌上物品摆放规范。

（特写：茶杯，记录用的纸、笔放在座位前的桌面上，投影仪在桌上）

几个部门经理围坐在会议桌旁，总经理李蒙正在讲话："前面的几件事就这样定了，现在看看我们上次讨论修改的企业形象策划书，大家再提提建议。"

高叶打开投影开始介绍："为了让大家更清楚地了解，已经修改的部分我们做了个幻灯片来说明……"（声音淡出）

这时钟苗过来给李蒙的杯子续上开水，又去给别人续水。

高叶介绍完了说："看看大家还有什么好的建议，我们再修改。"

这时，高叶的手机忽然响了，他说："不好意思。"立即起身出去接听电话却碰翻了旁边的杯子。开水泼到旁边的王经理手上，王经理痛苦地甩着手。

高叶马上关掉手机拿起一瓶矿泉水倒在王经理的手上，边拉起王经理向外走边说："太对不起了，赶紧用凉水冲冲。"（特写：王经理在水池边用凉水冲手，高叶拿了毛巾和一管药膏，轻轻擦干后给王经理敷上药。两人来到高叶的办公室，高叶给车队打电话："你好，车队吗？我是高叶，王经理烫伤了要安排一个车送他去医院……"）

高叶回到会议室，李蒙关切地问："怎么样啊？"

高叶："上了药，已经派车送去医院了。散会后我再去看看，您放心吧。"

李蒙："好在你还有些应急的药品，以后真要注意了。"会议还在进行。（声音淡出，画面淡出）

案例分析与作答题点提示

本题是三级秘书案例分析题。值得注意的是本题也涵盖了四级、五级秘书的知识内容。从秘书人员结构上讲，高叶是比钟苗高一级的管理人员，因而高叶负有管理和分配秘书钟苗的工作任务的权力。根据三级秘书能力的考核目标和本题所示内容，考生可从如下多个题点着手：

1.秘书着装。
2.时钟（上班时间）。
3.电话——电话用语、电话礼仪。
4.书柜中的资料。
5.秘书行为（乱翻乱找）。
6.办事——应急事务处理。
7.办会——会议文件、会议用品、会议用设备。
8.综合处理办事、办会及其程序。
9.对秘书人员管理与责任。
10.资料信息等管理。
11.办公设备使用。

参考答案

1.上班迟到。（错误）
2.着装符合要求。（正确）
3.电话应答语符合要求。（正确）
4.没有做好开始工作的准备（事先没有准备好会议资料）。（错误）
5.书柜中的资料摆放无序。（错误）
6.借出的资料无跟踪卡登记。（错误）
7.交代的工作有检查。（正确）
8.知道使用有公司标志的幻灯模板。（正确）
9.对会议要用的文件事前检查。（正确）
10.正确要求检查会议用品。（正确）
11.会议用品准备到位。（正确）
12.会使用、制作幻灯片。（正确）
13.会议中没有关闭手机（或放置振动）。（错误）
14.会中接听手机有道歉。（正确）
15.有应急的必要生活常识。（正确）
16.备有应急药品。（正确）
17.考虑到了后续事务安排。（正确）
18.忘记安排陪同就医的人员。（错误）

评分标准

1.本题满分30分。
2.每答对1点给2分，答对15点即得满分。
3.若考生答案与参考答案有出入，只要阐述合理，即可给分，但最多不超过4分。

（三）二级

选自2006年11月二级秘书试卷（机考）技能操作卷册第一部分案例分析第1题。

人物：行政总监施林，秘书高叶，求职者王芳，会展服务公司小张，酒店服务员小王。

物品：计算机，电话，文件柜，饮水机，一次性纸杯。

场景：办公室，会议大厅。

情景1

办公室。

施林身穿职业装，端坐在计算机前。办公室环境整洁，物品摆放有序。电话铃响了两声，施林左手执电话，右手握笔："你好，天地公司。我是施林。"

高叶："施总监，我是高叶。我昨天给您的会议筹划方案您看了吗？我还需要修改哪些内容？"

施林："我正看着呢（特写）。有关会议主报告人那边没问题吧。会场那边的设备和用品得准备好。嘉宾名签都做好了吗？另外是否考虑到会议的一些应急情况的发生？"

高叶："该准备的会议材料和一些物品基本准备好了。会议设备，就是请会展服务公司录像还没最后定，我再落实一下。"

施林："高秘书，下午我们一起去临江酒店布置会场，没忘吧。"

高叶："没忘，是下午两点吧。"

施林："对，下午两点。这样吧，你一会儿到我办公室来一趟，我们商量一下应急方案的事情。"

"咚……咚……"敲门声。

施林："请进!"

王芳："您好，我是王芳，上次您说让我今天面试的。"

施林伸手示意："请坐吧。稍等。"（没有手捂话筒）"让你带的项目结题的报告复印件带了吗？"

王芳："带了，给。"

施林伸手接过，看了看："我们这儿正在组织一个国际研讨会，正缺人手呢。你如果这几天没事的话，愿不愿意过来帮帮忙。我们正好相互多了解了解。"

王芳："好的，没问题。"

施林："那你明天九点到公司306房间找高秘书。那就明天见。"

王芳："再见。"（走出办公室）。

施林拿起电话："赵总经理，我是施林。会议筹备得比较顺利，到目前为止，有3家公司愿意给我们赞助。我会关注具体事情，今天下午我们约了会展服务公司去看会议大厅。对，我和高秘书一起去。好的，再见!"

高叶边敲门边推门进来："施总监。"

施林："高叶，请坐。"（转身倒水）"喝点水。其实大小会议都有可能遇到一些意想不到的情况，预先筹划省得到时手忙脚乱。会议应急方案主要是预见会议举行过程中可能出现的问题，包括人员问题、场地问题、设备问题、资料问题、健康和安全问题及一些行为问题。遇到问题一定要有人负责。这是上次我写的一份会议应急方案（特写），你先拿去看看，作为参考。下次这活可就是你的了。"

"铃……铃……"

施林："你好，小张呀，我正说要给你打电话呢，真是心有灵犀啊。对，下午见。"（画面淡出）

情景2

会议大厅。下午两点。

施林和高叶来到临江酒店，服务员小王迎接。

施林介绍自己："你好，我是天地公司的。我们事先联系过，我叫施林。"递上名片（特写）。小王问明情况，把他们引领进会议大厅："这是你们约定的会议大厅。"小张也到了，施林上前握手（特写）："你好，小张，上次我们合作挺愉快的。你们整个会场布置得也不错，参展商比较满意。你看这次展台布置在这边怎样？我这儿还带着尺子呢。"

施林看了看周围："这个大厅还不错，有两个紧急疏散口。哎，对了，这次设备可别再出现故障了。"

小张："对我们的布展，上次会后你们都听到了什么反映？"

施林："哎，别提了，这一段忙的，一个会接一个会，还没顾上这事呢。""铃……铃……""对不起，我接个电话。""啊？王林呀，老同学，我正在临江酒店，我们准备在这儿开产品展示及研讨会呢。不会吧？你们也在布展，不会跟我们抢夺客户吧？"（画面淡出）

案例分析与作答题点提示

本题是二级秘书案例分析题。值得注意的是本题已经涵盖了三级、四级、五级秘书的知识技能内容。从秘书人员结构上讲，施林是比高叶高一级的管理人员，因而施林负有检查、督促和分配秘书高叶的工作任务的权力，同时，施林还要向上负责，如向上司汇报工作等。根据二级秘书能力的考核目标和本题所示内容，考生可从如下几个题点着手：

1.着装。

2.办公室环境。

3.电话——接电话时间、接电话姿势、记录电话内容、保密。

4.办文——会议文件资料、审定会议筹划方案、拟订会议应急方案。

5.办会——会前（秘书岗位培训）、会中、会后。

6.办事——对上负责，向上司汇报工作。

7.办事——接待、应急方案。

8.对下一级负责——督促高叶准备会议落实。

9.对上负责——向领导及时汇报，与领导及时沟通。

10.手机管理。

参考答案

1.服装符合要求。（正确）

2.办公室环境整洁，物品摆放有序。（正确）

3.接听电话及时迅速。（正确）

4.接电话姿势符合要求，随时记录电话内容。（正确）

5.能审定会议筹划方案。（正确）

6.能督促会议准备事项的落实。（正确）

7.接听电话又有接待时没有保密意识。（错误）

8.示意动作符合要求。（正确）

9.注意不同方式考察招聘对象。（正确）

10. 能向领导及时汇报，与领导及时沟通。（正确）
11. 注意随时对其他秘书培训岗位知识。（正确）
12. 能拟订会议应急方案。（正确）
13. 能有礼貌地介绍自己。（正确）
14. 递名片姿势不符合礼仪要求。（错误）
15. 握手姿势符合礼仪要求。（正确）
16. 注意检查安全通道和标识。（正确）
17. 会后没有及时调查评估。（错误）
18. 谈话中接电话能向对方致歉意。（正确）
19. 打电话时无意间泄漏了信息。（错误）

评分标准（列项说明）

1. 本题满分30分。
2. 每答对1点给2分，答对15点即得满分。
3. 若考生答案与参考答案有出入，只要阐述合理，即可给分，但最多不超过2分。

三、案例分析（情景录像）分析与评述

案例分析题的考核目标是实现办公管理的工作流程、办公管理工作现场的技能展示以及岗位技能的熟知程度等。

多年的考场现状表明，这种题型往往让很多考生望而生畏，措手不及。我们发现，录像开始播放了，很多考生手忙脚乱，看也不是，听也不是，记也不是，以至于录像播放结束后什么都没有记下来。其实，案例分析题是秘书职业资格考试中最容易“抓分”的题型，只要摸透其中规律，就非常容易作答。

我们来看情景录像的特征：第一，就其命题的方法来看，这种题型一般是把“死”的知识技能点变成了“活”的技能操作点，只要从前扎实地学过，作答几乎没什么问题。第二，教材中无论是理论知识还是技能操作点多而繁杂，但根据现实条件，能够变成活的图像演示出来的知识技能，相对来说少了很多。换句话说，就是能够“用人演出来”的，才是容易成为考题的。第三，出现在画面上的“秘书”“行为”“声音”“环境”“布局”等“特写”镜头都是考核点。第四，一个“题点”往往从不同角度引出一串考核点，这里的考核点即得分点。例如，画面上秘书一出现，就可以从着装配饰、姿态礼仪、待人接物等方面找考点。此外，考点还会出现在：电话的摆放位置、接电话时间、接拨电话动作、电话用语、电话记录、记录用笔和本、电话找人、打电话内容、电话信息保密等；办公环境包括绿色植物、桌面是否整洁整齐、档案资料摆放、电脑朝向，电脑屏幕和档案资料保密与否，办公设备使用操作是否规范；各项工作流程是否到位等等，以此类推。

总之，这类题型的规律就是“因点设题，据题找分”。因此，考生可以相信，首先要做的工作就是“据题找分”。只要题点找准，那就非“正确”即“错误”，“正确”的得分，“错误”的也得分，比如秘书着装是很讲究的，穿职业装就正确，穿牛仔或T恤就是错误的。当然，随着秘书技能级别的升高，找准题点会越来越难。这要求考生务必掌握各级秘书技能内涵、考核目标及其各级别的技能差异。

资料来源　孟庆荣.工作案例及分析［M］.北京：清华大学出版社，2007.

● 附录3 秘书国家职业资格鉴定真题与分析

一、秘书技能考试案例分析会议管理试题25考点

1. 会议服务人员岗前要培训，要工作到位。
2. 负责报到人员要提前到位等待来人。
3. 对待客人态度要一视同仁。
4. 会议报到可有多种形式。
5. 秘书引导客人进会场的正确姿态：左前一步，侧身向客人。
6. 会议指示牌位置放置正确，会客室、宴会厅的主宾座位要安排正确。
7. 宴会时不能当众脱外衣，不能在席间打、接电话（要离开宴会席）。
8. 对下属下达会议通知，时间、地点要具体明确。
9. 使用会议室要提早预订。
10. 秘书在会前要检查会议室，并调试会议设备，室内温度要适宜。
11. 会后要整理清洁会议室，并检查收拾遗留物品。
12. 能使用多媒体设备辅助表达会议发言内容。
13. 能提出一些开放式问题鼓励讨论，引导会议进程。
14. 适时总结会议发言，引导会议达成共识。
15. 有些会议要准备摄影、摄像设备。
16. 会议室要保持空气清新，要注意通风换气。
17. 会前要准备好与会人员的文件，数量要充分，并准备茶水。
18. 会议桌上摆放人名台签，便于落座与记录。
19. 如果会议记录者不熟悉人员，要准备座位表。
20. 发送会议通知要求：重要会议应用书面通知，发出通知后要用电话确认。
21. 如果会议内容有变动应将信息及时通知相关人员。
22. 召开会议前要拟订计划。
23. 可利用会间对与会人员作调查。
24. 会议结束要及时总结会议。
25. 评估会议成效要客观。

二、国家秘书职业资格考试真题（整理自2006、2007、2008年真题）

（一）三级真题汇编

Ⅰ 选择题（含单选与多选题）

1. 在召开电话会议时，人数较少的单位或个人，可（　　）参加会议。

A. 直接使用带有免提扬声器的电话机　　B. 免费

C. 使用麦克风　　D. 使用专用视频电话

2. 在会议文件审核修改之后，要由（　　）进行终审。

A. 主管秘书　　B. 主要领导或主管领导

C. 文件起草者　　D. 办公室主任

3. 与会人员交费的计算公式正确的表述是（　　）。

A.预期的与会人员人数×交费额+预期陪同人数×交费额

B.预期的与会人员人数×交费额+收入项目

C.预期的与会人员人数×交费额+预期陪同人数×交费额+收入项目

D.预期的与会人员人数×交费额+预期陪同人数×交费额-交费折扣额

4.会议的主题除了要有切实的依据之外，还要（　　）。

A.有细化的议题　　B.结合本单位的实际情况

C.有充足的讨论余地　　D.在会上反复协商

5.在对会议经费使用情况进行监督和控制时，通过比较各项成本的预算和实际值的差额，并在结算表仲计算出二者差额的方法称为（　　）。

A.损益平衡表法　　B.比率分析法

C.质量法　　D.报告和会议法

6.在审核会议文件的具体内容时，首先要审核会议文件内容（　　）。

A.是否做到了层次清晰　　B.是否与实际相符

C.是否偏离了会议的主题　　D.是否进行了会商

7.会议文件的归档应（　　）。

A.越简单越好　　B.放在会议进行过程中

C.自行建立一套文件制度　　D.遵守档案制度

8.会议纪要的拟写要求是（　　）。

A.忠于会议实际　　B.确定印发范围

C.面面俱到　　D.有领导签字确认

9.举办会议既要确保会议质量，又应遵循（　　）的原则。

A.扩大企业影响力　　B.勤俭节约

C.服务社会　　D.提高企业竞争力

10.会谈是指双方或多方为各自礼仪，就某些实质性问题交流情况、交换意见、达成协议等。会谈的内容比较正式，而且（　　）较强。

A.操作性　　B.事务性

C.专题性　　D.针对性

11.应邀赴家宴时，到抵时间应该（　　）。

A.早到20分钟　　B.晚到20分钟

C.早到30分钟　　D.稍晚几分钟

12.西式宴会正式开始的标志是（　　）。

A.主人拿起餐巾　　B.主人拿起餐具

C.主宾拿起餐巾　　D.主人坐到餐桌前

13.会议策划方案一般包括会议的（　　）。

A.议程　　B.筹备方案

C.预算方案　　D.日程

14.检查会场布置的情况应注意的方面有（　　）。

A.会标是否庄严醒目

B.领导者名签安排是否妥当

C.投票设施是否完善

D.旗帜、鲜花等烘托气氛的装饰物是否放置得体

15.在纠正会议检查过程中所发现的问题时，要努力做到（　　）。

A.必须由领导对问题提出处理意见

B.不扩大问题的影响面

C.在人、财、物等方面为纠正偏差做好相应准备

D.及时将纠偏的结果进行通报

16.提交会议讨论的文件如涉及有关单位和部门，事先要（　　）。

A.进行会商　　B.广泛征求意见

C.由各部门分别提出意见　　D.只由牵头部门提出意见

17.会议营销预算内容中一般包括（　　）。

A.宴请联谊的费用　　B.宣传材料的制作成本

C.宣传广告的花费　　D.寄送宣传物品的邮寄费用

18.会议的主办方有时需要提前支付各种各样的定金，其中包括（　　）。

A.会议场地定金　　B.展览区位定金

C.视听设备定金　　D.会议服务定金

19.提出会议预算方案，要拥有（　　）。

A.成本观念　　B.人文观念

C.效率观念　　D.时间观念

20.会议的领导者和会务部门在进行会议组织时要坚持（　　）原则。

A.细致性　　B.时间性

C.及时性　　D.全面性

21.会议总结的目的在于（　　）。

A.确定考评标准　　B.检查会议目标实现情况

C.积累经验　　D.落实岗位责任制

22.对会议主持人评估的要素包括（　　）。

A.领导能力　　B.业务水平

C.对会议进程的控制能力　　D.对会议时间的控制能力

23.涉外会见会谈的准备工作主要有：看清请柬、（　　）。

A.做好记录　　B.人员安排

C.会间场所的准备　　D.做好后续工作

24.与领导沟通有关会议事宜要坚持（　　）。

A.将单向沟通的结果尽快进行部署和落实

B.与会议的主管领导保持非定期的沟通

C.在会前、会中、会后不同时期的沟通中，突出各自的重点

D.突出成绩，适度反映问题

25.对会议的评估应（　　）。

A.澄清事实　　B.科学高效　　C.淡化宣传　　D.避免定论

26.为了保证中大型会议与会者的健康与安全，一般应事先安排好（　　）。

A.车辆　　B.医护人员在会场以应急

C.交通维护人员　　D.消防人员

27.对视频会议的会场布置要求是（　　）。

A.一台摄像机　　B.主会场和分会场都要悬挂会标

C.摆放鲜花　　D.采用自然光

28.在召开远程会议时，应首先考虑（　　）。

A.技术要求、保密要求　　B.省时、省力

C.交通不便　　D.互动性强

29.在做会议的经费预算时应（　　）。

A.各种经费的数目尽量多做些　　B.考虑到各种不可预见的开支

C.不必列出各种费用的明细表　　D.由秘书自行决定总数

30.内部小型会议的必备用品有（　　）。

A.文具、茶具　　B.交通工具　　C.台签　　D.投票箱

31.会场布置情况的检查一般不采用（　　）。

A.口头形式　　B.座谈会形式　　C.协调会形式　　D.书面形式

32.电话会议是一种以语言交流为手段的会议形式，无法实现文字的同步传输，因此需要（　　）。

A.派出人员具体组织安排　　B.配置视频设备

C.做好会议报到工作　　D.提前做好会议书面信息的分发工作

33.会议总结的内容有（　　）。

A.对所讨论问题的归纳概括　　B.会议组织评估表

C.综合性简报　　D.社会公众反馈意见

34.评价会议成功与否，首先要（　　）。

A.分析确定影响会议效果的主要因素　　B.设计会议效果评估表

C.汇总评估结果　　D.对会议工作人员的表现进行评估

35.会议纪要的起草程序包括（　　）。

A.阅读会议文件　　B.听取小组发言　　C.拟定思路　　D.执笔写作

36.在会议总体协调时，往往头绪很多，很容易疏漏，主管秘书应让参与筹备服务的人员做到（　　）。

A.人手一份任务分工表　　B.每项工作要有人牵头，责任到人

C.分组包干，各司其职　　D.经常碰头，分工协作

37.进行会议筹备情况的检查，首先应检查（　　）情况。

A.文件的材料准备　　B.会议方案的全面落实

C.环境条件与用品准备　　D.会场布置

38.与领导沟通有关会议事宜要坚持（　　）。

A.将单向沟通的结果尽快进行部署和落实

B.与会议的主管领导保持非定期的沟通

C.在会前、会中、会后不同时期的沟通中，突出各自的重点

D.突出成绩，适度反映问题

39.视频会议的特点不包括（　　）。

A.实现声音和图像同时传送　　B.节省时间、费用

C.形成广泛的间接沟通　　D.打破了空间的限制

40.会场设备的检查和使用应（　　）。

A.多人共管　　B.专人专管　　C.谁用谁管　　D.技术部门负责人管

41.会议应急方案特点不包括（　　）。

A.整合资源　　B.预防为主　　C.留有余地　　D.有的放矢

42.到宾馆拜访外宾时，正确的做法是（　　）。

A.在外宾到达当晚或第二天拜访　　B.事先商定时间

C.在大厅打电话通知对方　　D.一定要带礼物

43.会议总结的内容包括（　　）。

A.会议名称　　B.会议简报的质量

C.会议主持人意见　　D.会议服务人员意见

44.为了提高会议的效率，以下做法不可取的是（　　）。

A.尽量缩短会议的时间

B.尽量使更多的人员参加会议

C.尽量邀请政府的主要领导到会发表讲话

D.尽量在比较封闭、受干扰小的地点开会

45.当总公司准备召开远程电话会议时，会议经费预算要侧重的方面有（　　）。

A.会议场地租用费　　B.会议设备购买和租用费

C.文件资料费　　D.邮电通信费

46.在会议经费有限的情况下，应重点压缩下面哪些费用（　　）。

A.文件资料费　　B.会议设备费　　C.场地租用费　　D.宣传费

47.会议总结的要求是（　　）。

A.有理有据，突出重点　　B.一分为二，以鼓励为主

C.总结经验，探求办会规律　　D.建立规章制度，进行绩效考评

48.会议的功能包括（　　）。

A.集思广益　　B.协调矛盾　　C.信息备份　　D.技术标准

49.会议经费来源的类型包括（　　）。

A.与会者交费　　B.参展商交费

C.联合主办者交费　　D.广告、赞助和捐助

50.下列对设计会议评估表的表述正确的是（　　）。

A.会议评估表通常设计成问卷的形式

B.表格设计的质量将影响反馈数据的质量

C.表格设计应注意开放式问题和封闭式问题的合理搭配

D.表格设计应考虑填写的难易程度

51.对会议文件校对时，只有认真检查（　　），才能杜绝差错。

A.文字　　B.结构的组成部分　　C.各种标记　　D.格式

52.会议总结的目的在于（　　）。

A.确定考评标准　　　　B.检查会议目标实现情况
C.积累会务经验　　　　D.奖惩有关人员

53.电话会议所具有的优势包括（　　）。
A.准备时间短　　　　B.回复速度快
C.可传递大量细节信息　　　　D.适用于分公司远、规模大的企业

三级真题选择题答案

1.A　2.B　3.D　4.B　5.A　6.C　7.D　8.A　9.B　10.C　11.D　12.A　13.BC　14.ABD　15.CD　16.AB　17.ABCD　18.ABC　19.ACD　20.BC　21.BC　22.ABC　23.BC　24.C　25.B　26.B　27.B　28.B　29.A　30.A　31.D　32.D　34.A　35.ABCD　36.ABCD　37.B　38.C　39.C　40.B　41.A　42.ABC　43.AC　44.AB　45.BD　46.BD　47.ABC　48.ABCD　49.ABCD　50.ABCD　51.ACD　52.BCD　53.AB

Ⅱ　工作实务题

第一题

备忘录

至：秘书高叶
自：行政经理苏明
主题：

公司准备将今年的公司年会办成远程电话会议，我决定由你起草此次会议筹备方案的初稿，为稳妥起见，请你先将远程会议筹备方案与一般会议的特点予以整理，并从网上发给我。此外，请就如何检查会议筹备工作提出几点建议。

行政经理　苏明
20××年×月×日

参考答案

1.远程会议筹备方案特点

(1) 远程会议具有节省时间和金钱、能够与电话服务商定使用录音带做永久记录，而且交流更加直接、简短的优点。

(2) 远程会议筹备方案拟订时，应预先了解提供电信会议服务与公司的服务业务，并提前一周与电信会议服务公司预约，明确提出自己的要求，并提前将下面内容告诉电信服务公司：会议日期、会议起止时间、会议参加人数、与会者的电话号码、主持人姓名等。

(3) 会议程序、议程及其他材料必须提前寄给与会者，以便他们有时间准备会议讨论。

(4) 远程会议筹备要有专人负责检查远程会议设备是否齐全和正常，摆放是否符合要求。

2.会务筹备情况检查方法

做好会务筹备情况检查方法有两种：

(1) 听取会议筹备人员的汇报。

①听取汇报的领导要加强前期的调查，深入一线，发现问题，解决问题。

②会议筹备人员对汇报材料的准备要侧重困难和问题，注重实效。

③选择合适的汇报时间。

④对会议筹备情况汇报的重点是筹备中的问题。因此，汇报之后要加紧催办和落实。

（2）略。

第二题

便　条

高叶：

公司定于2006年12月25日举行公司年会暨总结表彰会，会期2天。为了把这次会议开好，我正在拟写这次会议的筹备方案，想请你就会议筹备方案的内容和筹备机构的人员分工给我一些建议，这次会议初步准备分成宣传策划组、会务组和秘书组来准备，请你帮我将三个组的分工制成表格。

行政经理××

20××年×月×日

参考答案

1. 会议筹备方案的内容包括：

①会议的目的与宗旨、会议的内容、形式（会议名称）。

②会议主题和议题。

③会议议程和日程。

④时间和地点。

⑤参会人员组成。

⑥确定会议所需的设备和工具。

⑦会议文件的范围及印制和复制。

⑧会议经费预算。

⑨会议住宿和餐饮安排。

⑩会议筹备机构和人员分工（各项工作负责人、各项活动的推进时间）。

2. 会议筹备小组的分工：

会议筹备小组	负责人	职责
总指挥（或秘书长）		整个活动的总负责，总协调
副总指挥（或副秘书长）		协助总指挥，负责常务工作
宣传策划组		会议形式，发奖形式，奖品礼品定制，条幅内容，制作，娱乐活动策划……
会务组		负责参会代表的吃、住、行、接送站等，以及相关物资、资料的准备，费用的预算、决算等
秘书组		会议内容的策划，发言稿的跟踪，PPT制作，会议资料的整理汇编

会议机构的分工明确，责任到人，各司其职，加强协调，经常汇报。

评分标准

1．本题满分15分。

2．第一大点“会议筹备方案的内容”，每一小点1分，共8分，答出8个小点即给满分。

3．第二大点“会议筹备小组的分工”的表格，分项加列表共2分，每一行1分，共5分。其他每行五项共5分。

4．若考生答案与参考答案有距离，只要阐述符合情理，即可参照各点分值酌情给分。

第三题

以下是市卫生局就有关事项向人事局的行文，请根据其内容拟写一份复函：

市卫生局关于拟录用高校硕士毕业生的函

市人事局：

根据市委组织部、市人事局《关于2001年市级机关录用应届高校优秀硕士毕业生的通知》精神，我们对拟录用我局机关工作的高校硕士毕业生按规定程序进行了考试、审查。经研究，拟录用高校硕士毕业生4人。

特此函复。

附件：录用人员名单

××市卫生局

20××年3月20日

参考答案

市人事局关于批准市卫生局录用高校硕士毕业生的函

市卫生局：

你局《关于拟录用高校硕士毕业生的函》(×卫函〔2001〕15号）收悉。

根据市委组织部、市人事局《关于2001年市级机关录用应届高校优秀硕士毕业生的通知》规定，批准录用××等4名高校硕士毕业生到你局机关工作。

特此函复。

附件：录用人员名单

××市人事局

20××年4月2日

评分标准

1．本题满分20分。

2．标题3分，主送机关1分。

3．正文中缘由4分，尾语2分，附件2分，落款2分。

4．在叙述中出现错字、别字，每3个字可扣除3分。

（二）四级真题汇编

Ⅰ 单选题

1.制定会议的议程首先要明确（　　）。

A.会议的时间　　B.会议的规模　　C.会议的目标　　D.上级的精神

2.为了压缩会议的时间，提高会议的效率，对于代表的口头报告一般要求（　　）。

A.与提交的书面报告完全一致

B.比书面的报告更充实

C.只讲书面报告的提纲

D.只涉及最重要的项目或者需要集体进行讨论的事项

3.小型会场内座位的安排，常以离会议主持人或主席位置近的座位为上座，而会议主持人或会议主席的位置应置于（　　）的位置。

A.接近入口处、正对门　　B.远离入口处、正对门

C.接近入口处、背对门　　D.远离入口处、背对门

4.会场的整体布局要做到庄重、美观、舒适，一般不用考虑会议的（　　）。

A.性质　　B.规格　　C.规模　　D.时间

5.会议信息从内容方面划分可分为（　　）。

A.会议保密信息　　B.公开性会议信息

C.指导性、宣传性信息　　D.内部性会议信息

6.会议文件分发传递的正确步骤是（　　）。

A.清点、登记、装封、发出　　B.登记、附清退目录、装封、发出

C.附清退目录、清点、登记、装封　　D.登记、装封、发出

7.会后不需要立卷归档的会议文件资料是（　　）。

A.开幕词　　B.闭幕词　　C.重份文件　　D.决议

8.会议决定事项的传达要求是（　　）。

A.实用主义　　B.利己主义　　C.建立催办制度　　D.及时到位

9.秘书准备会议沟通方案时（　　）。

A.应该提供多种建议方案　　B.应该提出一个确定性方案

C.应该有不少于2套的方案备选　　D.应该等候上司的指示

10.制定会议的议程首先要明确（　　）。

A.会议的时间　　B.会议的规模　　C.会议的目标　　D.上级的精神

11.选择会议地点的步骤不包括（　　）。

A.确定会议形态　　B.考虑与会者的期望

C.选择何种会议地点与设备　　D.确定邀请的嘉宾

12.会议纪要的拟写要求是（　　）。

A.经领导签字确认　　B.确定印发范围

C.针对内容发表议论　　D.纪实扼要

13.传达会议决定事项必须（　　）。

A.遵循实用原则　　B.体现本位要求　　C.建立承办制度　　D.及时到位

14.为了压缩会议的时间，提高会议的效率，对于代表的口头报告一般要求（　　）。

A.与提交的书面报告完全一致

B.比书面的报告更充实

C.只讲书面报告的提纲

D.只涉及最重要的项目或者需要集体进行讨论的事项

15.对一些没有在会前这册而已到会的媒体人员，会议主办方应该（　　）。

A.严加约束　　B.适度放宽安排　　C.不予理睬　　D.任其自行活动

16.在进行会议值班时，为了应对突发事件，值班秘书要特别注意（　　）。

A.为领导做好食宿服务　　B.安排好接站的车辆

C.控制与会议无关的人进入会场　　D.掌握所有领导的联络方式

Ⅱ 多选题

1.选择恰当的会议地点要综合考虑的因素有（　　）。

A.交通便利　　B.会场的大小应与会议规模相符

C.良好的设备配置　　D.场地租借的成本合理

2.在确定会议住宿地点之前，应随意抽查（　　）的设备。

A.一个商务间　　B.一个双人房间　　C.一个单人房间　　D.一个套房

3.会议组织方在接待会议的酒店做考察之前，应先具备（　　）等条件。

A.报价方（酒店）是否接受会议明细表中各项事宜

B.报价方（酒店）是否已接到会议组织方的考察通知

C.报价方（酒店）是否是候选名单中较好的一个，领导是否已审核认可

D.对报价方（酒店）拟定的合同条款能否基本接受

4.会场的主席台和场内座次一般根据（　　）安排。

A.职务的高低　　B.代表的性别　　C.选举的结果　　D.是否是正式代表

5.会场的附属性声像设备包括（　　）。

A.耳机　　B.电脑控制的多镜头幻灯

C.同声传译　　D.立体电视

6.会议召开前，秘书一般应在会议主席的桌位上放置（　　）。

A.会议会标　　B.会议日程　　C.会议文件　　D.上次会议的记录

7.会议议题性信息包括（　　）。

A.会务管理文件　　B.预算决算报告　　C.各项决议的草案　　D.会议典型发言

8.会议签到时发给与会人员的文件一般有（　　）。

A.工作报告　　B.会议议程　　C.日程安排　　D.会议须知

9.提供给新闻单位的图片、表格和音像资料要重点审核（　　）。

A.是否已经过一定的技术处理　　B.图片和音像资料的成本

C.是否涉及知识产权　　D.是否涉及商业秘密

10.会议安全保卫人员的职责包括（　　）。

A.熟悉地方和国家法律、法规，能够协助公安人员冷静制服滋事者

B.熟知会场的紧急疏散示意图，了解如何在大规模恐慌中维持秩序

C.向领导汇报事故情况

D.监督装卸货，防止与会议有关的财产或展品被盗

11.处理会议信息的程序包括（　　）。

A.确定会议信息服务的对象　　B.确定会议信息收集的内容

C.确定会议信息收集的范围　　D.确定会议信息收集的量

12.会议纪要的内容包括（　　）。

A.会议精神　　B.会议议题　　C.会议成果　　D.会议文件

13.需要立卷归档的会议文件包括（　　）。

A.开幕词　　B.领导讲话稿　　C.会议总结　　D.重份文件

14.会议纪要的印发范围应根据（　　）来确定。

A.会议性质　　B.主管领导意见　　C.单位需求　　D.纪要内容

15.反馈会议的信息要注意（　　）。

A.点面结合　　B.正、负反馈结合

C.前馈与后馈结合　　D.与会者和列席者结合

16.收集会议文件的要求是（　　）。

A.自行处理缺损文件　　B.及时补救毁损的文件

C.选择收集渠道　　D.确定收集范围

17.会议记录要求做到（　　）。

A.生动　　B.准确　　C.完整　　D.概括

18.会议催文的方式主要有（　　）。

A.发文催办　　B.领导催办　　C.派员催办　　D.电话催办

19.对于会议决定事项的综合反馈要求（　　）。

A.注重信息来源　　B.总结经验教训　　C.实事求是　　D.建立催办登记簿

20.制定会议的议程首先要明确（　　）。

A.会议时间　　B.会议规模　　C.会议目标　　D.上级精神

21.会议议题性信息包括（　　）。

A.会务管理文件　　B.预算决算预告　　C.各项决议草案　　D.会议典型发言

四级真题单选题答案

1.C　2.D　3.B　4.D　5.C　6.B　7.C　8.D　9.C　10.C　11.D　12.D　13.D　14.D　15.B　16.D

四级真题多选题答案

1.ABCD　2.ABCD　3.BC　4.ACD　5.BD　6.BCD　7.BC　8.ABCD　9.CD　10.ABCD　11.BC　12.ABC　13.ABC　14.AD　15.AB　16.BCD　17.BC　18.ACD　19.BC　20.C　21.BC

Ⅲ　工作实务题

第一题

有关会议时间问题的建议。

便　条
钟秘书： 定于下周一上午9：00召开的2月份的总经理办公会，目前决定上会的事项有：研究总经理助理的人选问题、3月份组织青年职工参加野外拓展训练活动的实施问题、春季慰问老职工的费用额度问题、生产部主管人员调整问题以及春季后如何开展2007年第一次的春季商品促销活动。请你将拟写的会议议程于明天一早交给我（注：请考生在备注中说明自己安排事项先后的原因）。另外，我正在修订公司的会议管理规定，请你就会议时间的长短问题谈谈你的看法。 行政经理××× 20××年×月×日

参考答案

一、会议议程表

宏远公司20××年第二次总经理办公会议程表

宏远公司20××年第二次总经理办公会定于20××年2月5日星期一上午9：00在公司总部的三号会议室举行。

1．如何开展公司20××年第一次春季商品的促销活动。

2．春节慰问老职工的费用额度问题。

3．3月份组织青年职工参加野外拓展训练活动的实施问题。

4．生产部主管人员调整问题。

5．研究总经理助理的人选问题。

第一项议程的讨论时间为40分钟，其他每项议程的讨论时间为20分钟。

总经理办公室

20××年1月30日

（备注：按照议案的轻重缓急编排处理的先后次序。第一个事项比较重要，而且放在前面，这样有利于大家开展头脑风暴。应把每一个事项所需的处理时间清楚地标示出来。这样，会议主席可以让某些人晚到，也可以让某些人提早离开。第二和第三个问题都有关费用，有一定联系，所以安排在一起。一般会将涉及秘密事项的议程安排在最后）

二、有关会议时间问题的建议

1．时间超过两个小时或者涉及的问题太多，会议效果都会下降。

2．如果议程要求的时间很长，应安排一系列的短时间会议。

3．报告内容较长，应要求演讲者提交一份书面报告以利于记录，口头报告只涉及最重要的项目或需要集体讨论的事项。

评分标准

1．本题满分15分。

2．会议议程表的结构完整、事项安排顺序正确给7分，其中，标题与开头语正确给2分，每项事项1分，共5分。

3．备注内容3分。其中第一项1分，2、3小点个2分，涉密事项1分。

4．第二大点5分。1、2点各点2分，第三小点1分。

5．若考生答案与参考答案有距离，只要阐述符合情理，即可参照各点分值酌情给分。

6．在叙述中出现错字、别字，每3个扣除1分，但最多扣除3分。

第二题

背景说明：你是宏远公司行政秘书钟苗，下面是行政经理需要你完成的几项任务。

便 条

钟苗：

公司对于文件的收集和整理有规范的要求，请你将会议文件收集的内容和要求、会议文件立卷归档的意义以备忘录形式提供给我。

谢谢！

行政经理×××

××年×月×日

参考答案（15分）

备忘录

发自：秘书钟苗

发给：行政经理××

日期：××年×月×日（考生自定）

主题：会议文件收集整理基本要求

内容：1.收集会议文件资料的要求：

(1) 确定会议文件资料的收集范围。会前分发保密文件，按清退目录和发文等级薄逐人、逐件、逐项检查核对。

(2) 及时收集会议文件，确保收集齐全。

(3) 选择收集渠道，运用不同方法。

(4) 严格履行登记手续；认真检查文件是否缺件、缺页、缺损；及时补救毁损的文件。

(5) 收集整理过程注意保密。

2.需要收集的文件资料：

(1) 会前分发的文件。

(2) 会议期间产生的文件。

(3) 会后产生的文件。

3.会议文件的立卷归档

会议文件立卷归档概念解释。会议文件立卷归档的意义主要有四点：

(1) 保持会议文件之间的历史联系，便于查找利用。

(2) 保持历史的真实面貌，反应工作的客观进程。

(3) 保护会议文件立卷工作的连续性，为档案工作奠定基础。

(4) 保证会议文件立卷工作的连续性，为档案工作奠定基础。

评分标准

1.本题满分为15分。

2.在叙述中出现错字、别字，每字可扣除1分，但最多扣除3分。

3.“备忘录”格式正确，给2分。

4.内容中“收集会议文件资料的要求”5分，每一点1分。“需要收集的文件资料”3分，每一点给1分。“会议文件的立卷归档”5分，其中定义1分，意义每点1分。

5.若考生答案阐述合理，可参照各点分值酌情给分。

（三）五级真题汇编

Ⅰ 单选题

1.根据有关规定，企业的股东会议可分为临时会议和（　　）。

A.常规会议　　B.年会　　C.例会　　D.代表会议

2.股东大会的会议记录一般不包括（　　）。

A.会议规模　　B.表决方法

C.审议经过　　D.参加表决的股东人数

3.关于参加会议各种人员的权利，表述不正确的是（　　）。

A.正式代表具有发言权

B.列席成员不具有提案权

C.正式代表具有会议动议权

D.列席成员不具有参加本单位有关问题讨论的权利

4.召开重要的大中型会议应制发会议证件，会议证件的作用一般不包括（　　）。

A.证明身份　　B.方便会议采访　　C.保证会议安全　　D.统计到会人数

5.要使会议场地不受外界干扰，应做到（　　）。

A.谢绝新闻采访　　B.使用内部会议场所

C.准备好的音响设备　　D.避开闹市区

6.秘书要预定内部会议室时，经常疏忽的环节是（　　）。

A.确认所需会议室的类型　　B.申请使用会议室

C.确认会议室已预留　　D.预先调试会议室的设备

7.为了使会议的报告人能够更好地演示多媒体和电子白版上的文稿和图表，应为报告人准备好（　　）。

A.激光笔或能伸缩的指示棒　　B.茶水

C.扩音设备　　D.白版磁钉

8.安排会议的就餐工作一定要事先确定好（　　）。

A.菜单　　B.伙食标准和进餐方式

C.就餐者的口味　　D.就餐的座位

9.会议主办单位同一订房，一般要与饭店一方签订合约，合约内容通常不包括（　　）。

A.房价　　B.订金数目

C.使用日期　　D.会议内容

10.参与人数较多的会议，为了避免在会场门口出现拥挤、混乱的情况，应（　　）。

A.选择分流速度快的签到方式　　B.取消签到

C.安排更多的工作人员参与签到服务　　D.先安排入场，再进行签到

11.安排会议返程票务工作时一般按（　　）次序进行。

A.先本地后外埠　　B.先领导后与会人员

C.先远后近　　D.先近后远

12.清退会议文件资料时首先应（　　）。

A.办理清退手续　　B.确定清退文件资料的范围

C.整理清退文件资料　　D.填写“文件清退登记表”

13.整理会场、会议室不可缺少的工作是（　　）。

A.清还所借、所用物品　　B.整理会议记录

C.编排会议文件目录　　D.召开总结会

14.会议接站人员除了要提前到达接站地点、注意交通安全、接站时注意接待礼貌等，还应注意（　　）。

A.接站时前后车辆的衔接　　B.使用车辆必须时内部车辆

C.给不同要求的参会者提供不同车辆　　D.指定上车的位置

15.下面会议通知的地点，撰写的最不妥当的是（　　）。

A.××区××街××单位　　B.单位小礼堂

C.××区××街××单位小礼堂　　D.××区××街××单位×号楼四楼小礼堂

16.天地公司拟召开安全生产会议并通知下属部门，下列标题不恰当的是（　　）。

A.天地公司关于召开安全生产工作会议的通知

B.关于召开安全生产工作会议的通知

C.通知

D.天地公司关于召开各部门安全生产工作会议的通知

17.公司召开内部大中型会议讨论公司发展规划，会后将该讨论稿收回，采取的清退方式是（　　）。

A.在公司办公网上发布清退通知　　B.在会议室门前收集

C.由各部门处理　　D.在会议结束时通知与会者将文件放于座位上

18.会议文件的归档应（　　）。

A.越简单越好　　B.在会议进行过程中完成

C.自行建立一套文件制度　　D.遵守档案制度

19.企业召开会议通常以（　　）为首选的会议地址。

A.市内饭店　　B.内部会议室　　C.汽车旅馆　　D.会议中心

20.常用“会议认为”“会议指出”等惯用语的文种是（　　）。

A.会议记录　　B.决定　　C.会议纪要　　D.会议通知

21.在会议沟通中，秘书所面对的对象（　　）。

A.是一个群体　　B.是主持会议的领导

C.是主要的发言者　　D.是会议的发起者

22.会议接待的基本程序应为（　　）。

A.会议签到和引导—迎接—安排合影—引领会议嘉宾进入会场或登上主席台—会议结束后的送别

B.迎接—会议签到和引导—安排合影—引领会议嘉宾进入会场或登上主席台—会议结束后的送别

C.引领会议嘉宾进入会场或登上主席台—迎接—安排合影—会议签到和引导—会议结束后的送别

D.迎接—安排合影—会议签到和引导—引领会议嘉宾进入会场或登上主席台—会议结束后的送别

23.会议结束时，秘书有必要提醒与会人员（　　）。

A.归还借用物品、尽早离开驻地　　B.办理结算手续、尽早离开驻地

C.归还借用物品、办理结算手续　　D.联系旅游机构、尽早离开驻地

24.会议签到工作的内容通常不包括（　　）。

A.设备检查　　B.登记　　C.交费　　D.发放会议资料

25.发送会议通知的正确工作顺序是（　　）。

A.填写会议通知单并准备好相关附件—明确会议通知发送对象和联系方式—选择会议通知信息传递方式—确认会议通知是否送达

B.选择会议通知信息传递方式—填写会议通知单并准备好相关附件—明确会议通知发送对象和联系方式—确认会议通知是否送达

C.明确会议通知发送对象和联系方式—填写会议通知单并准备好相关附件—选择会议通知信息传递方式—确认会议通知是否送达

D.确认会议通知是否送达—明确会议通知发送对象和联系方式—选择会议通知信息传递方式—填写会议通知单并准备好相关附件

五级真题单选题答案

1.C　2.A　3.D　4.B　5.D　6.D　7.D　8.B　9.D　10.A　11.C　12.B　13.A　14.A　15.B　16.C　17.A　18.D　19.B　20.C　21.C　22.A　23.A　24.B　25.C

Ⅱ　工作实务题

第一题

为了便于会员讨论，需要将下一年工作计划放大20%复印5份。请你简述使用复印机的具体步骤。

参考答案

1.预热。

2.检查原稿。

3.放置原稿。

4.选择复印纸尺寸。

5.调整缩放比例，扩大到120%。

6.调节复印浓度。

7.设定复印份数，按一下5即可。

8.按下复印按钮。

评分标准

1.满分15分，除最后一点外，其他各点每点2分，最后一点1分。

2.在叙述中出现错字、别字，每字可扣除1分，但最多扣除3分。

3.每点后边必须有具体的解释说明，如只有标题，最多得1分。

第二题

便　条

初萌：

公司举办的技术研讨会即将结束，由于在会议签到过程中一度出现混乱，引起部分与会人员的不满，公司领导会务组成员进行会议总结。总结主题集中在会议签到的内容、程序和基本要求上，请你就上述内容给予说明，发到我的邮箱以备总结时使用。

行政经理

××××年×月×日

参考答案

1.会议签到工作的内容：

签到工作通常包括迎宾、签到登记、交费、领取会议资料和各种票证等。

会务组织服务人员应到宾馆或会场入口处迎接与会人员，并组织与会签到和登记，然后引导与会人员尽快就座。其目的是了解应该到会人数，认真负责做好签到工作。

2.会议签到的基本工作程序：

(1) 指定会议签到的工作人员。

(2) 准备签到所需的签到笔、签到簿或签到卡的刷卡机等用品与设备。

(3) 负责签到工作人员提前到位。

(4) 迎接与会人员。

(5) 向与会人员介绍签到工作的内容。

(6) 办理参会手续，发放会议资料和票证等。

3.会议签到的要求：

(1) 会议签到的工具要方便、好用、充足。

(2) 负责会议签到工作人员要提前到岗，注意着装礼仪。

(3) 签到处的位置要易找，并标识清楚。

(4) 签到工作要耐心细致，热情周到。

评分标准

1.本题满分为20分。

2.在叙述中出现错字、别字，每字可扣1分，但最多扣除3分。

3.签到内容占7分，其主要内容5分，解释2分，考生需要将主要内容列示出来后加以解释。签到程序占9分，每点1.5分，答案前后顺序有误不给分。签到注意事项占4分，每点1分。

4.若考生答案与参考答案有距离，只要阐述符合情理，即可参照各点分值酌情给分。

● 附录4　2012年5月秘书国家职业资格三级理论试题

第一部分　职业道德（1～25题，共25道题）

一、职业道德基础理论与知识部分（第1～16题）

（一）单项选择题（第1～8题，每题1分，共8分）

1.在下列说法中，包含着创新思想的是（　　）。

A.“与时俱进”　　B.“礼之用，和为贵”

C.“民为邦本，本固邦宁”　　D.“见利思义”

2.下列关于市场经济的缺陷描述不正确的是（　　）。

A.自发性　　B.竞争性　　C.盲目性　　D.决策分散性

3.在我们的社会生活中，经济条件比较好的人和经济条件比较差的人交往，前者不能带有优越感看不起后者，后者也不能带有自卑感，感到低人一头。这是人际交往中（　　）。

A.平等原则的要求　B.互助原则的要求　C.功利原则的要求　D.谦让原则的要求

4.下列关于市场经济与职业道德关系的说法，正确的是（　　）。

A.促进市场经济繁荣发展，应多鼓励消费，少提倡节俭

B.在市场经济条件下，讲职业道德不利于营造竞争氛围

C.市场经济对职业道德既有正面影响，又有负面影响

D.市场经济要求人们树立义利并重的道德观念

5.关于道德与法律的区别，你认为表述不正确的是（　　）。

A.道德产生时间比法律早　　B.道德调整范围比法律广

C.道德的表现形式不如法律严格　　D.道德的实施比法律更具有强制性

6.“你敬我一尺，我敬你一丈”反映的是团结湖准道德规范中（　　）的具体要求。

A.胸怀坦荡　　B.相互学习　　C.助人为乐　　D.平等尊重

7.关于职业选择的意义，你赞同的看法是（　　）。

A.职业选择意味着可以不断变换工作岗位　　B.提倡自由选择职业会导致无政府主义

C.职业选择有利于个人自由的无限扩展　　D.职业选择有利于促进人的全面发展

8.下列不属于中华民族传统美德内容的是（　　）。

A.个性自由，讲求独立　　B.父慈子孝，尊老爱幼

C.自强不息，勇于革新　　D.仁以待人，以礼敬人

参考答案

1.A　2.B　3.A　4.D　5.D　6.D　7.D　8.A

（二）多项选择题（第9～16题，每题1分，共8分）

9.下列关于诚实守信的说法中，你认为正确的有（　　）。

A.诚实守信是企业的无形资本

B.诚实守信是社会主义市场经济的内在要求

C.诚实守信的企业最终能够取信于社会

D.诚实守信任何时候都与企业发展目标冲突

10.节俭的重要价值在于它是（　　）。

A.持家之本　　B.安邦定国的法

C.社会发展的根本动力　　D.维持人类生存的需要

11.关于从业人员做到诚实守信，不完整或不正确的理解是（　　）。

A.诚实守信的前提是看对方是不是诚实守信

B.不做对不起朋友的事情，是诚实守信的根本体现

C.不管许诺什么只要兑现诺言就是诚实守信

D.获得手段是否正当是检验是否诚实守信标准之一

12.在实际工作中，践行诚信职业道德规范，必须（　　）。

A.顾及各方面的关系　　B.正确对待利益问题

C.既不欺人也不自欺　　D.视服务对象而定

13.在以下说法中，正确的是（　　）。

A.办事公道是对企业上司的职业道德要求，与普通职工关系不大

B.诚实守信是每一个职业劳动者都应具有的品质

C.诚实守信可以带来经济效益

D.在激烈的市场竞争中，信守承诺者往往吃亏

14.服务忌语是服务过程中根本上使用的言语。在下列言语中，属于服务忌语的是（　　）。

A.“后边等着去”　　B.“不买看什么”

C.“我解决不了，愿意找谁找谁去”　　D.“有意见，找经理去”

15.在日常工作中培养自己诚实守信的品德，正确的做法是（　　）。

A.正确对待利益问题　　B.培养高尚品德

C.树立进取精神　　D.培养和谐的人际关系

16.从业人员关于遵纪守法的正确观念和态度是（　　）。

A.老老实实做人做事，不学法也能够做到守法

B.法律知识庞杂繁缛，从业人员无法学习

C.懂法人才能依法办事，维护正当权益

D.工作之前先签合同，是用法的具体体现

参考答案

9.ABC　10.ABD　11.ABC　12.BC　13.BC　14.ABCD　15.ABC　16.CD

二、职业道德个人表现部分（第17～25题）

离散选择题（第17～25题，每题1分，共9分）

17.如果领导给你一项从来没有做过的工作，你会（　　）。

A .担心地接受　　B.兴奋地接受　　C.焦虑地接受　　D.平静地接受

18.当有人向自己提出意见或进行批评时，你一般会（　　）。

A.反驳　　B.解释、说明　　C.不予理会　　D.耐心倾听

19.你的同事在工作中取得突出成绩时，你会采取哪一种做法（　　）。

A.他运气好　　B.各有专长做好自己的工作

C.他太聪明了自己可望而不可及　　D.虚心请教，努力学习

20.你觉得以前上学时用过的书，最好的处理方式是（　　）。

A.当作二手书卖给需要它们的人　　B.当作废品卖钱，以便购买新书

C.送给别人，让它们发挥余热　　D.留起来，将来想看的时候还可以翻翻

21.你对公司存在的严重问题提出了一些建议，但你的上司没有采纳，你会（　　）。

A.把你的想法直接汇报给更上一级别的上司

B.找上司交谈，了解不采用的原因

C.继续完善自己的想法

D.放弃这种方法，认为领导不采用自有理由

22.假如你带孩子看足球比赛，你注重让孩子（　　）。

A.欣赏球员高超的球技　　B.为自己国家的球队加油助威

C.尝试学习球员的动作和技巧　　D.感受篮球比赛的激烈程度

23.如果有重新选择职业的可能，（　　）。

A.我肯定还会选择现在的单位

B.我基本上还会选择现在的单位

C.假如没有更好的选择，我还会选择现在的单位

D.我不会再选择现在这个单位

24.你认为丛飞帮助孩子上学的事迹说明（　　）。

A.没必要，也不是他的孩子　　B.他高尚的人格值得学习

C.有必要，这给很多人提供了机会　　D.与我无关，不愿做评价

25.当遇到义务献血车的时候，你（　　）。

A.远远绕开　　B.假装没看见
C.别人献了，不好意思不献　　D.了解情况，主动献血

参考答案

17.A: 0.3　B: 1　C: 0.5　D: 0.8　18.A: 0.3　B: 0.8　C: 0　D: 1
19.A: 0　B: 0.9　C: 0.3　D: 1　20.A: 0.6　B: 0.3　C: 1　D: 0.5
21.A: 0.3　B: 0.5　C: 1　D: 0.1　22.A: 0.5　B: 1　C: 0.6　D: 0.5
23.A: 1　B: 0.9　C: 0.7　D: 0.4　24.A: 0　B: 1　C: 0.8　D: 0
25.A: 0　B: 0　C: 0.5　D: 1

第二部分　理论知识

(一）单项选择题（第26~85题，每题1分，共60分）

26.档案人员依据一定的题目，根据保存档案综合而成的档案加工品是（　　）。
A.档案加工资料　　B.档案参考资料　　C.档案专题资料　　D.档案报道资料

27.速录是一种运用速录机设备，从事语音信息实时采集并生成（　　）的技术。
A.书面记录　　B.录像材料　　C.电子文本　　D.录音材料

28.视频会议的特点不包括（　　）。
A.实现声音和图像同时传送　　B.节省时间、费用
C.形成广泛的间接沟通　　D.打破了空间的限制

29.叙述的人称有第一人称和（　　）。
A.第二人称　　B.第三人称　　C.说明人称　　D.议论人称

30.交替工作模式的缺点是（　　）。
A.难以留住有特殊技能的工作人员　　B.工作模式不灵活，不便激励员工
C.员工交流少，不能得到充分的信息　　D.难以保证工作的连续性

31.高效能团队的特点是（　　）。
A.队员数量符合标准　　B.高度的凝聚力
C.盲目服从团队领导的管理　　D.团队目标不明确

32.设计不同形式的办公室不必考虑的因素有（　　）。
A.面积、空间大小　B.人员流动的频率　C.需要设备及家具的多少　D.客户的要求

33.举办会议既要确保会议质量，又应遵循（　　）的原则。
A.扩大企业影响力　B.勤俭节约　　C.服务社会　　D.提高企业竞争力

34.西式宴会正式开始的标志是（　　）。
A.主人拿起餐纸　　B.主人拿起餐具　　C.主宾拿起餐具　　D.主人坐到餐桌前

35.在Word编辑状态下，要选定大范围的文本，可以在要选定块的起始处单击，按住（　　）键，再单击选定块的末尾。
A.Ctrl　　B.Shift　　C.Alt　　D.Ins

36.在审核会议文件的具体内容时，首先要审核会议文件内容（　　）。
A.是否做到了层次清晰　　B.是否与实际相符
C.是否偏离了会议的主题　　D.是否进行了会商

37.在Windows中，可以打开“开始”菜单的组合键是（　　）。
A.Ctrl+Tab　　B.Ctrl+Esc　　C.Ctrl+Del　　D.Ctrl+Shift

38.涉外交往中应邀请参加晚宴（　　）。

A.女性不要化妆，也不要穿白天的工作装赴宴

B.女性要化妆，不要穿白天的工作装赴宴

C.男士可着便装或白天的工作装赴宴

D.男士可着西装或白天的工作装赴宴

39.由于错误的文件操作，可能会造成硬盘上的文件存储混乱或丢失，这时可以使用Windows的（　　）功能来检查并修复这些错误。

A.清理磁盘　　B.整理碎片　　C.检查磁盘　　D.磁盘备份

40.评价会议成功与否，首先要（　　）。

A.分析确定影响会议效果的主要因素　　B.设计会议效果评估表

C.汇总评估效果　　D.对会议工作人员的表现进行评估

41.下列不可以作为述职报告称谓的是（　　）。

A.各位领导　　B.董事会　　C.各位来宾　　D.组织人事部

42.调研报告属于（　　）。

A.原始信息　　B.一次信息产品　　C.二次信息产品　　D.三次信息产品

43.任何危机事件的发生和发展过程均可表现为顺序发展的（　　）四个阶段。

A.爆发期、突发期、扩散期、衰退期　　B.突发期、爆发期、扩散期、衰退期

C.突发期、扩散期、危害期、衰退期　　D.突发期、扩散期、爆发期、衰退期

44.对会议的评估应（　　）。

A.澄清事实　　B.科学高效　　C.淡化宣传　　D.避免定论

45.进行会议总结的目的是（　　）。

A.建立评估体系　　B.改进会议的组织与服务

C.应对公众舆论　　D.给与会人员一个交代

46.办公室工作目标体系应与（　　）相吻合。

A.组织文化　　B.组织结构　　C.领导的意图　　D.员工的个人利益

47:资金和其他资源的分配以重新排出的优先次序为基础，这种预算方法称为（　　）。

A.传统预算法　　B.零基预算法　　C.增效预算法　　D.比例预算法

48.×市工商局拟向市属各工商企业发布办理营业执照年检的公文，最适宜使用的文种是（　　）。

A.通知　　B.通报　　C.公告　　D.通告

49.为妥善保护档案，缓解供需矛盾，可采用（　　）的形式开展档案利用工作。

A.印发目录　　B.提供原档案　　C.制发档案复制本　　D.提供档案证明

50.为了达到会见和会谈的目的，应首先（　　）。

A.定好会见会谈时间　　B.充分了解双方的情况

C.布置好会谈室　　D.准备会见和会谈资料

51.计算机主要技术指标通常是指（　　）。

A.硬盘容量的大小

B.显示器的分辨率、打印机的配置

C.所配备的系统软件的优劣

C.CPU的主频和运算速度、字长、存储容量

52.使用计划表是提高办公效率的好办法，将制订的计划用（　　）的方法显现出来，使计划更为清晰。

A.文字　B.图形　C.表格　D.卡片

53.拟写会议筹备方案可不考虑的内容是（　　）。

A.服务人员的选拔和培训　B.会议所需设备和工具

C.确定与会代表的组成　D.会议经费预算

54.非威胁的交流环境包括（　　）。

A.座位安排、集体空间、光线要求　B.秩序安排、私人空间、光线要求

C.桌位安排、私人空间、音像要求　D.座位安排、私人空间、光线要求

55.与领导沟通有关会议事宜要坚持（　　）。

A.将单向沟通的结果尽快进行部署和落实

B.与会议的主管领导保持非定期的沟通

C.在会前、会中、会后不同时期的沟通中，突出各自的重点

D.突出成绩，适度反映问题

56.办公资源的管理一般由单位的（　　）负责。

A.财务部门　B.行政部门　C.人事部门　D.审计部门

57.下列可以被核准注册为商标的有（　　）。

A.“最亮”牌灯泡　B.“补血”牌营养液

C.“巧妙”牌手表　D.“钢铁”牌汽车

58.在制订计划时，一定要坚持的原则是（　　）。

A.明确权限　B.督促检查　C.实事求是　D.监控应变

59.内部小型会议的必备用品有（　　）。

A.文具、茶具　B.交通工具　C.台签　D.投票箱

60.在召开远程会议时，应首先考虑（　　）。

A.技术要求、保密要求　B.省时、省力

C.交通不便　D.互动性强

61.为确保科学有效实施工作流程，减少或避免重复和浪费，在设计办公结构和布局时，一定要考虑部门间的（　　）。

A.人员多寡　B.层次高低　C.工作量大小　D.工作联系

62.会场布置情况的检查一般不采用（　　）。

A.口头形式　B.座谈会形式　C.协调会形式　D.书面形式

63.按新的办公模式要求，不需要与其他员工或客户有太多的接触，可安排在家完成工作内容的人员是（　　）。

A.行政事务人员　B.研发部门的科技人员

C.销售人员　D.财务人员

64.设计会议评估表时应考虑的要素有（　　）。

A.会议的保密制度　B.领导的认可程度

C.主办方的组织力度　D.填写的难易程度

65.会议中常见的突发事件不包括处理（　　）。

A.场地问题　　B、设备问题　　C.行为问题　　D.营销问题

66.（　　）体现东道主对各国宾客的礼遇。

A.对等接待　　B.宴请的规模　　C.赠礼的多少　　D.礼宾的次序

67.在涉外商务活动中，选择的礼品应该（　　）。

A.印上送礼单位的名称　　B.包装讲究

C.贵重　　D.初次见面就送上

68.一个人拥有管理、记账和IT技能，又同时将这种技能提供给不同的单位，这种工作模式属于（　　）工作模式。

A.临时办公室　　B.兼职工作　　C.合同工作　　D.交叉工作

69.下列对企业文化叙述不正确的是（　　）。

A.企业风气是企业文化的直观表现

B.企业最高目标是企业共同价值观的集中表现

C.精神层是形成制度层的物质基础

D.企业风俗是精神层所主导又反作用于精神层

70.甲日工资80元，公司安排5月1日至7日加班未安排补休，甲在这7日应得到（　　）工资报酬。

A.1 280元　　B.1 360元　　C.1 470元　　D.1 590元

71.《富强公司关于刘力见义勇为行为的表彰通报》，其作者是（　　）。

A.起草人张秘书　　B.富强公司　　C.富强公司童经理　　D.富强公司保安部

72.公司制企业的组织结构特色是（　　）。

A.高层管理结构　　B.董事会　　C.层级管理　　D.法人治理结构

73.秘书要及时发现客户需求首先要会（　　）。

A.筛选客户　　B.区分客户　　C.分流客户　　D.感谢客户

74.文件审核中适用于整洁、改动不多的文稿一般使用的审核方法是（　　）。

A.对校法　　B.折校法　　C.读校法　　D.双校法

75.在开放式办公室中工作的员工，其行为易受到上司的（　　），难于找到属于自己的私人空间。

A.嘉奖　　B.督查　　C.帮助　　D.干扰

76.系列型反馈信息是将工作活动全过程的情况按（　　）连续反映。

A.不同角度　　B.不同内容　　C.不同专题　　D.不同的发展阶段

77.招标人以招标公告的形式邀请投标人投标的采购方式称（　　）。

A.公开招标采购　　B.引导招标采购　　C.询价招标采购　　D.计划招标采购

78.在幻灯片放映时，下列操作中，不能进入下一张幻灯片的是（　　）。

A.按“↓”键　　B.按“←”键　　C.按PageDown键　　D.单击鼠标

79.利用者以复制、摘录等形式使用档案的活动称为（　　）。

A.档案利用　　B.利用服务　　C.开发档案　　D.提供档案利用

80.秘书在调查研究的基础上撰写调查报告的工作属于（　　）。

A.信息整理　　B.信息提炼　　C.信息开发　　D.信息反馈

81.为塑造独特的企业文化和个性鲜明的企业形象，企业进行CIS策划时需遵循（　　）。

A.两个效益兼顾原则　　B.求异创新原则

C.全方位推进原则　　D.以公众为中心原则

82.以下属于对抗性问题的是（　　）。

A.“能否建议你使用别的方法完成?”

B.“这些我们都能做到，你呢?”

C.“你说的问题我也遇到，你愿意听我的体会吗?”

D.“再延长三天能完成吗?”

83.具有决策性和制约性的公文是（　　）。

A.决定　　B.批复　　C.通告　　D.通报

84.利用档案编写反映一个单位或某方面基本情况的数字材料是（　　）。

A.基本情况汇集　　B.统计数字汇集　　C.单位情况汇集　　D.档案专题汇集

85.下列选项中表述不正确的是（　　）。

A.会议总结的形式因会议种类不同而有所区别

B.主持人的结论性意见就是小型会议的总结

C.职代会的闭幕式可以代替会议总结

D.会议纪要即会议总结

参考答案

26.B　27.C　28.C　29.B　30.D　31.B　32.D　33.B　34.A　35.B　36.C
37.B　38.B　39.C　40.A　41.C　42.D　43.D　44.B　45.B　46.B　47.B
48.D　49.C　50.B　51.D　52.C　53.A　54.D　55.C　56.B　57.C　58.C
59.A　60.A　61.D　62.B　63.B　64.D　65.D　66.D　67.B　68.B　69.C
70.B　71.B　72.D　73.B　74.B　75.B　76.D　77.A　78.B　79.A　80.C
81.B　82.B　83.A　84.B　85.D

（二）多项选择题（第86～125题，每题1分，共40分）

86.招标书的特点是（　　）。

A.明确性　　B.竞争性　　C.具体性　　D.规范性

87.信息利用服务的特点是（　　）。

A.周期性　　B.补充性　　C.广泛性　　D.指示性

88.在文稿审核中发现的（　　）可以直接修改。

A.错字　　B.漏字　　C.不对的符号　　D.不对的标点

89.下列表述正确的是（　　）。

A.请示应当在附注处注明联系人的姓名和电话

B.受双重领导的机关请示时，一个主送，一个采取并报的形式

C.请示须主送一个机关，不可多头主送

D.一般不得越级请示，不得已越级，须同时抄送给直接上级机关

90.计划的特点是（　　）。

A.针对性强　　B.具有预见性　　C.具有真实性　　D.通俗易懂

91.以下适用《劳动法》的规定的劳动关系是（　　）。

A.乡镇企业与其职工之间的关系

B.某家庭与其聘用的保姆之间的关系

C.个体老板与其雇工之间的关系

D.国家机关与实行劳动合同制的工勤人员之间的关系

92.催办的形式有（　　）。

A.部门催办　　B.对内催办　　C.阶段催办　　D.对外催办

93.简报导语的写法有（　　）。

A.提问式　　B.结论式　　C.描写式　　D.叙述式

94.电话会议所具有的优势包括（　　）。

A.准备时间短　　B.回复速度快

C.可传递大量细节信息　　D.适用于分公司远、规模大的公司

95.下列文书采用引述式开头的是（　　）。

A.商洽函　　B.请批函　　C.答复函　　D.批复

96.附件与公文正文一起装订，并要求（　　）。

A.在附件左上角第1行顶格标识“附件”　　B.在附件左上角第2行顶格标识“附件”

C.附件标题加书名号　　D.附件标题不加标点符号

97.文书拟办的意见要（　　）。

A.准确　　B.简洁　　C.抽象　　D.符合实际

98.从传统沟通转为网络沟通要求管理者（　　）。

A.具有高度的责任心　　B.重新审视企业的管理沟通系统

C.充分认识投资者的地位　　D.重新设计公司的通信程序

99.工作流程应该不受（　　）结构的束缚，工作在其进行之处就地完成，而不应扩展至整个组织。

A.功能性　　B.阶段性　　C.纪律性　　D.组织性

100.引证法的形式有（　　）。

A.直接引言　　B.间接引言　　C.引证论据　　D.引证论点

101.在Windows中，要改变计算机的日期，下面叙述正确的是（　　）。

A.利用附件中的辅助工具，可以修改计算机的日期

B.在MS-DOS方式的窗口中，输入DATE命令，可以修改计算机的日期

C.双击任务栏的时间指示器，可以修改计算机的日期

D.双击控制面板窗口中的日期/时间图标，可以修改计算机的日期

102.述职报告的特点是（　　）。

A.主观性　　B.个人性　　C.真实性　　D.通俗性

103.远程工作模式的人（　　）。

A.企业监督管理困难　　B.需要企业投资工作设备

C.缺少同事间联系和团队活动　　D.不属于企业的员工

104.（　　）等传统沟通方式对沟通礼节要求较多。

A.间接转达　　B.情感表达　　C.文字表达　　D.直接的表达

105.承办是根据（　　），对文件进行具体处理。

A.文件要求　　B.文件来源　　C.领导批示　　D.文件类别

106.会议经费来源的类型包括（　　）。

A.与会者交费　　B.参展商交费

C.联合主办者交费　　D.广告、赞助和捐助

107.下列文书的内容具有前瞻性、预测性的是（　　）。

A.总结　　B.计划　　C.调查报告　　D.可行性研究报告

108.以下属于收文处理环节的是（　　）。

A.拟办　　B.审核　　C.催办　　D.签发

109.督查工作是（　　）而进行的一项工作。

A.直接为上司服务　　B.为实施上司的决策

C.直接为下级服务　　D.协助同级各部门的工作

110.我国专利权的客体包括（　　）。

A.计算机软件　　B.发明　　C.实用新型　　D.外观设计

111.会议报到处的秘书应对与会者（　　）。

A.稍作简单的介绍　　B.发放餐券

C.表示欢迎　　D.安排住宿

112.下列标题拟写不恰当的是（　　）。

A.某某分公司请示　　B.××市人民政府政府工作报告

C.请示　　D.函

113.电子档案管理的要求是（　　）。

A.真实性　　B.可读性　　C.完整性　　D.扩展性

114.下列文种可以免写主送机关的是（　　）。

A.通报　　B.公告　　C.通知　　D.通告

115.下面借用数学学科符号进行汉字速记的选项有（　　）。

A.质量－m　　B.公司－CO　　C.等于－＝　　D.百分之－%

116.鼓励下属员工参与会议，积极发表意见，可以采用（　　）的方法。

A.说清讨论和不讨论问题的界限　　B.认真倾听，不打断他人的发言

C.带头多发言，适时终止讨论　　D.多提开放式问题

117.承办周期制度要求人们照章办事，不准人们的行为偏离规定的要求，以提升企业的（　　）。

A.应变能力　　B.形象　　C.信誉　　D.效率

118.面向社会可以公开发布的文书是（　　）。

A.通知　　B.通告　　C.通报　　D.公告

119.拟写单位总结需努力做到（　　）。

A.重点性　　B.通俗性　　C.科学性　　D.可信性

120.信息利用服务的意义在于（　　）。

A.实现信息价值　　B.发挥信息作用　　C.利用信息增值　　D.便于信息查找

121.在编写预算方案时，应包括（　　）等内容。

A.效益目标　　B.支出标准　　C.测算依据　　D.技术标准

122.文书写作中，使用第三人称的文种有（　　）。

A.通报　　B.会议纪要　　C.会议记录　　D.合同

123.电子档案的特点包括（　　）。

A.人工识读性　　B.信息的可变性

C.信息的可共享性　　D.对电子技术的依赖性

124.信息开发的主要形式有（　　）。

A.剪报　　B.索引　　C.通知　　D.简讯

125.拟写投标书应注意的事项有（　　）。

A.明确招标要求　　B.实事求是，不可弄虚作假

C.语言简洁，语气谦和　　D.对标的应全面描述

参考答案

86.ABCD　87.AC　88.ABCD　89.ACD　90.AB　91.ACD　92.BD　93.ABCD　94.AB　95.CD　96.AD　97.ABD　98.ABD　99.AD　100.AB　101.BCD　102.BCD　103.AC　104.BD　105.AC　106.ABCD　107.BD　108.AC　109.AB　110.BCD　111.ABCD　112.ACD　113.ABC　114.BD　115.CD　116.BD　117.BC　118.BD　119.CD　120.ABC　121.ABCD　122.ABCD　123.BCD　124.ABD　125.ABC

附录5　2012年5月秘书高级操作技能试卷及答案

一、案例分析（满分50分。第1题20分，第2题30分）

1.请看案例分析素材_秘书三级C—01录像，找出录像中秘书行为及工作环境中正确或错误的地方，并请作出分析性与更正性的说明（每题连续播放两遍，应至少找出10处正误点）。

参考答案

（1）着装正确。(√)

（2）会使用制作出国团队文件确认表。(√)

（3）电话用语规范。(√)

（4）了解涉外出访对证件的要求。(√)

（5）能适时建议开会沟通。(√)

（6）能区分轻重缓急安排工作。(√)

（7）懂得涉外工作对守时的要求。(√)

（8）陪客人乘车，自己乘位安排错误。(×)

（9）接待过程接听手机，声音过大。(×)

更正与分析：接待过程应避免接听手机，必须接听时应先向客人道歉，接听应避开客人，声音过大不礼貌。

（10）喝咖啡姿势不正确。(×)

更正与分析：喝咖啡不可一手拿杯一手拿点心，用点心时，应放下杯子。

（11）不可吹凉咖啡。(×)

更正与分析：吹凉咖啡不礼貌，应使用勺子搅拌降温。

(12) 能提供多个备选的出行方案。(√)

(13) 了解黄皮书的作用。(√)

(14) 清楚涉外出访应检查的内容。(√)

(15) 及时安排和提醒出访者的文件安全。(√)

(16) 没有准备时差表。(×)

更正与分析：提醒时差问题是秘书安排商务出行的基本要求，遗漏会造成出行不便。

(17) 正确组织横向沟通的会议。(√)

评分标准

1.本题满分为20分。

2.每答对1点给2分，答对10点即得满分。有更正与分析的点是必答点。

3.应做而没有做出更正与分析的点不予给分。

4.如考生答案与参考答案有出入，只要阐述合理，即可给分。

2.请看案例分析素材_秘书三级D—02录像，找出录像中秘书行为及工作环境中正确或错误的地方，并请做出分析性与更正性的说明（每题连续播放两遍，应至少找出10处正误点）。

参考答案

(1) 着装不规范。(×)

更正与分析：着装不符合礼仪要求，是秘书基本素质的体现，工作中应正视着装。

(2) 办公桌不整洁、干净，文件分类不清楚。(×)

更正与分析：办公桌整洁、干净，文件分类清楚是秘书工作环境的基本要求。

(3) 对下属下达口头会议通知时，时间、地点具体准确。(√)

(4) 能提前达到会议室检查准备情况，并调试会议设备。(√)

(5) 未能督促负责会议室管理的秘书提前做好会议前的设备检查工作。(×)

更正与分析：高级秘书会议管理的重要内容之一就是督促检查会议前的准备工作，缺少这个环节就会造成会议延时开始。

(6) 能够使用多媒体设备来辅助会议的发言内容。(√)

(7) 能够提出一些开放式的问题，鼓励与会者积极参与，积极引导会议的进程。(√)

(8) 积极消除会议交流的障碍，限制挑衅性的行为，鼓励和尊重不同的意见。(√)

(9) 适时总结会议的发言，引导与会者形成会议的决议。(√)

(10) 能够明确具体地给团队成员下达工作任务，注意分工明确，责任到人，并注意反馈。(√)

(11) 注意做好横向的沟通协调，选择有针对性的沟通形式，如：与马经理的谈话。(√)

(12) 在沟通时，能够引导被协调者学会换位思考。(√)

(13) 在沟通中，有“内部客户”的意识，关心尊重老同事。(√)

(14) 注意送客礼仪，能够将客人送至电梯口。(√)

(15) 在部门之间发生了摩擦和冲突后，能够做好横向沟通，防止事态扩大。(√)

(16) 具有处理突发性事件的应对能力，懂得随机应变，提升组织形象。(√)

(17) 握手礼仪规范。(√)

(18) 引导客人的手势语正确，符合礼仪的要求。(√)

评分标准

1．本题满分为30分。

2．每答对1点给2分，答对15点即得满分。有更正与分析的点是必答点。

3．应做而没有做出更正与分析的点不予给分。

4．如考生答案与参考答案有出入，只要阐述合理即可给分。

二、操作题（满分50分。第3～4题，每题15分，共30分，第5题20分）

3.背景说明：你是宏远公司行政秘书高叶，下面是行政经理需要你完成的几项工作任务：

便　条

高叶：

公司组织的这次全国行业研讨会结束后，一些会后工作可以让新来的韩秘书参与。请你就以下问题提出看法并对韩秘书进行指导：会议评估的方法和要求，会议决定事项的反馈原则和重点。请以备忘录的形式提交给我。

行政经理××

20××年×月×日

参考答案

备忘录

发给：××

发自：高叶

日期：××年×月×日

内容：会议评估的方法和要求，会议决定事项的反馈

1．会议评估的方法和要求：

①在会议将结束时，以意见调查的方式进行，请参会人员填写会议评估表。

②请某人以观察员的身份列席会议，对会议状况提出意见。

③告知参会人员有义务共同提高会议质量；规定各部门无论大小会议，都必须以书面方式在会议结束前两分钟做此调查。

④对会议管理工作的总体评估应该覆盖会议方案、会议时间、会议地点、参会人员范围、食宿安排、会议经费的各项活动内容等。

⑤对主持人的评估主要侧重于主持能力、业务水平、实现会议目标的能力、工作作风和控制会议的能力等。

⑥对会议工作人员的评估主要侧重于其行为表现、工作态度、业务水平和工作效果等。

⑦设计评估表应考虑表格的长度、填写难易程度、问题设计、问题方式、分析数据方式等。

⑧会议评估要力求科学、高效。

2．会议决定事项的反馈原则和重点：

①反馈原则是迅速及时、真是准确、保证反馈渠道畅通等。

②反馈重点主要是妨碍会议决策落实的各种信息。

4.背景说明：你是宏远公司行政秘书高叶，下面是行政经理需要你完成的几项工作任务：

> 便　条
>
> 高叶：
>
> 公司最近新招了一批员工，准备为他们购置电脑等办公用品与设备，请你计划一下采购办公用品的工作程序，并谈谈采购中应注意的事项。
>
> 谢谢！
>
> 行政经理××
>
> 20××年×月×日

参考答案

1.办公用品与设备采购的工作程序

(1)提出购买申请。

(2)审批、落实经费。

(3)招标，选择供应商。

(4)签订供货合同。

(5)货物入库。

(6)支付货款。

2.采购办公用品与设备的注意事项

(1)在自己的职权范围内依照规定程序进行需求调查，要多征求使用者的意见。

(2)按照采购程序与供方确定购货内容、总费用、交货和售后服务等事宜，形成整套购买文件。

(3)按照进货验货程序检查所购设备和办公用品的型号、质量、数量、价格及相应单据。

(4)若发现提供的货物或票据不符合要求，要立即与供应商联系。

(5)最后按单位规定与财务部门办理购买货物的相关文件及单据。

评分标准

1.本题总分为15分。

2.分数分配：办公用品与设备采购的工作程序10分，前2小点每点1分，后4小点每点2分；注意事项5分，每点1分。

3.错字别字每3个扣除1分，最多扣除3分。

4.考生言之成理可酌情加分，最后不超过3分。

5.背景材料：

××钢业有限公司为进一步推动公司共青团工作的开展，促进青年工作目标的完成，对2017年工作计划进行了安排部署。公司团委2017年将围绕以下几方面开展工作：

第一，加强青年思想教育，促进青工队伍稳定。

第二，加强基层组织建设，促进团建工作发展。

第三，加强制度建设，促进管理工作制度化、科学化。

第四，做好优秀团员评选表彰工作，引导团员青年爱岗敬业。

公司要求全体团员要继续深入学习贯彻共青团××大精神，加强团员艰苦奋斗、爱岗敬业精神教育工作。增强团员青年战胜困难，实现企业生产经营目标的信心。组织做好公司2016优秀团员、优秀团干部、五四红旗团支部评选表彰工作，增强团员青年工作积极性主动性。做好2017年优秀团员、团组织、团干部推荐评选、××地区青年文明号申报及管理工作，展示团组织良好工作风貌。以青年突击队、青年文明号建设、组织承办公司首届青工（电工）技术比武、“五四”系列活动等活动载体，引导青年立足岗位学本领，提高业务技能水平，提高青年综合素质，发掘有潜质的青年，为青年人才的成长提供平台。要严格做好团费收缴、健全优秀团员青年推优工作，严格工作检查制度，每月对各单位工作开展情况进行抽查，每季度对各单位工作进行一次全面检查考核，纳入单位政工工作综合考核。增强基层党支部对共青团工作的支持和指导。健全完善团员青年基本情况资料，进一步摸清团员青年状况，加强青年入团工作力度，力争28岁以下青工综合入团率超过70%，扩大团组织覆盖面。组织对基层团组织进行换届改选，将工作积极主动、热心青年工作的同志选配为基层团支部书记，为开展青年工作奠定基础。

要求：根据以上材料，写一份××钢业团委2009年共青团工作计划：

（1）分条列项，材料组织有序；

（2）正文结构符合要求。

参考答案

××钢业有限公司团委2017年共青团工作计划

为进一步推动公司共青团工作开展，促进青年工作目标完成，××钢业有限公司团委对2017年工作计划进行了安排部署。公司团委2017年将围绕以下几方面开展工作：

1.加强青年思想教育，促进青工队伍稳定

继续深入学习贯彻共青团××大精神，加强团员艰苦奋斗、爱岗敬业精神教育工作。增强团员青年战胜困难，实现企业生产经营目标的信心。

2.加强基层组织建设，促进团建工作发展

健全完善团员青年基本情况资料，进一步摸清团员青年状况，加强青年入团工作力度，力争28岁以下青工综合入团率超过70%，扩大团组织覆盖面。组织对基层团组织进行换届改选，将工作积极主动、热心青年工作的同志选配为基层团支部书记，为开展青年工作奠定基础。

3.加强制度建设，促进管理工作制度化、科学化

严格做好团费收缴、健全优秀团员青年推优工作，严格工作检查制度，每月对各单位工作开展情况进行抽查，每季度对各单位工作进行一次全面检查考核，纳入单位政工工作综合考核，增强基层党支部对共青团工作的支持和指导。

4.做好优秀团员评选表彰工作，引导团员青年爱岗敬业

组织做好公司2017年优秀团员、优秀团干部、五四红旗团支部评选表彰工作，增强团员青年工作积极性主动性。做好2017年优秀团员、团组织、团干部推荐评选、××地区青年文明号申报及管理工作，展示团组织良好工作风貌、以青年突击队、青年文明号建设、组织承办公司首届青工（电工）技术比武、“五四”系列活动等活动载体，引导青年立足岗位学本领，提高业务技能水平，提高青年综合素质，发掘有潜质的青年，为青年人

才的成长提供平台。

××钢业团委
20××年×月×日

评分标准

1. 本题总分为20分。

2. 分数分配情况为：

（1）标题（1分）。

（2）前言（5分）。

（3）主体（12分，必须分条列项，没有分段，基本上照抄原文的，分值控制在2～5分之间，每个问题3分，材料应围绕小标题，材料使用混乱，可酌情扣分）。

（4）落款（1分）。

（5）成文日期（1分）。

3. 错字、别字每3个扣除1分，最多扣除3分。

4. 考生言之有理可酌情加分，做多不超过5分。

● 附录6　TKPDCA 教学六步法

模块一

【TASK 任务】

1. 任务引入。

天骏集团公司的事务特别繁杂，为此公司办公室新近调来一名秘书——小李。人事部把李秘书安排给你，由你来做她的工作指导。张总经理又特别指示，“公司日常的大会、小会很多，你要尽快让小李掌握会议组织工作，最好能独当一面开展会务工作。”

2. 任务设置。

T1（T1代表任务1，下同）：带李秘书多去参加公司的各种会议，让她正确认识会议的重要性和必要性。

T2：指导李秘书观摩别人组织会议的工作情景，分析、学习他们的工作经验。

T3：让李秘书搜集各种会议形式，分析说明它们的功能及所发挥的作用。

T4：依据会议的各个要素，协助李秘书组织召开一次小型但规范的会议。

3. 任务分析。

从每天的电视、报刊新闻上都可以看到不少的会议在召开，但看人开会和组织别人开会是存在很大差别的。从接到任务起，首先在观念上，我们要开始关注重视会议，有意识地“看会”“看人如何办会”；其次要“想”，想想自己“能办什么会?”“要如何办这个会?”。许多看起来容易的事情只有在自己真实地做过以后才知道：原来并不简单！所以，第三步——按“想”好的去“做”，在实践中找体会，积累办会的经验。

【Knowledge 背景知识】

学生以第1章1.2、1.3、1.4、1.5节的知识作为工作背景，在实践操作中边做边发现问题，借助书本知识的指导，思考并寻找解决方案，将知识充分运用于实际操作中，使知识更多、更快转化为实操能力。

【Prepare准备】

1.知识准备。

（1）了解掌握会议的各要素。

（2）掌握拟写、制订会议计划的基本内容及方法。

2.计划准备。

制订明确、具体的参观（观摩）计划，计划要明确：去哪里，为什么去那里，去看什么，什么时候去，准备去多少次（或多久）。

3.物质准备。

（1）记录本、笔、照相机等参观时记录需用到的物品。

（2）麦克风、桌、凳等开会时需用到的会议设备及会议用品。

【Action行动】

1.在具体参观计划的指导下实施参观（观摩）行动。

2.参观（观摩）后，在小组分享中交流参观所见及体会。

3.组织班级大会，小组作参观工作的总结汇报发言，分享参观体验。

【Check检查与评估】

1.对照会议各要素，反思班级大会的组织实施情况。修改完善个人所做的会议计划（以实际召开的会议作为参照）。

2.对总结的检查结果进行处理，总结失败的教训，以免重现；肯定成功的经验并适当推广、标准化形成制度、程序或步骤，以供自己长期使用（也指到未来的工作岗位上使用）。

【Display展示成果】

1.展示、交流所搜集的会议图片、会场图片等，培养感性认识。

2.展示各组设计的会议方案，根据理论知识比较方案的优缺点。

3.各小组的参观活动发言（汇报）展示。

模块二

【Task任务】

1.任务引入。

（天骏有限公司总经理办公室）张总："小李，公司打算召开一次营销推广会议，对象主要是公司的一些老客户和新增的优质客户。这是公司一次重要的决策和公关投入。经过董事会讨论，准备拿出15万元左右的经费来开这个会。时间3天左右。地点不要远，要环境清雅、知名度高，最好找一个旅游景点。你具体策划这个事。考虑一下，先拟一个会议方案给我看看。"

李铭："好的。我会先写一个较详细的会议方案给您，等修改定下来，后面会务上的事情就好办了。"

2.任务设置。

按照会议要求编制完整的会议策划方案。

3.任务分析。

这可是一次重要的会议，直接关系公司的发展前景，会要开得成功，让客户满意，千万马虎不得。会议策划方案的工作包括信息收集、议题分析、行动策划、细节安排等众多环节，千头万绪，不能出错。因此我们必须从头开始，一步步进行策划。

【Knowledge背景知识】

学生以第2章的专业知识作为背景，同时通过图书馆、互联网等工具搜集信息，找到更好完成任务的知识与方法，完成以上任务。

【Prepare准备】

1.方案准备。

各部门提出与本部门工作相关的方案，如办公室提出会议接待方案等。

2.材料准备。

与任务相关的信息资料、书籍、电脑等。

3.人员准备。

（1）以5~6个人为一个作业小组，以小组为单位进行会议策划。

（2）每个人必须有明确的分工，责任到人。

（3）以小组每个人代表一个相应部门，做出本部门的配套方案。

【Action行动】

分组完成工作任务，每组做出2个以上的策划方案。

【Check检查与评估】

1.按照计划进行检查，看是否实现了预期目标，通过检查找出问题和原因；检查、评估完成这次工作任务的效果，总结执行计划的结果。

2.对总结检查的结果进行处理，失败的教训加以总结，以免重现；成功的经验加以肯定并适当推广、标准化形成制度，以供自己长期使用（也指到未来的工作岗位上使用）。

【Display展示】

全部工作任务完成后，选择合适的时间与地方（例如校园内的大型展板）做成果展示。其具体成果包括工作过程的图片、方案展示、总结、评语等。

模块三

【TASK工作任务】

1.任务引入。

班主任生病住院一段时间了，班里教学秩序虽然还算正常，但在班级管理上出现了越来越多的问题，比如迟到人数增加，晚修人数减少，班委不够团结，同学之间矛盾加剧等。面对这样的局面，班主任指示前来探病的班委：“你们召开一次主题班会吧，形式可以活泼有趣些，让大家都乐于参与，比如用小品等形式把这段时间看到的、想到的班里的事情都说一说，大家来讨论怎样把班风重建好。”

2.任务设置。

T1：召集小型的班委会，根据班主任的指示，议定班会主题、时间、会议议程等重要事项，形成书面材料，提交班主任审查。

T2：根据议定的班会计划，班委调动同学开始会议准备工作，按会前工作的流程逐项进行会议的准备，具体包括：

（1）提交班会议题、活动日程表、经费预算等书面材料。

（2）选定会议场地，根据会议要求布置会场。

（3）拟写一份规范的会议通知。

（4）落实会议主持人等。

3.任务分析。

在班主任缺席的情况下召开班会，班委应承担起会议策划和全过程的组织工作，这项任务的难度系数不高但工作比较烦琐，操作时重点抓住以下几个环节：

（1）会议主题已定，但会议形式、具体内容安排未定，注意做好同学的组织、发动工作，争取开一次别开生面的主题班会。

（2）配合会议的实际需要去选择、布置会场，落实相关设施设备。

（3）任务繁杂，应成立临时工作小组，大家分工协作完成会前准备工作。

（4）选好主持人，并尽可能做好充分的准备。

【Knowledge 背景知识】

学生以第3章知识作为指导，在模拟的工作情景中，有意识地、有计划地操作开展会前的各项准备，实施会议流程。在实践中边学、边做、边评，发现问题、解决问题、总结经验，持续提高自己的办会能力。

【Prepare 准备】

1.计划准备。

（1）根据会议主题及班级的实际情况，制定具体的会议议程。

（2）根据会议议程拟写会议日程、大会程序等会议文书。

（3）根据会议准备工作的需要，协助分工，制订分工计划，明确各组任务和职责。

（4）预算会议经费。

2.物质准备。

（1）选择和布置会场、会议室。

（2）记录本，纸张、笔、麦克风、桌、凳等开会时需用到的会议设备及会议用品。

（3）彩旗、幕布、座签、桌签、花卉、气球等会场布置用品。

（4）奖品、礼品、饮品等。

【Action 行动】

1.在模拟环境下，实施会议前的各项准备工作。

2.议定并提交议程、日程、会议预算等会前准备材料。

3.召开主题班会。

【Check 检查与评估】

1.以各分工小组为单位，组织一个会前准备工作汇报会，交流准备情况，探索会前准备工作存在的问题和不足，总结工作经验。

2.根据会议交流的结果，修改并完善有关文件。

3.对发现的不足进行及时处理；对失败的教训加以总结，避免重现；对成功的经验加以肯定并适当推广，甚至标准化形成制度、程序或步骤，以供日后学习和使用。

【Display 展示】

1.各组设计的会议议题、会议议程、日程、经费预算等材料展示。

2.会场布置图片展示。

3.会议通知展示。

模块四

【TASK工作任务】

1.任务引入。

在天骏集团召开的全国各分公司的企业文化建设经验交流大会中，秘书小李专门负责会间接待环节的工作。虽然小李经过了一段时间的工作锻炼已经有了很大进步，但此次全国性的大型会议接待，张总不希望出什么差错和漏洞，他让分管各项会务工作的人员都要拿出具体的工作计划和方案来。小李想这样来组织、开展会间接待服务工作……

2.任务设置。

T1：列出会间接待服务工作的具体内容及工作要求。

T2：组织开展会前接站、会议签到、引导、座位安排、会场治安、会场清洁等工作。

T3：根据会议日程安排相关议题，落实会议主持人工作。

T4：做好会议记录工作，及时向领导及有关人员汇报会议情况。

3.任务分析。

这是一次大型会议的接待任务，接待工作肯定不轻松！建议划分出接站、签到引导、会场主持、会场服务与管理、会议记录等几个大的方面来组织开展工作。而且开展各项具体工作时一定要考虑细致一些，比如接站，估计到会人数众多，又来自全国各地，因此，交通工具要调配好，分别前往火车站、机场、码头等不同地方接人，如有重要来宾，还要注意接待的规格！

【Knowledge背景知识】

结合任务需要，以第4章会间服务工作与第6章会议主持人的管理技巧的知识作为理论指导，以案例作为参照，争取高效高质完成任务。

【Prepare准备】

1.计划准备。

（1）制订接站方案，落实去哪里接人、接什么人、谁去接、准备怎么接。

（2）议定会场服务、管理计划，合理分工，落实各人的岗位和任务，包括：签到员、引导员、主持人、记录员、保安员等岗位。

2.物质准备。

（1）记录本、笔、照相机、录音机、磁带、电池等会议记录需用到的物品。

（2）接站信息牌、收费发票本、会议签到本（卡）、会议资料及文件夹。

（3）接站交通工具。

（4）茶水、点心、餐饮、住宿等会议后勤服务用品。

【Action行动】

1.在具体接站方案的指导下开展接站活动，注意接站礼仪及陪车礼仪。

2.在工作任务驱动下，参与各项会场管理和会间服务工作。

3.在会议环境中充当积极参与的与会者，在集体环境下交流分享实习体会和收获。

4.做好会议记录，以备编制会议简报之用。

【Check检查与评估】

1.总结接站工作的优点，反思不足，写出工作小结。

2.反思会场管理存在的问题和漏洞，提出改善的方案和做法。

3.及时搜集各方面的会议情况反馈信息，及时调整会议计划和分工方案，以期进一步做好会议组织和会间服务工作。

4.修改、补充会议记录，编制一份会议简报。

【Display展示】

1.会务工作图片展示。

2.会务工作原始方案、修改方案比较展示。

3.各人会议工作总结展示。

模块五

【Task任务】

1.任务引入。

文秘专业正在召开一次会议（也可以是专业指导委员会会议），已邀请企业代表、往届毕业生代表、教学专业指导委员会人员参加。会议期间，专家就企业对文秘的需求现状、文秘学生就业现状、文秘专业学生的必备素质、文秘专业学生的核心能力以及文秘学生教学等问题发表了意见和建议。会议现在即将结束。

（注：会议最好是真实召开的，也可以是另外的会议，例如学校正在召开的各种会议；或者是企事业或党政机关正在进行的大型会议，学生现场从事会议服务与管理工作）

2.任务设置。

T1：做好会场善后工作。

T2：安排与会人员离场。

T3：会后文书工作。

（1）会后文书的清退、收集。

（2）做好会议文书的立卷归档工作。

T4：撰写会议总结。

T5：结算会议经费。

T6：设计会议效果评估表，评估会议效果。

T7：落实会议精神，修订专业教学方案。

3.任务分析。

教师对各项任务如何完成做全面详细的分析，点燃学生的激情，引领学生成功完成任务。

【Knowledge知识背景】

学生以第5章的专业知识作为背景，同时通过图书馆、互联网等工具搜集信息，查找资料，寻找能高效完成任务的知识或方法。学生分组，以6人或8人组建团队，共同完成以上任务。

【Prepare准备】

1.计划方案。

计划要周密可行，人员分工要合理高效，步骤要有条不紊。

2.物质准备。

（1）会议开支费用一览表。

（2）交通安排表、车辆等。

（3）会议清退物品或文件目录。

（4）会议案卷盒、档案装订工具。

（5）会议效果评估问卷及各种表格。

（6）其他。

【Action行动】

学生实地去完成计划中的内容，做过程记录。根据环境变化情况，灵活处理现场突发事件。

【Check检查与评估】

1.按照计划进行检查，看是否实现了预期目标，通过检查找出问题和原因；检查、评估完成这次工作任务的效果，总结执行计划的结果。（教师在行动前最好提供评判标准，可分A、B、C、D 4级或使用其他评判方法。在此环节用评判标准评分，可由学生互评或专家组打分。）

2.对总结检查的结果进行处理，失败的教训加以总结，以免重现；成功的经验加以肯定并适当推广、标准化形成制度或程序和步骤，以供自己长期使用（也指到未来的工作岗位上使用）。

【Display展示】

全部工作任务完成后，选择合适的时间与地点（例如校园内的大型展板）做成果展示，激励学生。成果包括图片、会议总结（含供自己长期使用的标准化制度等）、会议案卷、会议主办方或与会者的评语等。

模块六

【Task任务】

1.任务引入。

天骏公司成立20周年，打算召开一场公司成立20周年庆祝大会，到时将邀请相关领导和嘉宾，以及公司的一些老客户和新增的优质客户。这是公司一次重要的决策和公关投入。经过董事会讨论，准备拿出20万元左右的经费来开这个会，前后时间3天左右。经理助理李铭负责具体策划会议方案。会议方案确定后，成立了会议筹备处直接负责会务工作，其中，会务筹备处秘书组负责大会文书工作。

2.任务设置。

（1）准备本次会议文件。

（2）整理分发会议文件。

（3）做好会议文件服务和清退归档工作。

（4）做出会议文书处理工作程序书面流程。

3.任务分析。

这是一次重要的会议，直接关系到公司的公关前景，千万马虎不得。所以会议的相关会务工作也一定要做好。这项任务主要包括的是文件的准备（含拟写）、整理、归档等工作。要做好这几项工作，首先要熟悉工作流程，并要掌握会议常见文书的拟写方法，才能使会议文书工作不出差错。

【Knowledge背景知识】

学生以第7章的专业知识作为背景，同时通过图书馆、互联网等工具搜集信息，找到更好的完成任务的知识与方法，完成以上任务。

【Prepare准备】

1.方案准备。

（1）会议需要文书资料的清单。

（2）资料发放工作的方案。

（3）分工拟写人员名单。

（4）文件清退清单和方案。

2.材料准备。

（1）与任务相关的信息资料、书籍。

（2）电脑、打印机、复印机等实训设备。

（3）文件夹、档案袋等物品。

3.人员准备。

（1）以5或6人为一个作业小组，以小组为单位进行会议文书工作。

（2）每个人必须有明确的分工，责任到人。

（3）小组每个人负责一个独立环节，配合完成工作任务。

【Action行动】

分组按计划完成工作任务。

【Check检查与评估】

1.按照计划进行检查，看是否实现了预期目标，通过检查找出问题和原因；检查、评估完成这次工作任务的效果，总结执行计划的结果。

2.对总结检查的结果进行处理，失败的教训加以总结，以免重现；成功的经验加以肯定并适当推广、标准化形成制度，以供自己长期使用（也指到未来的工作岗位上使用）。

【Display展示】

全部工作任务完成后，选择合适的时间与地点（例如校园内的大型展板）做成果展示。成果包括工作过程的图片、拟写的文件、文书工作总结、评语等。

模块七

【Task任务】

1.任务引入。

举办一次真实的会议，例如专业指导委员会会议或参加一次校内或校外大型会议的服务或管理工作，做好会议的管理与服务工作。同时搜集信息，完成各类会议文件的归档工作，并做好会议评估与会议总结（这个模块时间灵活，可安排在前或后，根据各高校真实会议的具体时间而定）。

2.任务设置。

T1：（学生设计）

T2：（学生设计）

T3：（学生设计）

3.任务分析。

通过这个模块，全面总结前面七章的知识与技能，同时提高学生管理与服务大型会议的能力。

【Knowledge 背景知识】

结合工作实际，以本书的知识作为指导，完成任务。

【Prepare 准备】

1.计划准备（学生设计）。

2.物质准备（学生设计）。

【Action 行动】

（学生筹划并落实）

【Check 检查与评估】

1.（学生设计）。

2.（学生设计）。

【Display 展示】

1.（学生设计）。

2.（学生设计）。

（请链接 http：//www.pypwm.cn. 广州番禺职业技术学院零起秘书工作站中的五个大型会议与活动的策划方案，可以借鉴或模仿）

模块八

【Task 任务】

1.任务引入。

××学院是全国首批示范职业技术学院之一，近年来发展迅速，现已与美国××公司谈妥合作举办中英文秘书专业。定于×月×日将要举行××学院与美国××公司合作举办中英文秘书专业签约仪式。

2.任务设置。

T1：做好签字仪式的各项准备工作。

T2：安排人员到场的各项工作。

T3：文书工作。

T4：模拟签字仪式过程。

T5：撰写活动总结。

T6：活动效果评估。

T7：活动成果展示。

3.任务分析。

教师对各项任务如何完成做全面详细的分析，点燃学生的激情，引领学生成功完成任务。例如 T4：模拟签字仪式过程任务分析：

（1）入场签到。

（2）全体参加人员先在台下就座，主要领导坐在前排。

（3）主持人按身份高低先主后宾、一主一宾介绍双方主要领导，并请被介绍的领导逐一上台，在礼仪人员引导下在指定位置站好。

（4）主持人宣布签字仪式开始。

（5）助签人引导签字人入座。

（6）双方签字，助签人翻揭文本，指明签字处，用吸墨器吸干，双方交换文本。

（7）××学院董事长、美国××公司董事长先后致辞（事先写好讲话稿），由翻译人员当场翻译。

（8）主持人宣布签字仪式结束。

【Knowledge 知识背景】

学生以第8章的专业知识作为背景，同时通过图书馆、互联网等工具搜集信息，找到更好完成任务的知识与方法。学生分组，以6人或8人组建团队，共同完成以上任务。

【Prepare 准备】

1.计划方案准备。

计划要详尽可行，人员分工要合理高效，步骤要有条不紊。

（1）活动筹划方案。

（2）活动成果展示方案。

2.物质准备。

（1）签字文本准备。中英文两种文字文本，正本一式两份，格式如下：

①标题：××学院与美国××公司关于合作举办涉外秘书专业的协议书。

②正文：分章分条，内容由学生自拟。

③双方签署的位置要规范。

④页数：中英文各两页。

（2）参加人员（均有学生扮演）

①签字人员：××学院院长（授权签字）、美国××公司总裁（授权签字）。

②领导：××市教委主任、美国驻广总领事、××学院董事长（中文致辞）、美国××公司总裁（英文致辞）、××学院外语系主任、美国××公司上海分公司经理。

③助签人员：2名。

④主持人：1名，事先写好主持词。

⑤记者：摄影摄像，2名；采访报道，2名。

⑥翻译：2名，1名中译英，1名英译中。

⑦群众代表：26名。

（3）签到准备：签到桌、签到簿、签字笔，2名学生负责。签到簿要写明签字仪式名称。

（4）现场布置：1名学生总负责，若干名学生分头落实。

①书写会标。

②安排签字桌、签字座椅和其他人员座位。

③摆放签字用品和文本。

④布置国旗和鲜花。

（5）所需主要物品清单。

①签字桌一张，签字人座椅两把，观众座椅若干。

②台布一块，暗红色或墨绿色；签字笔若干，吸墨器两个。

③小型中国国旗和美国国旗各一面；旗架两个。

④展板一块（布置会标）；讲台一个；话筒和扩音机一套。

⑤签到簿一本；文件夹两个；鲜花若干。

【Action行动】

学生实地完成计划中的内容，做过程记录。根据环境变化情况，灵活处理现场突发事件。

【Check检查与评估】

1.按照计划进行检查，看是否实现了预期目标，通过检查找出问题和原因；检查、评估完成这次工作任务的效果，总结执行计划的结果。

2.对总结检查的结果进行处理，失败的教训加以总结，以免重现；成功的经验加以肯定并适当推广、标准化形成制度，以供自己长期使用（也指到未来的工作岗位上使用）。

【Display展示成果】

全部工作任务完成后，选择合适的时间与地点（例如校园内的大型展板）做成果展示，激励学生。成果包括图片、活动总结（含供自己长期使用的标准化的制度等）、活动案卷、有关人士对活动的评语等。

模块九

【Task任务】

1.任务引入。

中国绿色食品博览会（首届）决定在××省××市举办

中国绿色食品博览会是一项由中国政府主办、××人民政府承办的首届具有很大影响的国家活动，它被誉为中国绿色经济的新起点。

中国绿色食品博览会是由广大参展省、市在中国政府为其提供的展馆内建立自己独立的展区，或在东道主为其准备的展馆内进行装修及布置展品，以便充分展示参展省、市在绿色食品事业发展方面的成就。

中国××市位于辽阔的松嫩平原，肥沃的黑土地养育了600万善良、淳朴、勤劳的人民，拥有全国最大湿地自然保护区、众多生态园林、绿色农业基地、文化遗址，形成了一幅幅美丽而充满生机的自然画卷，是中国××省西部地区与外界经济文化交流的中心。在这里举行，引进国内外绿色食品、生态基地、绿色产业汇集的××绿色食品博览会，是××市借鉴、发展高科技、高附加值绿色产业的难得契机，是××市企业进一步提高绿色经济意识，发展绿色营销观念，引进现代企业管理机制的好时机。

2.任务设置。

按照要求策划中国（××）绿色食品博览会。

3.任务分析。

中国××绿色食品博览会（简称：绿博会）将于2013年9月20日开幕，10月5日闭幕，历时15天，会址设在中国××市建华区，占地面积218公顷。本次绿博会是国家绿色经济的一次盛事，也是中国政府在21世纪初主办的一次大规模的全国性盛会，它将为向世界各个国家、地区及中国各省、市、自治区提供一个充分展示绿色经济的理想场地。本次博览会参观人数预计将超过1 000万人次。

作为首届绿博会的承办方，××市将竭尽全力办好这届绿色食品博览会。因为此次绿博会对于进一步提高我国的国际形象和地位，促进我国绿色经济的发展，尤其是促进××市的经济发展和社会进步，都具有重大的意义，是××市经济腾飞千载难逢的机会。绿博会的举办，必将对于××这个内陆边陲城市的改革开放和经济发展产生诸多积极作用。绿博会的举办，将提高××的知名度，让全国和全世界了解××、认识××，让××更快地走出国门、走向世界，使××实现同更多地区进行经济技术合作和友好交往的梦想，为××各个地区和企业提供跨出国门、走向国际市场的机会。

因此，我们要针对任务，运用会展理论，结合该市实际，做出富有创意的策划。

【Knowledge 背景知识】

学生以第9章的专业知识作为背景，同时通过图书馆、互联网等工具搜集信息，找到更好完成任务的知识与方法，完成以上任务。

【Prepare 准备】

1.方案准备。

各部门提出与本部门工作相关的方案，如信息调研、分析确定主题、征集展商等方案。

2.材料准备。

与任务相关的信息资料、书籍、电脑等。

3.人员准备。

（1）以5或6个人为一个作业小组，以小组为单位进行策划。

（2）每个人必须有明确的分工，责任到人。

（3）以小组中的每个人代表一个相应部门，做出本部门配套方案。

【Action 行动】

分组完成工作任务，每组做出2个以上的策划方案。

【Check 检查与评估】

1.按照计划进行检查，看是否实现了预期目标，通过检查找出问题和原因；检查、评估完成这次工作任务的效果，总结执行计划的结果。

2.对总结检查的结果进行处理，失败的教训加以总结，以免重现；成功的经验加以肯定并适当推广、标准化形成制度，以供自己长期使用（也指到未来的工作岗位上使用）。

【Display 展示】

全部工作任务完成后，选择合适的时间与地点（如校园内的大型展板）做成果展示。成果包括工作过程的图片、方案展示、总结、评语等。

主要参考文献

[1] 谭书旺. 秘书事务管理 [M]. 2版. 大连：东北财经大学出版社，2016.
[2] 赵映诚. 秘书学新编 [M]. 大连：东北财经大学出版社，2013.
[3] 安仲文，高丹. 行政管理学 [M]. 3版. 大连：东北财经大学出版社，2017.
[4] 王方. 商务谈判 [M]. 大连：东北财经大学出版社，2017.
[5] 杨眉. 现代商务礼仪 [M]. 5版. 大连：东北财经大学出版社，2016.
[6] 张金英. 办公事务实训 [M]. 上海：上海财经大学出版社，2006.
[7] 王贵军. 招聘与录用 [M]. 大连：东北财经大学出版社，2007.
[8] 孟庆荣. 秘书工作案例及分析 [M]. 北京：清华大学出版社，2007.
[9] 张丽莉. 商务秘书实务 [M]. 北京：中国人民大学出版社，2004.
[10] 王首程. 会议管理 [M]. 北京：高等教育出版社，2003.
[11] 张晓彤. 高效会议管理技巧 [M]. 北京：北京大学出版社，2004.
[12] 陆永庆，阮益中. 现代会议服务 [M]. 上海：上海交通大学出版社，2005.
[13] 王育. 秘书实务 [M]. 北京：高等教育出版社，2003.
[14] 孙荣，杨蓓蕾，袁士祥，等. 秘书工作案例 [M]. 上海：复旦大学出版社，2005.
[15] 廖雄军. 会议组织规范与技巧 [M]. 南宁：广西人民出版社，2007.
[16] 肖庆国，武少源. 会议运营管理 [M]. 北京：中国商务出版社，2004.
[17] 范立荣. 国家秘书职业资格培训教程 [M]. 北京：海潮出版社，2003.
[18] 滕宝红. 会议管理实操细节 [M]. 广州：广东经济出版社，2006.
[19] 葛红岩. 秘书与会议组织和服务 [M]. 北京：人民出版社，2007.
[20] 张大成. 组织会议和活动 [M]. 北京：中国人民大学出版社，2002.
[21] 潘月杰，刘琪. 如何做秘书工作 [M]. 北京：首都经济贸易大学出版社，2006.
[22] 王守福. 文秘工作案例与分析 [M]. 北京：高等教育出版社，2001.
[23] 蔡超，杨锋. 现代秘书实务 [M]. 广州：暨南大学出版社；2006.
[24] 陆瑜芳. 秘书实务 [M]. 上海：上海社会科学院出版社，2006.
[25] 徐寒. 职业秘书会务组织方法与技巧 [M]. 广州：广州出版社，2004.
[26] 王恒. 会议管理实务 [M]. 北京：中国纺织出版社，2005.